"十四五"时期
国家重点出版专项规划项目

教育部人文社会科学研究规划基金项目
"学前教育福利的国际比较研究"成果

## 现代学前教育观念丛书

丛书主编 原晋霞 虞永平

XIANDAI XUEQIAN JIAOYU
FULIGUAN

# 现代学前教育福利观

钱 雨 著

江苏凤凰教育出版社
Phoenix Education Publishing, Ltd

感谢您使用本书。您在使用本书时如有建议或发现质量问题，请联系我们。

【内容质量】电话：4008283622
【印装质量】电话：4008283610

图书在版编目（CIP）数据

现代学前教育福利观 / 钱雨著 . —南京：江苏凤凰教育出版社，2023.6
（现代学前教育观念丛书 / 原晋霞　虞永平主编）
ISBN 978-7-5743-0557-1

Ⅰ. ①现… Ⅱ. ①钱… Ⅲ. ①学前教育—教育史—世界 Ⅳ. ①G619.1

中国版本图书馆 CIP 数据核字 (2023) 第 044423 号

现代学前教育观念丛书

| | | |
|---|---|---|
| 书　　名 | | 现代学前教育福利观 |
| 作　　者 | | 钱　雨 |
| 出版策划 | | 刘　煜 |
| 编辑统筹 | | 林　静 |
| 责任编辑 | | 韩宇新　石贤权 |
| 封面设计 | | 马海云 |
| 出版发行 | | 江苏凤凰教育出版社（南京市湖南路 1 号 A 楼　邮编 210009） |
| 苏教网址 | | http://www.1088.com.cn |
| 照　　排 | | 南京理工出版信息技术有限公司 |
| 印　　刷 | | 南京顺和印刷有限责任公司（电话 025-83682876） |
| 厂　　址 | | 南京市江宁区麒麟街道天和路 78 号 |
| 开　　本 | | 787 毫米 ×1092 毫米　1/16 |
| 印　　张 | | 15.75 |
| 版　　次 | | 2023 年 6 月第 1 版 |
| 印　　次 | | 2023 年 6 月第 1 次印刷 |
| 书　　号 | | ISBN 978-7-5743-0557-1 |
| 定　　价 | | 50.00 元 |
| 网店地址 | | http://jsfhjycbs.tmall.com |
| 公 众 号 | | 苏教服务（微信号：jsfhjyfw） |
| 邮购电话 | | 025-85406265，025-85400774 |
| 盗版举报 | | 025-83658579 |

苏教版图书若有印装错误可向承印厂调换
提供盗版线索者给予重奖

# 总　序

## 架起金桥通胜境

"现代学前教育观念丛书"即将出版了。这是一套凝聚了作者们心血和智慧的丛书，也是一套承载了理论研究者和实践工作者希冀的丛书。感谢作者们的齐心协力和发奋进取，感谢不断给我们提供启发和经验的广大幼儿园教师。感谢江苏凤凰教育出版社的大力支持。这套丛书的出版试图达成以下几个方面的目的。

第一，在教育原理和教育实践之间架起桥梁。这套书的主要目的不是原理性知识的生产，而是对基本原理的汇集、解读和说明，在此基础上扩展和充实解释性知识。因此，这套丛书关注对基本理论的梳理和解读，关注对理论核心内涵的解释，关注对不同理论观点的整合和融汇。围绕相应的观念，形成对观念的解释体系，使理论在不同的层次上得到呈现。本套丛书还努力用实践经验和事实说明理论，用理论解读学前教育实践的改革和发展，即将理论和实践结合起来，让理论真正指导实践，让实践提升和充实理论。

第二，在理论前沿和焦点问题之间形成联结。这套丛书关注了近十年来影响学前教育实践的重要观念。根据理论的逻辑，形成了一整套相对完整的观念体系。这些观念具有理论的前沿性，能体现理论研究的最新问题和最新进展，触及理论研究的最新成就，关注国际学术研究和国内学术研究的综合性成果。同时，所选择的观念又具有强大的实践关联性，具有明显的问题导向，聚焦实践研究的焦点问题。在学术前沿性和问题焦点之间形成联系，强化丛书的先进性和实践指导性。

第三，在理论运用和理论创新之间形成张力。这套丛书对原理的解读、解释和细化是为了实践运用。运用理论是学前教育科学化的必然要求，是学前教育高质量发展的必然要求，也是学前教育理论发展的重要路径。现代学前教育的重要标志就是对发展心理学、学前教育原理等理论的运用，真正让科学理论来指导学前教育实践。教育理论运用的前提是理论学习，通过学习把握理论、理解理论。学前教育理论运用的现实基础是反思性实践，通过反思明确问题和不足，借鉴理论，形成解决问题的思路和策略，并进一步检验、创新和发展理论。因此，理论运用和理论创新经常是同一个过程的两个方面，两者之间形成了张力，相互促进和提高。

第四，在理论研究者和实践工作者之间生发对话。这套丛书本身就是一场理论和理论之间的对话、理论和实践之间的对话。这场对话是旷日持久的对话，是延续，也是起步。所谓延续，是因为这种对话长期进行着，是旷日持久的。所谓起步，是我们期待这套丛书能引发更深入、更广泛的对话，更好地拉近理论研究者和实践工作者之间的距离。相信本套丛书倡导的教育观念将在实践中引发实践工作者之间、实践工作者和理论工作者之间更加广泛和深入的对话，尤其是能生发实践工作者和理论研究者之间的积极对话，使他们相互理解、相互促进。在对话中，实践探索不断推进、深化理论的运用研究，反思实践过程，生发更多的实践策略、实践智慧；在对话中，不断反思理论，不断提升实践经验，不断充实理论表达，拓展理论内涵。在理论研究者和实践工作者之间形成一种相互启发、相互促进和相互成就的力量。

无论是理论创新还是实践变革都是一个渐进的、艰难的过程。形成一种处于学术体系中介层次上的学术成果也是需要不断磨炼和积累的。作为一套具有中介和桥梁性质的读物，我们的工作只是告一段落，还没有正式结束。我们为此而努力了，但还需要不断研究、不断探索、不断为在理论和实践之间架起坚实的桥梁而努力。

虞永平

2023 年 5 月

# 前　言

## 教育·儿童·美好生活

无论身处何方，所有的儿童都有一个共同的王国——童年。让儿童在这个共同的王国里过着幸福的生活，是现代文明社会的共同责任和义务。关注儿童的幸福和福祉，既是人类进入民主社会的动力，也是社会民主的必然结果。越来越多的人已经认识到，关注儿童教育福祉就是在构筑全人类未来的财富。

中国社会正在经历城市化、全球化、"后人口转变"等多重转型，0—6岁儿童的学前教育福利已成为公共政策议题，关系到学前教育事业的可持续发展与千家万户的和谐生活。学前教育可以为儿童当下与未来的美好生活架起一座金色桥梁，与国家和民族的未来息息相关。从儿童身上，我们可以看到人类社会的昨天、今天和明天的缩影。

梁启超在刊于《清议报》上的《少年中国说》一文中将国家的希望与民族的前途系于儿童。"少年强则国强，少年独立则国独立，少年自由则国自由，少年进步则国进步，少年胜于欧洲，则国胜于欧洲，少年雄于地球，则国雄于地球！"① 这些激情洋溢的文字鼓舞了教育的热情，肯定了儿童的地位。然而，如蒙台梭利所说："孩子在成人世界遭到压制，是一个在全世界都存在的社会问题。"②

---

① 梁启超.译印政治小说序［J］.清议报，1898（1）.
② 玛利亚·蒙台梭利.发现孩子：了解和爱孩子的新方法［M］.胡纯玉，译.北京：中国发展出版社，2006：94.

2023年，我国3—6岁幼儿毛入园率已达到九成，但0—3岁入托率不到5%。学前教育事业当前依然面临着优质教育资源相对有限、儿童群体数量庞大的客观制约。中国学前教育的资源分配不公、教师收入偏低、城乡发展不平衡、托幼发展不均衡等问题依然凸显。

按照世界银行最新的国际贫困线标准（人均2.15美元/天），中国的贫困人口减少了近8亿。不过，全国仍有超过五分之一的儿童是农村留守儿童，另有约4000万城乡流动儿童有待关注。农村儿童、特殊儿童、流动儿童与留守儿童在教育、文化、医疗服务等方面依然处于不利位置，儿童教育福利的制定与推进面临众多困难。如考夫曼所说，社会福利国家面临着人口、文化、经济、国际化等挑战。①

学前教育福利研究是社会福利、儿童福利、教育福利、政策研究与学前教育研究的交叉领域。在儿童基本的营养和健康等生存权利得到保障以后，学前儿童的教育权利也逐渐得到重视。随着儿童发展理论和教育经济学研究的不断深入，人们逐渐发现学前教育对人的终身发展有重大影响，教育公平始于学前教育阶段。教育经济学的研究指出，"将人力资本的投入直接指向儿童是对社会公共资金更有效的利用"。

为使所有儿童站在同一起跑线上，首先要确保贫困、残疾、少数民族、移民等弱势群体的儿童能有平等的入学机会，其次要保障所有儿童都能够最大限度地发挥潜能、享受优质普惠的学前教育，为儿童未来的成功奠定基础。学前教育因此带有公共福利性质，是重要的社会公益事业。

今天，学前教育福利问题引起了教育家、社会学家、政策学者等各个领域研究者的普遍兴趣。"蒙以养正""幼有所长"，对现代学前教育福利观的研究具有促进儿童发展、提高国民素质的教育意义，也有产生良好社会效益和投资产出的经济意义，更具有追求公平公正、实现共享发展的社会意义。从福利观的视角来研究儿童教育，既是为了让每一个儿童都拥有更加美好的童年生活，也是为了让人类社会拥有更加璀璨的未来。

追求公平、共享福利已经成为国际学前教育福利政策研究的总体趋势。今天，发达国家多转为关注全体儿童的教养发展模式，开始提倡尊重儿童需求的优

---

① 考夫曼.社会福利国家面临的挑战［M］.王学东，译.北京：商务印书馆，2004.

质普惠型教育福利，支持儿童"最大利益原则"和儿童优先原则。但中国学前教育福利研究刚刚起步，中国儿童依然面临柔软脆弱的童年。

本书为教育部人文社会科学研究"学前教育福利的国际比较研究"资助项目（项目批准号：21YJAZH066）、华东师范大学教育学部中文学术专著资助项目。本书的面世感谢南师大虞永平教授、上海市教委王纾然同志的支持。研究生张陈诗媛参与了"金砖国家学前教育福利"部分的撰写，贾钱玉、马诗宇、留学生WEIJING WANG、何梦瑶、刘露参与了部分"发达国家学前教育福利"内容的梳理。

钱 雨

2023年春于上海

# 目 录

## 第一章　学前教育福利概述　　1
　　第一节　童年、儿童与学前儿童福利　　3
　　第二节　福利与教育福利　　7
　　第三节　学前教育福利的内涵与价值　　10

## 第二章　多学科视野下的学前教育福利研究　　15
　　第一节　儿童研究与学前教育福利研究　　17
　　第二节　儿童福利研究与学前教育福利研究　　21
　　第三节　教育政策研究与学前教育福利研究　　25

## 第三章　国际学前教育福利观的历史嬗变　　31
　　第一节　补缺型学前教育福利观　　33
　　第二节　适度普惠型学前教育福利观　　36
　　第三节　优质普惠型学前教育福利观　　39

## 第四章　其他金砖国家学前教育福利变革的主要内容　　43
　　第一节　巴西学前教育福利当代变革　　45
　　第二节　俄罗斯学前教育福利当代变革　　52
　　第三节　印度学前教育福利当代变革　　57
　　第四节　南非学前教育福利当代变革　　61

## 第五章　发达国家学前教育福利变革的主要内容　67
### 第一节　亚洲学前教育福利发展　69
### 第二节　欧洲学前教育福利发展　81
### 第三节　美洲学前教育福利发展　108
### 第四节　大洋洲学前教育福利发展　120

## 第六章　国际学前教育福利发展的主要经验　129
### 第一节　国际学前教育福利发展的政府行动取向　131
### 第二节　国际学前教育福利发展的科学研究取向　140
### 第三节　国际学前教育福利发展中的家庭支持取向　154
### 第四节　国际学前教育福利发展中的儿童发展取向　165
### 第五节　国际学前教育福利发展变革趋势分析　171

## 第七章　中国学前教育福利发展的历史　179
### 第一节　学前教育福利的萌芽期　181
### 第二节　学前教育福利的发展期　186

## 第八章　中国学前教育福利研究的挑战　193
### 第一节　人口危机的挑战　195
### 第二节　托育服务的挑战　199
### 第三节　政策变革的挑战　207

## 第九章　现代学前教育福利观的建构　215
### 第一节　现代学前教育福利观的转型　217
### 第二节　现代学前教育福利观的基本原则　223

## 结　语　儿童与未来　227

## 参考文献　231

第一章

XUEQIAN JIAOYU
FULI GAISHU

# 学前教育福利概述

# 第一节 童年、儿童与学前儿童福利

## 一、童年与儿童

### (一) 童年

相比其他动物而言,人类拥有更加漫长的童年期。关于童年的思考,如卡夫卡所说,"垂下眼睛熄了灯,回望这一段人生",本身就充满着静谧美好的意义。遗憾的是,随着长大成人,童年期的大多记忆被遗落在脑海深处似乎难以提取的位置。一个偶然的时刻,我们会忆起童年生活中几个模糊难辨的细节,孩提时代自己的某个天真想法像流星一般划过心头。但大多数童年的记忆就好像春风无痕轻轻吹过池塘,只留下一片平静的水面。这一现象被称为"童年健忘症"(Childhood Amnesia)[①]。卢梭曾感叹:"我们对童年一无所知,由于错误的观念,我们走得越远,就越容易误入歧途。"

从某种意义上说,成长的过程是个不断失去的过程。在不经意的回首之间,我们的童年已经成为过去。童年时期曾经的我与你,变成了今天让人熟悉又陌生的一个概念、一个术语。

画家凡·高认为"小小的花"也有"不可测知的深刻的思想"。童年期蕴含着无形且无限的老子所言的"大道",包含着蒙台梭利希望破解的"自然的密码"。唯有心怀敬畏的成人才能接近童年的秘密。这些教育家用虔诚与欣赏的眼光,看到了童年的独特意义。

童年的教育至关重要。卢梭在《爱弥儿》一书的开篇说:"出自造物主之手

---

① 钱雨.儿童文化论[M].青岛:山东教育出版社,2014:14.

的东西都是好的，而一到了人的手里，就全变坏了。"弗洛伊德认为童年的创伤可能持续一生，并导致成年后的心理疾病。波洛克认为童年这一概念直至20世纪60年代才第一次被认真阐释，并受到关注。

美国人类学之父弗朗兹·博厄斯（Franz Boas）认为文化是多样的，童年也是如此，童年的经历会根据个体不同的年龄、性别、经济状况、社会地位等发生巨大的变化。在儿童生命中最初6年里面对的危机，对儿童未来成就造成的影响远比在童年后期出现的贫困更有害。童年早期的经济状况、处境不利背景对塑造儿童的能力、行为和成就的影响也更加突出。

儿童是童年的主体，成人却是童年的定义者。经典童年留给儿童的空间愈来愈少，却给了成人极大的话语权与决策权。现代社会常见的童年在相当程度上代表了成人的期望，而非儿童真正想要的童年。

### （二）儿童

美国哲学家马修斯认为："也许儿童这个概念太复杂、太难解，以至于我从来都不曾认真地进行思考。"儿童是谁？儿童是怎样的？成人社会对儿童的喜爱与误读几乎有着同样悠久的历史。

《老子》曰："专气致柔，能如婴儿乎？"在《母育学校》的开篇，夸美纽斯将儿童称作"耶和华所赐的产业""上帝的种子""无价之宝——上帝的灵魂"，他将儿童视为"上帝的形象"。福禄培尔在《人的教育》一书中看到儿童身上被赋予的自然"法则"与"精神"。他将儿童与上帝精神、宇宙规律联系在一起，认为"儿童和自然是统一的……也应该看到，儿童和上帝是统一的，能赋予儿童教育的尊严、真理、明确、光明、无限、统一、虔诚、神圣、赐福和恩典"。裴斯泰洛齐也认为，儿童不是一个简单的生命存在，"在这个有机体内蕴藏着、活跃着一个神圣的天性"。

卢梭担保说："在语言里能读到整整一部关于自由和奴役的历史。"从汉语词源学的考证中也可以窥见中国古人对儿童的一般认识和看法。古汉语中有大量与儿童相关的称谓，如婴、孩、幼、赤子、小人、娃等。"儿"字在《说文·儿部》中被解读为："儿，仁人也。古文奇字人也。象形。孔子曰：在人下，故诘屈。兒，孺子也。从儿，象小儿头囟未合。""儿"字引申出了"儿戏"一词，初指儿童的嬉戏玩耍，后来又引申用来形容成人做事不严肃、不认真。① 从字形上看，古人已经注意到了儿童有别于成人的生理特点，同时也蕴涵着认为儿童心智未全的意思。

"童"字最早写作"僮"。《段注》称："童仆字作僮，皆汉以后所改。"最初的"童"字"出身"不好，在"金文中间从人，可以看到头上有'辛'（刑刀），中间有'目'（眼睛），身上负重（有东西），而下面是'土'，会男子有罪受发刑为奴之义"。"童"还指未长出角的牛或羊，又指山无草木、发育未全。此外，"童"字还指愚昧无知。古代还有童蒙、童昏等说法。如《国语·晋语四》："僮昏不可谋。"

"童"字最初用的是奴仆之意，且有发育未完全之意。汉唐之后才改为用来指"童子"，即今日的"孩童"之意。而且"童"可由名词转化为表达事物属性的形容词，童蒙、童昏等说法都体现了成人对儿童价值的轻蔑与忽视。由此可见，成人对儿童的轻视与误读已有颇长的一段历史，这些观念影响了我们数千年。

西方社会对儿童的态度也曾深受中世纪宗教的影响，儿童原罪说根深蒂固地存在了较长时期。有些人认为人性本恶，因此鞭挞、强制儿童是必要的教育手段。另一些成人则不赞同清教徒式的儿童观，渴望给儿童提供更加尊重、开放与文明的环境。在第一艘抵达美洲大陆的"五月花号"船上，有三分之一的乘客是儿童。父母满怀希望，带着孩子寻找人生的新大陆和美好前程。关心子女的前途被认为是清教徒移居新英格兰的主要原因。②

《儿童权利公约》第1条规定："儿童系指18岁以下的任何人，除非对其适用之法律规定成年年龄低于18岁。"这里所指的"儿童"与中国法律中"未成年人"的概念一致，包括0—18岁的儿童。世界各地的儿童享有同样重要的童年，却面临着不一样的儿童教育机会。因此，全球化的童年并非同质化的、一模一样的童年。

1980年的奥斯卡最佳动画片《每一个孩子》（*Every Child*）中，创作者通过一个儿童的隐喻，形象地说明了每一个天真的孩童可能遭遇的多种风险，暗示每一个孩子可能面临的发展困境。例如，孩子可能遇到一个父母疏于管教、隔代抚养或多子女的家庭，贫困、残疾家庭……这些异质的童年给婴幼儿成长带来不可预

---

① 钱雨.儿童文化论［M］.青岛：山东教育出版社，2014：16.
② 费雷德·赫钦格，格蕾丝·赫钦格.美国教育的演进［M］.汤新楣，译.美国驻华大使馆文化处，1984：72.

测的风险与负面影响。

每个儿童既是一个独立的个体,又是家庭和社会的重要成员。如何关注每一个儿童的生存状态?如何从儿童福利的层面保护每一个儿童天然的权益?教育对童年乃至人的一生都发挥着重要作用,儿童与教育因而成为社会福利领域的经典话题。

## 二、学前儿童福利

### (一)学前儿童

这些年来,与儿童相关的新闻话题都会成为中西方社会高度关注的焦点。例如四川地震中被幼儿老师抱起冲出教室的儿童、加拿大原住民儿童的遗骸、被遗忘在车内中暑身亡的孩子……尤其是那些关于学前儿童的负面新闻,如幼儿园安全事故、托幼机构虐童事件等,总是像火山爆发一样引起广泛关注。儿童的福祉牵动着千家万户的心,引发社会的广泛关注。社会文明的进步要求保护幼童的权利与权益,这已成为现代国家和文明社会的共同要求。

在我国,学前儿童泛指0—6岁入小学之前的儿童,包括0—3岁托育阶段的婴幼儿和3—6岁幼儿园阶段的幼儿。因此,学前教育中包含着托育服务与幼儿园教育两个有机联系的阶段。学前教育服务包括托幼机构服务和家庭教育指导服务,为0—6岁的儿童及其家庭提供教育支持。

### (二)学前儿童福利

学前儿童福利是为学前儿童及其家庭提供的旨在保证正常生活和尽可能全面健康发展的资金与服务的社会政策和社会事业[①]。它既是儿童福利中与学前教育相关的内容,也是社会福利的一部分。学前儿童福利研究起源于对童年早期儿童遭遇的深切关注。

狭义的学前儿童福利是向特定儿童,如残疾儿童等特别需要关怀的弱势学前儿童人群提供必需的社会援助,以提高儿童及其家庭的生活水准。广义的学前儿童福利是指为全体学前儿童创造的各种生活必需条件和环境,以及提供的社会性

---

① 陆士桢,常晶晶.简论儿童福利和儿童福利政策[J].中国青年政治学院学报,2003(1):1-6.

津贴和保护性福利措施。例如各种文化教育、公共娱乐、市政建设设施，以及家庭税收津贴、儿童津贴、教育津贴、住宅津贴等。面向学前儿童的社会保障及援助服务体系构成了学前儿童福利的主要内容。

福利研究也是社会科学研究领域的重要组成部分。不过，福利通常是一个综合概念。为了明晰学前儿童福利，尤其是学前教育福利的具体含义，首先需要对福利和教育福利的内涵进行阐释。

## 第二节　福利与教育福利

### 一、东西方视野下的福利观

英语的"福利"（welfare）一词在英语构词法中是由well（美好）与fare（生活）两个词组合而成的，指美好的生活、幸福的人生，或者是追求幸福生活、令人满意的生活。《韦伯斯特新世界大学词典》中将福利解释为一种健康、幸福和舒适的良好状态。在《英汉双解剑桥国际英语词典》中，福利则有两种解释，一是指人的身心健康和幸福；二是指国家或组织帮助那些因为生活贫困特别需要帮助的人群。在《牛津英汉双解大词典》中，福利也有两种解释，一是指福祉、幸福、健康和繁荣；二是指通过法律程序或社会捐助而使个人生活得以维持，以及对福利事业的财政支持[①]。

综上所述，西方的福利观具备静态与动态的双层涵义：在静态的层面上，福利观是作为一种美好幸福的生活状态来理解的；在动态的层面上，福利观是人们向着美好幸福生活这一目标不断发展所提供的各种条件、措施、制度与手段。

在中国，福利并不是一个外来词。汉语构词法中的"福"和"利"意思非常相近，是一个同义复合词。"福利"一词最早出现在《后汉书》中，这里的福利指的就是幸福和利益："是使奸人擅无穷之福利，而善士挂不赦之罪辜。"瞿秋白在《文艺杂著·欧文的新社会》中提出："工人应当用别一种方法达到自己的福利，建设人类将来最光明的新社会。"毛泽东在《论联合政府》中也提到了"福利"。

---

① 秦永超.福祉、福利与社会福利的概念内涵及关系辨析[J].河南社会科学，2015，(9)：112-116+124.

《汉语大词典》和《辞海》中都将福利定义为人们的幸福和利益，既包括物质层面的收入、住房、医疗等，也包括精神层面的公平、正义、自由、安全。由此可见，虽然福利一词在英语和汉语中的概念并不完全统一，但都强调人们物质生活状态的改善，并指向一种美好的精神生活状态。

我国的福利观一直处于发展变化中。最初的福利观往往与解决贫困问题紧密相关。为了改善因物质资料的匮乏所导致的生活困难状态，这里的福利更多被理解为物质福利。在很长一段时间里，福利水平的提高被简单等同为物质水平的提高。随着对贫困问题理解的进一步加深，人们逐渐认识到物资匮乏只是导致贫困问题的部分原因，对福利内涵的理解不能局限在经济福利上。福利逐渐从单一的经济学概念发展为主观与客观、物质福利与非物质福利的统一体①。这表明更多的非物质福利也被纳入福利的概念中，有学者将其具体归纳为现金、实物、机会、服务、权力、代用券等多种形式②。

1948年，联合国的《世界人权宣言》指出："对人类家庭所有成员的固有尊严及其平等的和不移的权利的承认，乃是世界自由、正义与和平的基础。""人人有资格享有本宣言所载的一切权利和自由，不分种族、肤色、性别、语言、宗教、政治或其他见解、国籍或社会出身、财产、出生或其他身份等任何区别。"其中涉及教育福利权的解释条款包括：（1）家庭是天然的和基本的社会单元，应受社会和国家的保护（第16条）。（2）母亲和儿童有权享受特别照顾和协助（第25条）。（3）一切人都有接受教育的权利，教育应当免费，至少在初级和基本阶段应如此（第26条）。（4）一切人都有权自由地参加社会的文化生活，享受艺术，并分享科学的进步所带来的福利（第27条）。《世界人权宣言》的发布引发了世界各国对教育福利的反思与实践。

## 二、教育福利的内涵

教育福利是社会福利的一项基本内容，也是社会保障的一种重要形式。作为

---

① 王三秀.教育反贫困：中国教育福利转型研究[M].北京：人民出版社，2014：10.
② 尼尔·吉尔伯特，等.社会福利政策导论[M].黄晨熹，周烨，刘红，等译.上海：华东理工大学出版社，2003：182-184.

整个社会福利体系中的重要组成部分，教育福利是促进教育事业持续健康发展的重要支撑因素。通过对中央和地方政府相关法律法规文件的梳理，可以发现政策文件中对"教育福利"的正面表述相当有限。可见，教育福利与其说是一个政策术语，不如说是一个学术术语。

对福利的多元化理解使得教育福利这个概念也呈现出多元倾向。直到21世纪初，国内学者对教育福利的研究才逐渐进入正轨。许多社会政策和教育政策研究者从教育福利的功能和价值、发展历史、制度和规划等不同角度进行了研究。

福利必须在一定社会背景下理解，教育福利也是如此[①]。包括教育福利在内的社会科学概念始终存在于特定客观历史过程和社会实践之中。对教育福利概念的多元理解和表达体现出我国社会福利制度建设的历史轨迹。所以，对于教育福利这一相对模糊的概念进行理解必须结合相应的历史、政策环境，不同的教育福利概念背后是人们对社会福利、教育与社会福利关系的不同理解。

郑功成（2008）认为，教育福利是国家和社会为保障国民的受教育权利，提高国民素质、促进教育公平而承担的责任和义务，以及为此提供的公共资源和优惠条件。[②] 教育福利以免费或者低费的方式，向国民提供教育机会以及教育条件。[③] 刘晓静（2019）认为，教育福利是国家为了提高国民素质，促进教育公平，向国民提供的教育资源和优惠条件，从而实现国民受教育权的制度。[④]

教育福利的概念可以从狭义和广义两个层面来界定。狭义的教育福利是广义教育福利的一个组成部分，指针对那些处于困境的特殊群体所提供的教育支持。从狭义出发，教育福利主要指处于社会不利地位儿童的受教育权利、学习权保障问题，也就是社会弱势群体的受教育权利保障问题。

从广义出发，教育福利是指"国家和社会保障国民中适龄成员享受平等的教育机会，并为受教育者提供免费或低费教育成本的福利制度"[⑤]。广义的教育福利包括义务教育、教育救助、国家助学金、国家奖学金、国家助学贷款、学生家庭

---

[①] PAUL SPICKER. Social policy: theory and practice (3rd edition) [M]. Policy Press, 2014: 22-23.
[②] 郑功成. 中国社会保障30年 [M]. 北京：人民出版社，2008: 284.
[③] 曹立前. 社会救助与社会福利 [M]. 中国海洋大学出版社，2006: 280.
[④] 刘晓静. 中国儿童福利研究 1949-1978 [M]. 北京：中国社会科学出版社，2019: 138.
[⑤] 韩克庆. 转型期中国社会福利研究 [M]. 北京：中国人民大学出版社，2011: 377.

补助和购票优惠、公费师范生教育，以及各级政府面向全体社会成员所提供的免费或者低费的各种教育机构。广义的教育福利有两个主要特征：一是将福利对象从社会弱势儿童群体扩大到全体社会公民；二是属于普惠型教育福利，更注重通过一系列的制度设计保障全体社会公民都有权享有一定时长或某种类型的教育。

按照教育福利的性质，可以分为普惠型教育福利和补缺型教育福利。普惠型教育福利具有全面性、长期性和普及性等特点，是由国家或政府主导、非政府组织参与的一种具有普遍性的教育福利。补缺型教育福利具有选择性、临时性和替代性等特点，是由国家或政府积极支持和引导、其他社会组织起主要推动作用的一种补缺性的教育福利。补缺型教育福利的实质是一种狭义的教育福利，其对象是处于不利地位的人，突出表现为福利对象具有选择性。基于事实上的教育不公平状态和促进教育的整体效用考虑，补缺型教育福利有倾斜性地为某些自身障碍或缺乏经济、政治、社会机会而在社会上处于不利地位的弱势群体提供福利服务，保障弱势群体的受教育权利落到实处。

## 第三节　学前教育福利的内涵与价值

国际社会使用的学前教育相关术语有：早期教育（Early Childhood Education，ECE），学前教育（Preschool Education）；早期发展（Early Childhood Development，ECD），托育服务（早期养护，Early Childhood Care，ECC）等，多指0—6岁（部分国家是0—8岁）阶段的学前儿童教育。为了深入解析学前教育福利观，必须先厘清学前教育福利这一概念。

### 一、学前教育福利的内涵

学前教育福利作为整个教育福利的起始点，为0—6岁学前儿童提供优质普惠的学前教育，保障学前儿童的受教育权，可以分为0—3岁托育服务福利和3—6岁幼儿园教育福利。

国内学者对学前教育福利的研究相对较少，大多数是将其作为教育福利研究的衍生部分而展开叙述。义务教育福利制度是我国教育福利制度中最为基础和重要的组成部分，当前学术界有关义务教育福利制度的研究成果相当丰硕。而我国的学前教育不属于义务教育阶段。尽管目前学术界尚未对学前教育福利形成一个统一的权威性定义，但学前教育福利作为教育福利的一个基础环节，大多数学者在界定学前教育福利的含义时会参考教育福利的定义。

不少学者在教育福利的基础上尝试对学前教育福利的含义进行界定。刘焱（2009）指出，学前教育事业兼具"教育性"和"社会公共福利性"。在规划学前教育的中长期发展时，必须首先明确学前教育事业的性质，准确定位学前教育在社会系统中的地位和作用。①

综合文献观点，本书中的学前教育福利是指国家和社会为保障0—6岁学前儿童的受教育权利，提高国民素质、促进学前教育公平而提供的免费或低收费学前教育资源、机会和服务。学前教育福利以政府在法律政策方面进行福利倾斜为前提，出台各项规章制度，从而在一定程度上促进学前教育财政投入的公平化，提高学前教育的普惠程度与质量水平。

对学前教育福利概念的理解同样可以分为两个层面，一是广义的与学前儿童相关的所有教育福利，二是狭义的学前教育福利。

在广义层面，学前教育福利指学龄前儿童在接受教育的过程中获得的一切外部支持，关注儿童构成美好生活状态的关键要素，这里的福利内涵是一种美好的生活状态。这一层面关注的是学龄前儿童在接受教育的过程中得到了多少优惠和福祉，例如是否有立法保障受教育的权利、学前教育阶段是否属于免费义务教育、公共学前教育支出水平、学前教育各类补贴的比例和水平等。

而在狭义层面，学前教育福利主要针对托幼机构的免费或普惠性服务，这一层面更关注学龄前儿童学前教育获得的情况，例如学龄前儿童的入园率、学前教育的师资水平、学龄前儿童的发展状况等。这两个不同层面的"学前教育福利"之间有着紧密的联系，通过对学龄前儿童接受学前教育的过程提供"福利"，可以更好地保障儿童基本的教育权利，满足儿童的教育需求，进而改善教育状况，最终指向儿童的美好生活。

总之，学前教育福利是以国家和地方政府为主体，对0—6岁儿童及其家庭提供的一切普惠性保育和教育服务，包括各种托育服务、幼儿园教育机会、家庭教育条件和相关教育资源。

---

① 刘焱.学前教育兼具"教育性"和"社会公共福利性"[N].人民政协报.2009-5-20.

## 二、学前教育福利的价值

学前教育是终身教育的起点,关系到每一个儿童的发展和千家万户的幸福。办好学前教育是各级政府和部门、单位的政治任务,也是我国创建和谐社会的重大民生工程。对现代学前教育福利观的研究具有至少三重意义。

### (一)学前教育福利具有促进儿童发展、提高国民素质的教育意义

学前教育福利是所有教育福利的起始点,旨在为儿童提供优质普惠的学前教育,保障其受教育权。随着经济的发展和社会的变迁,儿童的幸福既是一个私人的、家庭的问题,也是一个公共的、社会的问题。政府应当积极承担学前教育福利的责任,并更多地将公共资金投入到0—6岁教育中。

办好学前教育不仅是一项教育任务,也是举国关注的民生工程。学前儿童教育福利不仅事关每个婴幼儿的幸福及长远发展,更因为其对提高国民素质、奠定国家未来人力资源、缓和社会矛盾等方面具有重要作用。良好的学前教育福利有助于保障社会可持续发展,提供更加光明的未来可能性。为了中国儿童与家庭的幸福生活,为了中华民族与社会的美好未来,我国政府也应积极承担起学前儿童照护与教养的责任,鼓励学前教育福利领域开展更加深入系统的科学研究。

### (二)学前教育福利具有产生良好社会效益和投资产出的经济意义

OECD报告指出,学前教育是终身教育的第一笔投资。学前教育福利可谓是消除贫困、促进公平的起点。学前教育福利的不断发展、完善和研究的深入,能够促进整个社会福利体系的发展。适宜的儿童教育福利政策对处境不利的儿童群体及家庭能够发挥出更大的效用,具有更大的成本效益。

家庭承担婴幼儿教养的首要责任,但支持与发展学前教育福利也是国家和各级政府的重要职责。儿童是文明社会弱势群体的典型代表,保护儿童权益是人权的底线要求,是文明进步的要求,也是人类社会健康发展的要求。扶助弱者是人类的天性,也是人类文明进步的指针。儿童福祉涉及千家万户的幸福,更关系着国家民族的和谐与社会经济的发展。

正是因为高质量学前教育积极作用的凸显,各国政府对学前教育的干预力度

逐步加大,纷纷将学前教育放在了社会福利发展的优先地位,学前教育的福利性发展趋势日益明显。按照布朗芬布伦纳的生态系统理论,环境对儿童发展具有重要影响。儿童处于生态系统的核心,家庭、机构、政府、社会构成了环绕于儿童的外部环境。学前教育应该是社会的共同责任。为了促进公众利益,在各国政府的引导下,国际学前教育福利服务形式日益多样化。

### (三)学前教育福利具有追求公平公正、实现共享发展的社会意义

在共享理念视角下,学前儿童教育的公益性与普惠性尤为重要。人类对社会公平有着永恒的追求,而公益性与普惠性是实现社会公平的前提。"十九大"提出"幼有所育""弱有所扶"的中国特色社会主义思想和基本方略,"努力让每个孩子都能享有公平而有质量的教育",力求让所有儿童共享福祉、共享发展。"二十大"报告从保障和改善民生、关注儿童福祉的高度,提出"坚持以人民为中心发展教育,加快建设高质量教育体系,发展素质教育,促进教育公平"。儿童利益优先原则是文明社会基本的价值准则,是国际社会倡导的基本伦理。

学前教育福利能够从教育初始阶段奠定教育公平的基础,改变未来劳动力的水平和结构,以教育公平推动社会公平。保护每一位儿童的权益,可帮助更多的家庭满足需求、实现梦想,也可缓解"人民日益增长的美好生活需要和不平衡不充分的发展之间的矛盾"。总之,"美美与共,天下大同",学前教育福利可以为普及社会公平与和谐生活奠定磐石之基。

第二章

DUOXUEKE SHIYEXIA DE XUEQIAN
JIAOYU FULIYANJIU

# 多学科视野下的学前教育福利研究

## 第一节　儿童研究与学前教育福利研究

美国"儿童研究运动"的发起人霍尔提出，要通过儿童生长的过程去评判一种文明，通过适应个人自然生长的方法去评判一种学校制度。儿童是学前教育福利中的重要主体，是所有福利服务最终指向的目标。因此，儿童研究为学前教育福利研究厘清了核心方向，奠定了理论基础。

### 一、学前儿童研究的最新发展

"儿童研究"诞生于19世纪末欧美国家的"进步教育运动"与"新教育运动"。儿童研究，尤其是学前儿童发展研究为儿童福利研究奠定了理论基础。20世纪五六十年代进行的研究显示，早期经验可能会影响认知发展，如1961年亨特的《智力与经验》(*Intelligence and Experience*)和布鲁姆于1964年出版的著作《人类特性的稳定性和变化》(*Stability and Change in Human Characteristics*)。

学前儿童发展指童年期的儿童生理发展、社会性发展及认知发展。相关理论从不同的视角，反映了儿童在不同年龄阶段的生理、心理和社会发展特征。婴幼儿发展特征的变化与一般规律反映了儿童在学前不同阶段可能会遇到的发展问题。国家、社会、机构和家庭必须基于这些学前儿童发展理论关注儿童发展、建构学前福利，以帮助学前儿童健康成长、幸福成长。

从发展心理学的视角，各种儿童发展理论流派构成了学前儿童福利观的发展理论基础。儿童发展理论流派中主要包括儿童发展理论、精神分析理论、人本主义理论、社会学习理论、儿童-成人依恋理论、社会生态系统理论等系列理论。儿童发展理论中的著名代表包括皮亚杰的儿童认知发展阶段论、苏联心理学家维果茨基的社会文化理论和美国心理学家埃里克森的心理社会性发展理论等。

瑞士心理学家皮亚杰试图通过儿童研究,来发现儿童的思考与古老的哲学家所创建的哲学体系之间的关联。他尝试从儿童那里发现人类思维发展的恒常性。随后,皮亚杰把兴趣转向了婴儿观察。他从观察自己的孩子们开始,研究婴儿如何通过感知运动来理解世界的结构。皮亚杰发现,在儿童早期发展阶段,身体动作扮演着重要的认知角色。这时候,主体的身体开始被当作诸多客体中的一个,儿童意识到自身是活动的来源,也是认识的来源,于是主体的活动得到了协调。皮亚杰还提出儿童在幼儿期如何去自我中心化的问题,发现不同年龄段儿童的逻辑思维能力大致分四个阶段发展。这些问题为学前教育不同阶段如何开展有效的游戏和活动以促进儿童认知发展奠定了理论基础。

再以社会行为理论为例。社会行为理论的主要代表人物包括班杜拉、多拉德、米勒等。这些研究者关注儿童的心理、环境对其行为的影响,从而说明了儿童福利政策制定过程中家庭、教师等重要他人对儿童的影响。心理学的儿童早期依恋理论也分析了重要他人对婴幼儿发展的影响力。依恋理论假定儿童在遭遇压力、生病或疲劳的时候,生理方面趋向于向亲密的照料者寻求支持。依恋理论认为,儿童对世界的信任感以及同理心还具有代际传递效应。

因此,许多儿童福利政策和项目聚焦于为儿童早期生活增加敏感性的、回应性的良好照料方式。社区的儿童福利志愿者或家访者试图帮助父母或其他照料者评价他们以往的育儿经验,并根据自己童年被抚养的经历制定出理想的养育子女的方案,建立信任的良好关系,进而帮助他们建立起对他人的信任,建立起更多的同理心,提供更具敏感性的照料。

布朗芬布伦纳的人类生态发展理论则为儿童福利提供了生态学的理论基础。人类生态发展理论强调了父母的照料方式如何在微观层面影响儿童发展结果,以及父母各自的原生家庭环境、社会关系、社区环境的作用。这一理论强调了家庭社会环境,以及个体的信念、动机、情绪对人类发展产生的重要影响。基于布朗芬布伦纳的理论,许多学前儿童家访项目通过促进其他家庭成员(特别是父亲)参与到家访活动中,改善受访家庭的物质环境和社会环境,帮助受访家庭与社区、与专业人士建立更多联系①。家访人员可以帮助父母建立现实的目标，以及能够增加父母自我效能感的小目标，从而增强他们面对更大挑战的信心。

神经科学家已发现婴儿脑中发挥作用的认知能力远远超出人类以往的想象，这使早期教育的作用进一步凸显。脑科学的数据也激发了教育神经科学的研究。优质的学前教育和营养可以促进孩子大脑神经元的连接，有助于大脑皮质发育。而压力、营养不良、教养不当都可能阻碍儿童大脑发育。

## 二、儿童研究对学前教育福利研究的启示

### （一）基于儿童研究成果提升学前教育福利水平

学前儿童福利研究起源于对童年阶段个体与群体遭遇的深切关注。随着儿童研究的不断深入，人们逐渐发现学前教育对人的终身发展有重大影响。脑科学的最新研究表明，出生后的前1000天对个体一生至关重要。近年来，有关儿童脑科学及儿童早期教育社会效益的研究进一步促使英美等国政府的政策制定开始聚焦学前教育质量，使得学前教育福利从适度普惠型福利转型为优质普惠型教育福利。各国的儿童福利机构原本是慈善性、救助性的，以保护弱势家庭幼童的生命安全为主要目的。随着儿童研究的不断深入，有条件的国家都开始将公共资金投入到托育服务和幼儿园教育中。

在一项针对中国6个贫困县儿童早期发育的调查中发现，参与调查的2120名0—35个月大的婴幼儿中，多达40%的婴幼儿存在可疑的发育迟缓。② 可见我国存在着大量处境不利的儿童群体，亟需学前教育福利的支持。

### （二）基于儿童研究工具开展学前教育福利评估

在学前教育福利研究中，儿童研究的最新理论既可以用来对学前儿童的问题

---

① OLDS D L. Improving the life chances of vulnerable children and families with prenatal and infancy support of parents: the nurse-family partnership [J]. Psychosocial Intervention / Intervencion Psicosocial, 2012, 21（2）: 129–143.

② ZHANG C, ZHAO C, LIU X, et al. Inequality in early childhood neurodevelopment in six poor rural counties of China: a decomposition analysis [J]. International Journal for Equity in Health, 2017, 16（1）: 212.

行为进行解释，也可以对教育干预后的儿童发展水平、项目效果进行评估。例如克伦斯堡（Danielle Crosby，2005）等研究了13个福利项目对单亲父母选择不同类型托育的影响。他们发现，旨在增加家庭获得付费托育的政策（如有效的补贴、鼓励正规机构、市场价值补贴等）会影响家庭选择托育服务的类型。政府对托育服务的资助越多，家庭就越可能选择机构托育，而不是家庭托育①。

大量儿童研究已经表明儿童与童年早期的关键作用。国际发达国家早已建立了非常系统化的早期儿童发展干预体系，但是我国针对儿童早期发展的综合干预与评估策略仍十分缺乏。当前我国仍然有约十分之一的幼儿未能接受幼儿园教育，托育率尚不到百分之五。中国面临着教育资源相对有限、儿童群体数量庞大的客观制约。在反贫困攻坚时期，加大对贫困地区处境不利儿童的早期干预经费投入是一项可预测、高回报率的投资方式。中国学前教育福利项目也日益受到关注，未来需要开展更大规模的干预评估数据和科学的项目质量追踪调查。

### （三）基于儿童研究理论建构学前教育福利体系

按照布朗芬布伦纳的生态系统理论，儿童处于生态系统的核心，家庭、托幼机构、社区、社会构成了儿童的中观和宏观环境。学前教育福利应该是社会各个系统的共同责任。在许多西方国家，由社区、博物馆、幼儿园、教会等机构组织的学前福利活动非常丰富。这些活动受到地方政府的管理和协助，市政府每年为这些早教活动和项目提供固定的预算资金。

2018年我国在民政部新设置了专门的儿童福利司，成为我国儿童福利制度的最新里程碑，打破了以往的碎片式管理模式。2019年中国首次全国儿童福利工作会议在长沙召开，指出儿童福利是一项具备长期性、复杂性和系统性的工作。但在我国，育儿成本的主要负担者仍然是家庭，尤其在0—3岁阶段。由于家庭承受了过多的育儿压力，可能会加速我国人口出生率的下降以及人口老龄化的增加，从而引发更多的社会矛盾和问题。

---

① ROSBY, DANIELLE A, LISA A GENNETIAN, AND ALETHA C HUSTON. Child care assistance policies can affect the use of center-based care for children in low-income families [J]. Applied Developmental Science，2005，9（2）：86–106.

## 第二节 儿童福利研究与学前教育福利研究

林德赛（Lindsey，2004）在《儿童福利》一书中指出，审视儿童福利如同检查一个国家文明与进步的心脏[①]。从广义上来说，儿童福利是针对全体儿童的普遍需求，通过政策规划和福利服务设计以促进儿童的生理、心理最佳发展，保障其基本权利，以符合社会发展的需要。

### 一、儿童福利研究

1959年联合国《儿童权利宣言》指出："凡是以促进儿童身心健全发展与正常生活为目的的各种努力，事业及制度等均称之为儿童福利。"美国儿童福利联盟（Child Welfare League of America）认为："儿童福利是社会福利中特别以儿童为对象，提供在家庭中或其他社会机构所无法满足需求的一种服务。"

儿童福利是一个复杂的综合概念，也是社会保障体系的重要组成部分。"社会保障"的英文是 social security。英文 security 来自拉丁文 secura，意思是远离担心、放下忧虑，这个词本身就有自由、安全、担保等含义。社会保障是针对因疾病、工伤、失业、残疾、死亡等不测和分娩、老龄等情况而导致丧失或部分丧失劳动力和基本生活来源时，由政府利用一系列行政和法律手段，调动社会力量来提供医疗、养老等物质援助和各种服务，以确保社会成员的基本生活，其实质是一种现代互助。[②]

1935年美国新政中的社会保障法首先使用了该名词。1942年国际劳工组织出版的《向社会保障靠拢》所阐述的社会保障是：在社会成员遇有一定危境时，应通过社会适当的组织和有效手段给予保障。社会保障的目的是保障人的生存权与福利权，具有普遍性、公平性、综合性和权益性等特征。生存权是人权的重要组成部分，它在社会保障中得到了很好的体现。福利权保障就是让人们能过上健康而又具有文化性的最低限度的生活。

---

[①] LINDSEY. The welfare of childre. 2$^{nd}$ editon [M]. Oxford University Press，2004：1.
[②] 刘继同. 改革开放30年来中国儿童福利研究历史回顾与研究模式战略转型 [J]. 青少年犯罪问题，2012（1）：31-38.

1941年《大西洋宪章》两次使用"社会保障"这个概念,《费城宣言》(1944)正式采纳"社会保障"一词,此后逐渐推广开来。社会保障由社会保险和社会福利组成。社会福利的概念内涵也包括两个层面:一方面,社会福利是指一种旨在帮助人们满足社会、经济、教育和医疗需要的国家项目、补助和服务制度,这些需要是维持一个社会最基本的条件。另一方面,社会福利是指一个社会共同体的集体的幸福和正常的存在状态①。换言之,社会福利既可以指社会福利制度,是为达到社会福利状态而做出的集体努力(包括政府的努力);也可以指社会福利状态,是人类生活中的幸福和正常的状态②。

在各种社会保障中,儿童福利是由为所有儿童提供的、旨在保证正常生活和尽可能全面健康发展的资金与服务的社会政策和社会事业③。卡恩(Al Khan)是第一个开展儿童福利比较研究的学者。早在1940年,卡恩就通过与儿童公民委员会(Citizen Committee for Children)的合作,参与了研究纽约"儿童状况"的一项开创性工作(Ben Arieh,2006)。1978年,卡梅门和卡恩率先对发达国家儿童福利进行了比较研究(Kamerman & Kahn,1978)。④

儿童福利研究离不开具体的福利政策措施和方法,包括儿童福利政策和儿童福利服务两个部分。狭义的儿童福利是向弱势儿童、残疾儿童等特别需要关怀的人群提供必需的社会援助,提高儿童的生活水准。对于特殊困难儿童群体提供的各种制度保障及服务安排,被称为"补缺型"儿童福利。

覆盖所有儿童的"普惠型"儿童福利则是广义的儿童福利,包括但凡能够促进儿童身心健全发展的各种努力。广义的儿童福利面向全体儿童及其家庭,为他们创造各种生活必需的条件和环境,如各种文化教育、公共娱乐及市政建设设施等,并提供社会性津贴和保护性的福利措施,如家庭补充津贴、儿童津贴、教育津贴、住宅津贴等。

---

① BARKER R L. The social work dictionary [M]. Washington, D.C.: NASW Press, 1999.
② MIDGLEY, JAMES. Social welfare in global context [M]. London: Sage, 1997: 135-136.
③ 陆士桢,常晶晶.简论儿童福利和儿童福利政策[J].中国青年政治学院学报,2003(1):1-6.
④ KAMERMAN S B, & KAHN A (Eds.). Family policy: government and families in fourteen countries [M]. New York: Columbia University Press, 1978.

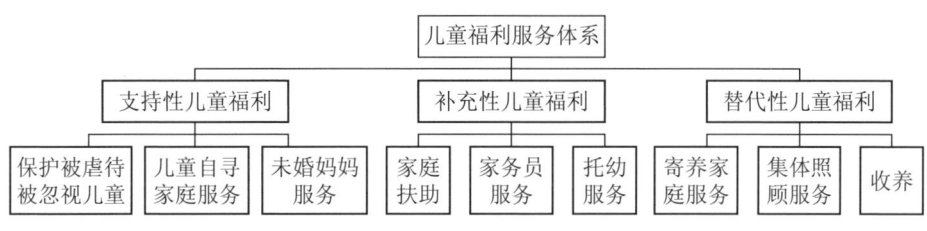

图 2-2-1 儿童福利服务体系

卡督逊和马汀将儿童福利服务划分为支持性服务、补充性服务和替代性服务（见图 2-2-1），学前教育（托幼服务）福利被归在补充性儿童福利体系之中，以弥补家庭教育之不足。[①] 对儿童的福利政策与服务如同一张社会安全网（safety net），蕴含着儿童对摆脱危险、恐惧的期待，以及对安全与幸福的向往。儿童福利研究的核心与目标是为了儿童的幸福生活与健康发展。

## 二、儿童福利研究对学前教育福利的启示

学前教育福利是中国儿童福利与教育福利研究的重要交叉领域。"社会福利""儿童福利""教育福利""学前教育福利"这四个概念也形成层级关系：社会福利作为统领，儿童福利与教育福利是社会福利之下的重要分支。

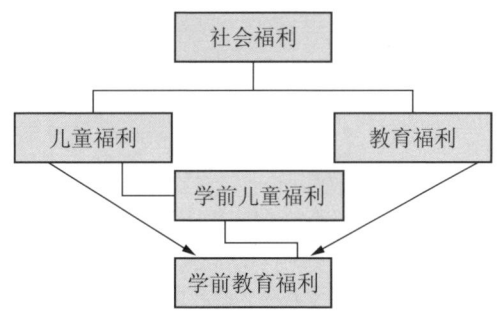

图 2-2-2 学前教育福利学科框架

当前，我国对儿童教育福利制度的研究仍以各类处境不利儿童为主要研究对

---

[①] ALFRED KADUSHIN，JUDITH A MARTIN. Child welfare services [M]. New York：Macmillan Publishing，1988：25-38.

象，重点关注孤儿、外来务工人员子女、留守儿童、贫困儿童以及残疾儿童。联合国组织、NGO 组织、政府机关、工青妇联、各类企事业单位和个人均以不同方式参与儿童福利与保护。经过 30 多年努力，我国已经形成基本的儿童福利政策体系，为建设和谐社会发挥了积极作用。

但在儿童福利研究框架下，对儿童教育福利的关注较少。有学者认为我国学术界对孤儿的生活情况调研较多，但缺少对孤儿教育情况的专门研究。① 在义务教育阶段，大部分孤儿的教育都得到了关注，但在学前教育阶段则不然。因此，有必要深入研究学前孤儿教育福利。此外，应充分利用选择性的教育福利制度，帮助外来务工人员子女改善现状，促进社会分层流动。② 政府应对农村留守儿童加大投资力度，以保障其享受平等地受教育的权利，来达到城乡教育资源均衡发展的目的。③

许多学者也谈到要确保在从学前教育到高等教育的所有学段中实现普惠型的教育福利。④ 他们指出，传统的残疾儿童机构替代性养育模式存在局限。⑤ 欠发达地区的残疾儿童教育福利要加强学前教育、义务教育和高中教育阶段教育的衔接，建立以政府为主导，家庭社区和社会教育助残为辅助，早期教育和小学初中教育为一体的教育福利体系。⑥

俞贺楠（2012）等人分析了贫困家庭儿童的教育补助和辍学问题，提出将教育福利放在社会保障体系中加以考量，扩大贫困家庭资助范围，使资助标准、资金保障和服务保障并重等建议。⑦ 王三秀（2014）结合我国在教育贫困救助实践中存在的问题，提出了在教育救助方面不要局限于为贫困家庭子女提供经济救

---

① 杨瑛.教育学视域下的中国孤儿教育救助［J］.当代青年研究，2011（1）：72-75.
② 银平均.论人力资本视角的新生代农民工教育福利［J］.社会工作（学术版），2011（9）：10-17.
③ 邵思齐，张卓.农村留守儿童的教育福利政策探讨［J］.劳动保障世界，2017（3）：21+23.
④ 彭华民，冯元.中国特殊教育福利：从补缺到组合普惠的制度创新［J］.社会科学辑刊，2016（6）：180-186.
⑤ 姚建平，梁智.从救助到福利——中国残疾儿童福利发展的路径分析［J］.山东社会科学，2010（1）：49-52.
⑥ 周娜.欠发达地区残疾儿童教育福利制度研究——以 H 县为例［D］.湖南师范大学，2012.
⑦ 俞贺楠，刘黎明.贫困儿童义务教育福利现状、问题及对策研究［J］.理论界，2012（12）：145-147.

助，可从多层面对其进行救助服务的观点。①

总的来说，中国儿童教育福利的受益群体仍以处境不利的儿童为主，并且呈现重义务教育、轻学前教育的倾向。当前的学前教育福利研究呈现出较为明显的补缺性，幼儿园教育福利虽然开始走向普惠型福利，对于全体学前儿童教育福利问题仍有待重视和完善。

## 第三节 教育政策研究与学前教育福利研究

学前教育福利研究也是教育政策研究的重要领域。学前教育福利政策的设计与实施离不开相关教育政策的颁布与研究。

### 一、政策、教育政策与学前教育政策

政策是社会经济、文化、政治等背景因素及价值理念交互作用的结果（Easton，1968；Peters，2005）。政策研究的英文术语包括 Policy Analysis，Public Policy Analysis，Policy Research，Policy Studies 等。政策研究"是研究政策制定和实施过程中特有的矛盾和规律性，即政策活动的最一般的规律的学问"。《政策科学：视野与方法的近期发展》一书首次提出并界定了"政策科学"（Policy Sciences）这一概念，指出"政策科学是用于解决社会问题，特别是解决那些结构和关系都很复杂的社会问题的工具"。

哈特利·迪安认为，社会政策既可以指作为学术研究的社会政策学，也可以指任何有关人类福祉的特定政策。拉斯韦尔在《政策方向》中对政策科学的对象、性质、发展方向和政策过程等学科要素做了论述，他认为政策科学或社会科学中的政策方向应当超越社会科学各学科的门户界限，具有跨学科的性质。

比较公共政策研究兴起于 20 世纪 60 年代初期。美国著名公共政策学者斯图亚特·那格尔在《政策科学百科全书》中专门介绍了跨国家、跨文化的政策比较。马克斯·韦伯强烈主张对社会、政治现象进行文化解释，甚至将社会科

---

① 王三秀.贫困治理转型与农村文化教育救助功能重塑［J］.探索，2014（3）：134-140.

学称作文化科学。他认为价值关联决定了社会科学与自然科学的分野，可以一般地解释社会科学选择研究对象的根据。社会科学的基本任务是对世界进行经验的因果分析，揭示事物固有的和可能的联系。有学者提出以国家制度为主要分析单元的比较政策研究。他认为制度存在着普遍性和多重性，每个国家都有不同的制度，但其层次性和制约性的存在使得各国的政策制定必然呈现个性。从制度设计的角度来看，特定的制度设计可以引导政府行为及政策结果的改变。

伴随着公共政策研究的发展，教育政策研究近年来日益受到重视。教育政策即政府在一定时期为实现一定教育目的而制定的关于教育事务的行动准则。如雅诺（Dvora Yanow）所界定的，教育政策是"文本"，它会被推行者所阐释并执行。作为文本，它也会被不同利益相关者加以"阅读"。①

学前教育福利政策是学前教育政策与儿童福利政策中的一项重要内容。我国儿童福利政策涉及儿童教养、医疗卫生、法律保护等各个方面，可分为支持性政策、补充性政策、替代性政策及保护性政策。儿童福利政策中包括妇幼卫生保健政策、家庭津贴与补助政策、儿童教育与保育政策、儿童权益保护政策等。从研究的角度，儿童福利政策主要包括了学术研究的儿童福利政策，如儿童福利政策研究中的基本概念、理论和方法等。另外，它还包括了具体的福利措施，包括各国儿童福利政策的内容、现状、框架体系等。

国际学前教育福利政策包括以下五种功能，一是保障基本的教育公平，例如日本的《儿童福利法》等；二是关注特殊儿童教育，例如美国的《残疾儿童早期教育援助法》、英国的《缺陷儿童教育法案》等；三是关注幼儿保育问题，例如美国的《儿童保育法》、瑞典的《学前教育法》、韩国的《儿童福祉法》等；四是重视家庭教育部分，例如新加坡的"家庭教育计划"（SFE）；五是留守与流浪儿童教育，例如美国的"流动儿童教育计划"（MEP）等。

学前教育福利政策可以界定为以促使0—6岁儿童健康成长为目的、关注儿童教育福祉的各类法律法规、文件规程、行动规划与规范意见，是各级管理部门开展学前教育福利服务的政府依据和行动准则。同样，学前教育福利政策研究既关注静态的政策文本分析，即学前教育福利政策的内容、现状、框架体系，也关

---

① 钱雨.学前教育政策与法规［M］.上海：华东师范大学出版社，2022.

注不同学前教育福利政策实施与监测的动态输出过程，分析当前学前教育福利政策实施的效果。

## 二、教育政策研究对学前教育福利的启示

### （一）加强学前教育福利立法研究

《牛津立法研究手册》(2014)指出，当前教育立法研究有四大趋势：一是呈现国际比较的趋势；二是通过一个规范框架，在不同文化之间建立桥梁；三是国家宪法始终是其他立法研究的普遍基础；四是需要不断发展基本理论，以便解释现有法律体系的变量与不足之处。①

第二次世界大战后，世界各国深刻认识到维护基本人权、保护儿童权利的重要性。1948年12月10日联合国大会通过《世界人权宣言》(以下简称《宣言》)，对基本人权作了普遍性规定。《宣言》同时对儿童权利作了特别规定：第25条第2款规定了儿童享有的特别照顾权、平等权；第26条第1款规定了儿童受教育的权利；第26条第3款规定了父母对子女所受教育种类的优先选择权。

随着中国政策研究的水平日益提升，儿童教育福利逐步进入国家宏观政策视野。1951年中央人民政府政务院发布《关于改善各级学校学生健康状况的决定》，明确了各级人民政府及各级学校教职员对学生健康的责任。1954年《宪法》第93条规定："国家举办社会保险，社会救济和群众卫生事业，并且逐步扩大这些措施，以保证劳动者享有这些权利。"中国共产党中央委员会《1956年到1967年全国农业发展纲要》提出了保障儿童的受教育权。1957年教育部《办好盲童学校、聋哑学校的几点指示》突出了促进特殊儿童教育的重要性。

新世纪以来，对学前教育福利立法的呼声日益高涨。为解决"入托难""入托贵"的问题，《国务院办公厅关于促进3岁以下婴幼儿照护服务发展的指导意见》《托育机构设置标准（试行）》《托育机构管理规范（试行）》征求意见稿等多个政策文件发布，明确规范了托育机构的功能职责、托收管理、保育管理、健康安全管理等内容，推动托幼服务向规范化发展，推动全社会支持育儿新格局加速

---

① 钱雨.美国学前教育立法的发展、经验与启示[J].湖南师范大学教育科学学报，2020，19(3)：16-23.

推进。

学前教育福利立法涉及教育、财政、民政、卫生等多个部门，既是社会关注的焦点，也是学术研究的热点问题。然而，在教育法制化的今天，如果学前教育的法律地位不明确、立法不完善，托育服务和幼儿园教育的管理体制、财政投入、资源分配等问题仍缺乏法制保障。

## （二）提升学前教育福利政策评估水平

政策评估与分析一直是我国儿童福利研究中的薄弱环节。对儿童福利事业加强科学监控与评估，可以减少经济及社会损失，提升我国儿童福利政策的决策科学化水平。

国际教育政策研究的方法更多受到实证主义法学派的影响，运用社会调查、实证分析、逻辑推理等方法对法规结构完整性、内容规范性及形式合法性进行探究。基于儿童福利政策评估的实证研究与分析一直是国际儿童教育政策制定的重要依据。从国际视野来看，"开端计划法"等各项教育福利法案的内容确立和修订都离不开对儿童教育福利项目与服务的质量分析。

教育政策研究方法中的观察法、访谈法、问卷调查法、实验法、干预效果评估方法等都对学前福利政策研究方法产生了影响。例如在儿童发展调查中，学前教育福利政策制定者常使用丹佛儿童发育筛查测验（DDST）、瑞文智力测验（RIT）、贝利婴幼儿发展量表（BSID）、中国儿童发展量表（3—6岁）、韦克斯勒（Wechsler）智力量表等。针对托幼机构质量，常用测量工具包括幼儿学习环境评量表（ECERS）、师幼互动量表（CLASS）等。

针对儿童行为和心理发展状况，学前教育福利政策制定者使用较多的包括儿童焦虑性情筛查量表、儿童抑郁筛查量表、阿钦巴赫（Achenbach）儿童行为量表、测度儿童孤独倾向的阿斯伯格综合征筛查量表（Asperger Syndrome）、儿童少年生活质量量表等。

欧美发达国家从20世纪70年代开始就已经关注儿童干预项目的有效性研究，开展了大量追踪研究。各种第三方教育评价专业机构如雨后春笋。如1977年"0—3"（ZERO TO THREE）作为一个国家非营利组织成立，通过一系列的专业活动和研究为家长、政策制定者和教育专业人员提供信息支持。此后，科学实证研究逐渐成为衡量实践项目质量的重要依据。

20世纪90年代，欧美国家开始引入循证医学中的重要方法——随机对照试验（RCT）进入教育实证领域。1994年美国医药局率先将随机对照试验设计确立为评估儿童干预项目的方法。这一进展推动了基于实证的实践体系在心理学、社会工作和教育学领域相继萌芽，科学实证研究逐渐成为衡量实践项目质量的重要依据[①]。

国际学前教育福利项目注重对项目效果的持续跟踪研究。在项目实施初期，专业人员观察、收集阶段性评估信息，为服务对象制订个别化课程指导计划，随后通过评估，为项目的持续改进提供依据。大量实证研究表明，为处境不利的儿童及其家庭提供系统性的学前教育福利服务，创设健康安全、赋有教育刺激的环境，不仅仅可以给儿童一个良好的开端，在促进个体未来的认知、社会性等方面的发展同样具有良好的效果。

学前教育福利政策评估的意义在于改进、完善学前教育福利，提高学前教育政策质量，充分发挥学前教育福利的功能。政府、民间组织及学者均应对学前教育福利政策的实施效果、成本收益分析、资源配置与督导等问题开展评估研究。我国目前无论是学前教育福利机构内部评估、独立的第三方评价，还是政府主导的实证研究，其质与量都仍是"路漫漫其修远"。

---

① 范洁琼. 国际早期儿童家庭亲职教育项目的经验与启示[J]. 学前教育研究，2016（11）：3-16.

第三章

GUOJI XUEQIANJIAOYU FULIGUANDE
LISHI SHANBIAN

# 国际学前教育福利观的历史嬗变

第三章 国际学前教育福利观的历史嬗变

回眸学前教育福利发展历程，国际学前教育福利观的发展呈现出了与时代匹配的渐进式发展特点。最初，作为社会福利的补充，国际学前教育福利主要为弱势儿童提供补缺型学前教育。"二战"后，随着教育经济学研究对学前教育重要性认识的逐渐深入，人们认识到学前教育自身具有独特价值，学前教育福利进入适度普惠阶段。随着《儿童权利公约》的面世，国际学前教育福利进入了新的发展阶段，重视儿童利益的最大化，追求优质普惠的学前教育福利。

## 第一节 补缺型学前教育福利观

从柏拉图在《理想国》中讨论以国家公养公育的形式承担儿童教育责任开始，学前教育福利的发展从理念到现实，经历了两千多年的缓缓而行。1791年的《法兰西共和国宪法》是欧洲大陆第一部成文法案，也是最早正式涉及教育福利的西方法案。这部《宪法》极富有前瞻性地提出了"在所有人不可缺少的那些科目教学中实行免费教育"，欧洲也成为儿童教育福利的发源地。

1816年，欧文在苏格兰新拉纳克工厂建立了第一所工人子女幼儿学校。欧文的幼教机构是幼儿园及托儿所的综合体，且附设于私人性质企业。这是全球正式学前教育福利萌芽的第一粒种子，也是人类史上第一个正式的学前教育福利机构。因此，可以把1816年看作学前教育福利发展的起始阶段。由于受到企业与私人的赞助，欧文的幼儿园免费收托劳工子女。这一机构的产生背景是英国工业革命不断发展，需要大量女性劳动力参与工业生产。

伴随着工业化与城市化进程，福利性质的学前教育不紧不慢地向前发展着，经常与反贫困政策携手而行。在法国，给贫困儿童提供教育福利被视为一种社会义务。1881年的法国《费里教育法案》可以被称为国际学前教育福利法制化的开端。该《法案》推行免费学前教育，并把"免费"和"义务"作为法国国民教育的首要原则。20世纪初期，法国已有四分之一的2—6岁儿童就读于公立幼儿园。

学前教育福利的种子是国家工业化和城市化发展进程下的产物。从某种意义上看，学前教育福利制度起源于社会福利制度的延伸，早期学前教育福利和女权运动也紧密联系。随着就业市场对女性的需求逐渐增大，大量的妇女走出家庭，进入工厂工作。为了改善贫困幼儿处境，西方社会日益重视为贫困儿童提供补缺型教育。1905年英国教育委员会发布了一份关于公共学校幼儿现状的报告，报告认为尽管学校教育还存在诸多不足，然而贫困家庭的母亲必须工作，幼儿去上学总比遗弃在家好。① 美国联邦儿童局也制定了一系列保障儿童教育福利的法律法规，如1921年的《母婴法》相关条款规定拨款保障母婴权益，1935年的《社会保障法》相关条款规定为贫困家庭提供育儿补助。这一时期，影响国际学前教育的福利观带有明显补缺型特征——为贫困或特殊需求的幼儿提供补缺型教育。② 人们普遍认为，如果家庭条件许可，幼儿更应该由母亲在家照顾。

英国政府长期以来都将古典自由主义哲学奉为圭臬，政府在社会福利供给上一直扮演着"局外人"（outer）的角色。③ 因而学前教育福利通常被认为是民间力量应该担负的。同保守的德国一样，英国并不积极鼓励机构式幼儿教育，因此仅有少数企业附设或是设置一些济贫式的私立托儿所。此外，社区、教会、行会、工人互助组织和慈善团体也是人们获取社会福利服务的重要来源和渠道。④

从19世纪初期到第二次世界大战，许多国家的学前教育逐渐由家庭私事、民间救助向社会责任转变。社会福利性质的学前教育开始作为国家社会福利事业的组成部分得以起步和缓慢发展。

德国的福禄培尔在1840年创办了世界上第一所幼儿园，但不久后因受到政府的压力而被迫关闭。他创办幼儿园的目的是希望为幼儿提供一个完整的机构，促使幼儿健全人格的发展。然而当时保守的德国主张家庭教育优于机构教

---

① 钱雨.教育福利视角下英国学前教育立法经验分析［J］.教育发展研究，2022，42（6）：16-23.
② 钱雨.美国学前教育立法的发展、经验与启示［J］.湖南师范大学教育科学学报，2020，19（3）：16-23.
③ 何伟强.英国教育福利政策研究［M］.北京：中国社会科学出版社，2016.
④ 闵凡祥.福利：国家与社会——从英国社会福利观的演变看撒切尔政府社会福利制度改革［D］.南京大学，2005.

育，主流社会仍然难以接受机构式的幼儿教育观念，因此德国早期的幼教机构发展得并不顺利。

同样在工业化和城市化的背景下，瑞典于1854年建立了第一所托儿所来缓解家庭照顾幼儿的压力，并在1890年建立了第一所幼儿园。但当时幼儿园数量稀少，可接收的幼儿数量屈指可数，主要为中上层阶级的子女提供保教服务。直到20世纪初期，仍有非常多贫困家庭的妇女挣扎于家庭和工作的两难境地，导致了大量贫困家庭的婴幼儿难以得到应有的照顾和教育。这一时期瑞典的学前教育虽然也在缓慢发展，但政府同样将幼儿的教育视作家庭内部的职责和事务。直到20世纪30年代瑞典的人口出生率出现了明显的下滑，瑞典的经济学家麦德尔教授1934年《人口问题的危机》一书的出版促使政府开始重视女性及儿童福利问题，政府才为提升生育率和促进女性就业而制定了学前教育一体化政策。

在一些基金会和慈善机构的倡导下，一批欧洲托幼机构得以建立。这些机构主要为贫困阶层和工人阶层的幼儿提供基本的保育和照看服务，机构的幼儿教师主要由未婚的中产阶级女性来担任。

1874年，一个引发广泛关注的儿童虐待案件还影响了国际幼儿保护法，成为儿童保护史上的里程碑事件。美国的玛丽埃塔·惠勒（Marietta Wheeler）和美国防虐待动物协会主席亨利·伯格（Henry Berg）在纽约最高法院中的控告证词中公开报告了8岁的玛丽被父母虐待的生活情况。案件中耸人听闻的情节增加了公众对虐待和忽视儿童的认识，最终促进了保障儿童生活与权益的政府法规制度的形成。

这一时期，国际学前教育的立法与政策制定都体现了浓厚的儿童福利色彩。例如美国立法的早期阶段，学前教育福利往往是作为社会福利或儿童福利政策的附属项目提出的。1935年美国出台了针对贫困问题的《社会保障法》，政府设立"抚养未成年儿童家庭援助项目"（ADC）为贫困家庭提供补助。1940年的《兰汉姆法案》(The Lanham Act）规定由联邦政府拨款建立儿童保育中心，为参加军工生产的父母解除后顾之忧，保障儿童发展。"二战"前后，美国大批妇女就业，从事军事等产业的工作。紧急保育学校服务于贫穷家庭，以失业和贫困为服务标准；而儿童保育中心则为所有参加军工生产的家庭服务。《兰汉姆法案》实施期间服务了约60万名儿童。该法进一步推动了美国学前教育机构的建立及学前教育发展。

总之,"二战"之前的世界学前教育福利有着浓厚的补缺型性质,作为社会福利的一个补充部分而存在。正如当时美国儿童福利联盟的解释,儿童福利被定义为是针对那些父母亲无能力照顾,社区资源也不足以满足其发展需求的儿童,提供家庭、社区的养育与保护之服务。在这样的儿童福利定义下,英美等国的学前教育大多由社会救济为主的部门主管。从总的趋势来看,补缺型学前教育福利的发展已经逐渐引起了社会和政府的关注。

## 第二节 适度普惠型学前教育福利观

对学前教育的关注起源于社会福利保障。在儿童基本的营养和健康等生存权利得到保障以后,儿童接受教育的权利也逐渐被重视。随着"二战"的结束,国际学前教育福利开始逐步进入普惠型教育福利阶段。但这种普惠是部分的、有条件的,可称之为适度普惠型学前教育福利。这一阶段大致从20世纪40年代持续到20世纪80年代末期。

1948年联合国《世界人权宣言》指出:"教育应当免费,至少在初级和基本阶段应如此。"人们认识到学前教育对消除代际贫困具有重要作用,不仅如此,这一时期的学前教育发展开始"去家庭化"。家庭不再是教育唯一的中心,学前教育机构自身的价值也得到了认可。1959年的《儿童权利宣言》明确提出了儿童的教育福利原则——"儿童有受教育权"。

1967年,英国发布了题名为《儿童与小学》的《普劳登报告》(Plowden Report)。"平等"是《普劳登报告》的关键词之一。这份报告由布里奇·普劳登(Bridget Plowden)和25名委员共同撰写,委员会成员包括著名的教育社会学家迈克尔·扬(Michael Young)。报告提出了普惠型学前教育福利观,建议大规模扩张幼儿园。① 学前儿童的受教育权——教育机会的平等,是社会平等与教育公平的起点。为此,各国开始积极建设和普及公立幼儿园系统。

这一阶段,许多国家颁布了包含适度普惠型学前教育福利的法案。瑞典的《儿童日托法》(1973)《学前教育法》(1975)提出为大班幼儿提供每天3小时免费学前教育;加拿大的《儿童托育法》(1983)也规定了学前儿童享有平等和部分免

---

① THE CENTRAL ADVISORY COUNCIL FOR EDUCATION. The plowden report[EB/OL].

费的教育机会。

随着各国对学前教育重要性的进一步认识，政府相关现金给付（包括儿童津贴、税费优惠补贴、生育给付）政策相继出台，公共托幼服务与配套福利、育儿假期制度等逐步建立，支持与推动了适度普惠型学前教育福利的发展。在这一阶段，各国不仅为社会处境不利儿童提供福利服务，还进一步通过免费教育来保障普通儿童受教育的权利落到实处，使学前教育成为社会公平的起点。世界各国通过了针对特殊儿童与贫困儿童的学前教育系列立法，加强了政府对学前教育的干预力度。这些学前教育专门法案的制定，推动了国际学前教育福利体系迅速发展。

20世纪60年代，美国夏威夷众议院的日裔议员明克（Pasty Mink）第一个提出为学前教育立法。这一时期的国际学前教育立法体现了鲜明的扶弱性，关注弱势与残疾儿童。1961年，美国政府将"抚养未成年儿童家庭援助项目"重新命名为"独生子女家庭计划"，对没有工作的双亲提供现金补助，改变了以往只对单亲家庭提供补助的局面。1966年，全美教育协会教育政策委员会主张幼儿4岁开始都应接受学前教育，有机会进入公费的教育机构。

法国的《DEBRE法》（1959）规定，私立托幼机构也可通过与国家签订合同而加入法国公共服务系统。与政府签订"合作合同"的私立幼儿园中具有一定学衔和资格的教师按照相应规定成为国家的合同雇员。政府依据不同的合同类型在不同程度上负担这些机构教师的工资。法国的《教育指导法》（1989）指出，学前教育应"优先照顾那些处于不利的文化、社会地位的儿童"。《关于教育指导法的附加报告草案》明确规定了国民教育有责任使残疾儿童青少年接受幼儿园教育、义务教育及高等教育。该法案明确规定，学校本身虽不能消除儿童生活条件的不平等，但它应当对机会均等做出贡献，托幼机构在帮助家境不利儿童开展学习支持方面应发挥显著作用。

1975年印度政府开始实施以促进贫困地区学前儿童的整体发展为目的的整合儿童服务中心项目（Integrated Child Development Scheme，ICDS）。这是印度政府设立并主导的大型早期儿童教育项目，针对弱势群体儿童提供免费早期教育、健康和营养服务等综合性学前教育发展计划，将学前教育、女童教育以及对家长（母亲）的教育整合在一起。

1975年美国参、众议院通过了《所有残疾儿童教育法》。这是美国关于残疾儿童教育最完整、最重要的立法。法令规定，所有3岁—21岁的残疾儿童和青少年都有接受免费的且适合的公立教育或相应服务的权利,必须为每个残疾儿童设计书面的个别化教学方案。白宫于1970年和1981年两次做出决定,把发展学前教育作为国家最迫切的需要之一。

第二次世界大战后,德国也逐渐建立起了面向全体儿童的普惠型儿童社会福利制度。面对战后大幅度滑落的生育率,德国政府通过提供租房、儿童、建房津贴政策以刺激生育率。然而"二战"后德国的幼儿园还是处于低度开发的阶段。直到20世纪70年代反权威意识形态的学生运动对社会进行全面批判,认为社会改革要从学前教育开始,加上女权运动者要求将妇女从家庭中解放出来,法兰克福才出现了第一家由家长自己开办的幼儿园。

瑞典在战后经济迅速得到恢复发展,推行了典型的高福利国家模式,出台了许多以促进社会平等、鼓励充分就业、完善社会福利为目的的学前教育福利政策。这使得瑞典成为当时世界上劳动力市场参与率最高的国家之一。① 为了满足家庭和社会对幼儿保育和教育的需求,瑞典在1944年建立了国家卫生与社会福利部(The Ministry of Health and Social Affairs)专管儿童的保教事务,接替父母承担起他们工作期间的婴幼儿保育的社会责任。② 瑞典主张社会民主主义,非常注重儿童的各种社会福利政策,于1944年出台了相应的公立托育政策,建立起一批免费的公办托育机构(全日托)。1947年,时任瑞典内阁部长的卡伦·考克开始积极推行儿童福利政策,开始实施儿童津贴和带薪亲职假,于1950年推行普及全体公民的儿童津贴。至此,瑞典正式将学前教育纳入政府的工作议程之中,学前教育福利也成了国家社会福利事业的重要组成部分。

1945年英国大选后,胜选的工党内阁开始落实《贝弗里奇报告》构建完整福利体系的建议。战后通过了一系列重要社会福利立法,包括《国民保险法》《国民健康服务法》《国民救助法》。1948年7月5日,这三部法律在英国同时生效,连同先前教育方面的《1944年教育法》和住房方面的《1946年住宅法》,一起构成了英国的福利国家制度。③ 不过,早期的英国受到保守主义的影响,政府并不鼓励机构式幼儿教育,公立的幼教机构非常匮乏,大多只是停留在救济贫困家庭儿

---

① EARLES, KIMBERLY. Swedish family policy-continuity and change in the nordic welfare state model [J]. Social Policy & Administration, 2011, 45(2): 180-193.
② 武欣.瑞典普惠性学前教育的历史进程与路径选择[J].外国中小学教育,2018(6): 8-15.
③ 陈晓律,等.当代英国——需要新支点的夕阳帝国[M].贵阳:贵州人民出版社,2000.

童的阶段。在两次世界大战的时候，英国出于对妇女劳动力制造军需品的需求而临时地增加地方幼教机构。一旦战争结束，就立刻关闭了这些幼教机构。政府更倾向于将资源以现金津贴的方式发给家长，而不愿意担任学前教育福利的提供者，这使得英国的幼教机构大都仰赖私立机构来满足需求。尽管当时英国的私立机构比例高于公立，不过由于为数众多的教会慈善机构与志愿团体愿意提供低廉的服务，它们在一定程度上弥补了政府的不足，减轻了家长的负担。

这一阶段的福利政策和立法开始逐步明确各国学前教育的地位。随后，国际学前教育福利的重心逐渐由弱势群体转向全体儿童。

## 第三节　优质普惠型学前教育福利观

《儿童权利公约》的颁布为推进优质普惠型学前教育福利观奠定了极有力的国际共识。在这一国际共识的启迪下，国际社会开始逐渐走向优质普惠型学前教育福利阶段，使得 21 世纪有可能成为"儿童的世纪"。如果说适度普惠型教育福利关注弱势儿童的教育起点公平，优质普惠型教育福利观则进一步关注全体儿童的教育过程与结果公平。这种新型福利观更加注重学前教育资源与服务的质量提升，关注教育质量与教育公平之间的微妙平衡。

### 一、《儿童权利公约》的诞生

1989 年 11 月 20 日，联合国大会通过了《儿童权利公约》（以下简称《公约》）。随着《公约》的颁布，西方社会陆续开始推进优质普惠型学前教育福利。《公约》是联合国根据《联合国宪章》《世界人权宣言》《儿童权利宣言》等国际公约主持制定的一项国际公约，也是全球社会保护儿童权利方面的共同法律。《公约》揭示了一个重要的理念：儿童是拥有完整自身权利的人，他们并非其父母的归属品，也不是任何决定的被动接受者。《公约》指出，在童年这一特殊且受保护的阶段，必须让儿童有尊严地成长、学习、游戏，发展并成就自我。

作为一个有史以来最多国家广泛批准的人权条约，它改变了全世界众多儿童的生活。《公约》几乎在全世界所有国家得到实施，缔约国多达 196 个，为实现儿童的各项权利提供了一个共同的伦理和法律框架，其中包括发展权中谈到的"儿童有权接受正规和非正规的教育"。

《公约》共论述了54条，可以概括为四点：一是生存权——每个儿童都有其固有的生命权和健康权；二是受保护权——不受危害自身发展影响的、被保护的权利；三是发展权——充分发展其全部体能和智能的权利；四是参与权——参与家庭、文化和社会生活的权利。

从20世纪末《公约》的面世到21世纪的今天，世界各国的学前教育福利重心开始由重视弱势儿童的入园机会均等，逐渐扩展到面向所有儿童。大部分国家都加快了学前教育福利全面普及的进程，学前教育福利政策在这一时期得到完善并日趋成熟。

脑科学及学前教育社会效益的研究进一步促使各国政府在关注教育质量的大环境下，日益聚焦儿童早期的教育质量。首先，各国政府通过制定相关政策，对学前教育进行宏观干预。学前教育福利政策内容更细化、更丰富，儿童群体划分更具体、更有针对性，服务对象和内容更广泛。其次，各国政府针对不同处境的儿童进行专门立法，通过为儿童及家庭提供不同类别的优惠和福利，让更多儿童有接受平等、高质量教育的机会。

瑞典提倡全覆盖、高普惠、高福利的学前教育公共服务定位。在瑞典《教育法》中规定，学前教育作为一种福利性服务内容，应提供给所有适龄儿童。政府要采取多种举措确保适龄儿童就近入园入托，公办学前教育机构成为了婴幼儿入园的主要选择。瑞典学前教育的财政分担以国家财政为主，学前教育生均经费远高于OECD国家的平均水平，学前教育公共财政投入支持力度居于世界前列，通过津贴、免费、最高限额等多种形式为家长提供低收费、有质量的学前教育。

使每一个幼儿都享有高质量的学前教育，成为新世纪前后美国学前教育法修订的主要目标。1990年，美国卫生和公共服务部颁布了《儿童保育与发展拨款法》(Child Care and Development Block Grant Act)。1994年克林顿总统签发了历史性的《2000年目标：美国教育法》，重新确立了八大国家教育目标，建立州地方伙伴关系，加强学校绩效责任等。1998年的《幼儿教育五年计划》则预计在未来5年提供217亿美元协助职业父母支付托育费用等五项措施。2002年的《不让一个儿童落后法》旨在提高包括少数族裔儿童和贫困儿童在内的所有学生的学业成绩，通过提高基础教育的质量促进教育公平。2015年12月，奥巴马签署了《每一个学生成功法》(Every Student Succeeds Act，ESSA)，取代《不让一个儿童落后法》，更关注学前教育福利服务的有效性。

英国是第一批参与 1998 年 OECD 提出的"早期儿童教育和照顾政策"等儿童福利政策的 12 个国家之一。英国政府一直不断发展和完善早期儿童教育和儿童保育，先后提出"儿童保育十年战略"、建立儿童中心等内容。21 世纪以来，英国政府提出了多项针对处境不利地区和处境不利儿童的教育、培训和全方位服务计划，2003 年颁布的绿皮书《每个孩子都重要：为了孩子的变化》和 2004 颁布的《儿童法》将这些福利计划进一步系统化和合法化，集中体现了"全纳教育"的思想，强调每个孩子都不能被忽视，缩小处境不利儿童与其他儿童的差距。"每个孩子都重要"也成为英国学前教育福利政策的基本准则。英国的儿童福利津贴、家庭津贴、教育福利政策均是以此为基础，实行全面普遍的儿童保障制度。

## 二、儿童的最大利益

作为国际儿童福祉的一个重要里程碑，《公约》强调"儿童的最大利益应成为对儿童的教育和指导负有责任的人的指导原则"。参照 1959 年《儿童权利宣言》原则二："最大利益"标准是能够使儿童在健康和正常的状态下，增加发展身体、心智、道德、精神和社会方面的机会和便利。这意味着"最大利益"涵盖了儿童作为人在健全的人类环境中依据其能力的全面发展。沃尔夫（Joachim Wolf）认为，《公约》最大利益条款的制定者是从一般或总体的意义上表述"最大利益"的。不过，"应成为"这个语词具有一点理所应当的味道，并带有便宜行事（discretionary commitment）的性质。"最大利益"标准的灵活性，有可能让国家在保护儿童领域尽责任成为某种点缀。

沃尔夫认为，最大利益的这种便宜行事特色在从前的国际文件中并无先例。在《宣言》的准备工作中，"最大利益"标准也没有经过细致的考虑，而只把它理解为通过法律及相关手段对儿童的一种特殊保护。至于儿童的权利和父母决定、政府决议之间到底是什么关系，需要进一步探讨。从《宣言》的儿童权利概念强调对儿童的"特殊保护"，到目前的《公约》把儿童的权利概念理解为"个体人权"的理念，其间有其发展的内在逻辑性。

随着《公约》的生效，"儿童最大利益"原则也成为一个国际法律概念。把《公约》放在国际法律实践背景下来观察，还会发现一些有意思的问题：比如，

"最大利益"标准是否只是针对决策者？在政治决策中是否应该特别考虑儿童作为独立个体的地位和利益？是否应该禁止政府作出可能不利于儿童利益和社会地位的法律和决定？实际上，"最大利益"标准的发展与运用已经超越了政治的规制。如何通过教育政策确立"最大利益"概念是极为重要的，国家成为回答这个问题的关键要素。只有将国家行为、责任与尊重儿童权利相结合，才能实现儿童权利的最大化。

例如，印度的《国家儿童宪章》明确指出"国家向所有儿童提供学前教育"，用国家普遍性的法律来保障儿童获得学前教育的权利。美国的《不让一个儿童落后法》倡导每个儿童都应获得高质量教育的机会，通过满足多种弱势儿童群体的教育需求，如学业成绩差的儿童、非英语母语儿童、移民儿童、残疾儿童、少数民族儿童、阅读障碍儿童等，缩小不同儿童群体之间的差异。根据《2009年美国复苏与再投资法案》，2011年美国教育部宣布投资5亿美元开展"力争上游——早期学习挑战项目"，把资金投给竞争获胜的州，促使各州把注意力更多地转向早教系统结构的完善，均衡照顾到更多儿童的利益。

德国《优质托幼机构环境法》于2019年1月生效。根据该法，德国政府将采取措施帮助各联邦州提高儿童日托服务的质量，为儿童创造平等的教育条件。在这一阶段，德国政府不仅向育儿家庭提供更加优厚的学前教育福利待遇，同时也将积极支持父母在家庭和工作之间寻求平衡，追寻儿童利益的最大化。

挪威议会则在2017年《幼儿园教育内容和任务的框架计划条例》中充分体现了"儿童利益最大化"的原则。例如第一部分"核心价值观"中指出：幼儿园的核心价值观应在幼儿园教学实践的各个方面予以公布、实践和体现，核心价值观包括：尊重儿童和童年的价值、民主、多样性和相互尊重等。

随着儿童权利的被重视，国际学前教育福利发展在这一时期日趋成熟。学前教育福利研究也应当考虑儿童利益最大化原则的贯彻及适用性，政府必须采取措施，制定相应的程序，以把国家义务与儿童权利相结合，真正把儿童权利落到实处。接下来，将深入剖析当代国际学前教育福利变革的主要内容，分析金砖国家与发达国家如何基于变革为儿童提供高质量的学前教育福利。

第四章

QITA JINZHUANGUOJIA XUEQIAN
JIAOYUFULI
BIANGEDE ZHUYAONEIRONG

# 其他金砖国家学前教育福利变革的主要内容

中国学前教育福利研究不仅要传承中华优秀传统,也要深入考察世界各国福利研究的成果,成为国际儿童事业的积极促进者。"他山之石,可以攻玉"。从国际比较的视野,本章首先分析了以巴西、俄罗斯、印度、南非等金砖国家为代表的新兴经济体国家在学前教育福利变革中的经验。

## 第一节 巴西学前教育福利当代变革

巴西联邦共和国是南美洲最大的国家。作为拉美地区人口第一大国,巴西基本国情与中国有不少类似之处,也面临人口多、底子薄的问题。近年来,巴西政府逐步增加了公共教育经费的投入,日益凸显出政府职责,在促进入学机会平等、提高教育质量、推进学前教育福利发展等方面提供了资金支持和政策保障,朝着联合国教科文组织所倡导的全民教育目标不断迈进。巴西作为第一批实施社会福利法的拉美国家,各项学前教育政策和项目在推进教育公平、缓解社会冲突、促进经济发展等方面都具有不可忽视的作用。

### 一、巴西学前教育福利发展背景

作为世界第七大经济体,巴西主要居住民是葡萄牙人、印第安人和非洲人。2022年巴西的GDP为1.8万亿美元,人均GDP1.12万美元,GDP年增长率为0.6%。2022年巴西的总人口数达到2.15亿,人口自然增长率为0.46%。从2000年到2020年的20年间,巴西人口出生率下降了6.9%。2021年14岁及以下人口数量约为4376万,总生育率为1.76。自2014年起,巴西人均GDP年增长率出现负增长,2016年为-4.38%,2020年为-3.9%。目前巴西经济正逐步恢复,但仍比2014年第一季度最高水平下降2.8%。

巴西的教育制度分为三级，分别是初级教育、中等教育和高等教育。巴西的义务教育阶段从4岁到17岁共持续14年，包括2—3年的学前教育、8年初等义务教育和3—4年中等教育。巴西2019年学前教育毛入园率为95.5%，净入园率为86.8%。4—5岁的学前儿童数为546万，2020年幼儿园生师比为14:1。

巴西学前教育包括三类机构：托儿所（berçários，0—2岁）、幼儿园（2—4岁）和学前学校（4—6岁）。2009年11月宪法修正案第59条把4岁和5岁幼儿列入义务教育中。巴西有公立幼儿园和私立幼儿园，其中公立幼儿园由市教育局负责运营。在许多地区，公立幼儿园供不应求。

尽管巴西在0—3岁早期教育上取得了一定的进步，婴幼儿进入托幼机构的比例从2001年的13.8%提升到了2015年的30.4%，但距离实现半数婴幼儿入托的目标仍有距离。巴西国家教育计划的目标是到2024年保证全国50%的0—3岁婴幼儿能够进入托儿所。按照目前的增长速度，巴西预计还需要25年才能够完成目标。巴西托育服务发展缓慢的背后原因是国家投入的不足。经合组织的数据显示，巴西政府在婴幼儿教育中的投资占国内生产总值的0.6%，低于经合组织国家的平均值0.8%。

自巴西1996年《教育指导方针和基础法》颁布以来，原先社会服务机构管理下的托儿所和幼儿园划入了教育部（Ministério da Educação）基础教育司（Secretaria de Educação Básica），构成了巴西基础教育的一部分。

2009年巴西《宪法》第59号修正案延长了义务教育年限，即从9—14岁延长至4—17岁。2013年4月第12796号法律规定：4岁儿童必须参加学前教育，所有州和市到2016年必须遵守这些政策。因此，巴西的学前教育指0—6岁阶段接受的教育，分为0—3岁托育教育（Nursery Education）以及4—6岁幼儿园教育（Pre-School）。2015年1月OECD公布了《巴西教育政策展望》（Education Policy Outlook Brazil），在2005年至2012年期间，4岁儿童的入学率从37%上升到61%，而5岁儿童的入学率从63%上升到83%（低于2012年OECD平均值，4岁儿童为84%，5岁儿童为94%）。

从大背景分析，巴西经济落后与社会不公的现象仍然十分突出。经济的贫困导致了教育的贫困，而教育的贫困限制下又不断重演了经济的贫困。[①] 在学前教

---

① 沙莉.发展中人口大国学前教育质量政策研究：基于印度、巴西的比较及启示[J].外国中小学教育，2016（5）：5-14.

育发展上,巴西教育结构性的不均衡一直制约着学前教育的发展,缓慢的教育投资增长与不合理的投资结构所带来的问题则尤为突出。

巴西的教育实际支出连续5年下降并达到了自2012年以来的最低水平。2022年巴西获批的公共教育资金为1237亿雷亚尔,比上一年减少了62亿雷亚尔,教育资金的匮乏导致巴西在2014年国家教育计划(PNE)中设定的2019年公共教育投资扩大到GDP的7%、2024年增至10%的目标难以实现。

巴西学前教育发展当前面临的问题主要包括三个方面:

一是学前儿童受教育机会的不均等。巴西的学前教育机构主要集中在城市地区,而农村地区的学前教育资源非常匮乏。在城市里,中上阶层占据了绝大多数的学前教育资源,占比更大的底层阶级和贫困家庭儿童却往往无法得到有质量的学前教育。①1988年巴西《宪法》中明确提出"不断提高学前教育的质量",并由教育部颁布了《全国学前教育课程指南》(National Curriculum Guidelines for Early Childhood Education),以确保学前教育阶段课程实施的质量。

二是学前教育经费相对较少,间接影响了学前教育质量。巴西学前教师一直存在地位低、待遇低、素质低的"三低"问题。幼儿教师的低社会地位和低工资待遇导致其难以吸引高水平人才,加之在职培训的缺乏,巴西整体幼儿教师队伍素质较低。如今巴西幼儿教师队伍中仍有大量中等或更低学历层级的幼儿教师。

三是管理较为混乱。尽管巴西1996年《教育指导方针和基础法》中对"保教合一"明确做出了规定,但保教分离仍是当前巴西学前教育发展的问题之一。巴西托育服务和幼儿园教育服务之间长期存在着难以弥合的观念与管理上的鸿沟,且在财政投入的渠道相互分割的情况下,幼儿保育和教育很难实现真正意义上的整合。②

从20世纪90年代至今,巴西政府逐渐意识到基础教育的落后与教育质量低下是限制经济发展、导致贫困和社会不公的重要因素,开始逐步推进教育改革。为打破贫困代际循环的起点,巴西近年来非常重视学前教育改革,试图通过学前教育福利的发展推进反贫困的进程。

---

① 史静寰,周采. 学前比较教育[M]. 大连:辽宁师范大学出版社,2002:174.
② CAMPOS M M, CHOI S H. Integration of care and education: the challenge in Brazil[J]. 2006(32).

20 世纪 90 年代以来，巴西政府逐渐确立起了以教育发展促进社会公平和谐的战略方针，具体到学前教育福利变革的相关内容，主要包括立法明确学前教育的性质与地位、强化政府职责、保障学前教育财政投入、强化政府教育职责、加大教育财政投入、推进学前教育普及与优质发展，以及保障弱势儿童获得有质量的学前教育。①

## 二、巴西学前教育福利变革主要内容

### （一）立法明确学前教育的性质与地位

学前教育作为终身教育的起点，其地位、性质与政府责任的明确对学前教育福利发展具有奠基性作用。巴西政府在多部政策法规中高度重视学前教育并做出了明确规定。巴西的多项政策法规（如《宪法》《教育指导方针和基础法》及《国家学前教育政策》）对包括学前教育在内的基础教育做出了规定，包括入学机会和条件"平等原则""免费原则"及"确保质量标准原则"等。②

1988 年巴西《宪法》以立法的形式承认儿童是处于特殊发展阶段的权力拥有者。《宪法》的第 227 条规定了儿童最大利益原则：儿童"是家庭，社会和国家的责任，以确保儿童和青少年在生命、健康、营养、教育、休闲、专业培训、文化、尊严、尊重、自由、家庭和社区生活的权利，以及保护他们免于各种形式的忽视、歧视、剥削、暴力、虐待和压迫的权利方面拥有绝对优先级"。《国家教育计划（2001—2010）》的第 1.1 条也对学前教育的性质和价值做了明确规定："学前教育是巴西社会发展的必需。""儿童的学龄前阶段十分重要，不可轻忽，应使儿童在这一时期接受到最好的教育教学，这也是国家教育计划的重要内容之一。"

在 20 世纪 90 年代全球学前教育普及化运动的浪潮中，巴西政府为解决儿童早期发展的相关问题进行了一系列的立法。1990 年出台了《儿童和青少年法》以保障儿童全面发展的权利；1996 年的《国家教育指导方针和基础法》再次强

---

① 周志伟.巴西如何解决社会公正问题[J].科学决策,2005（12）：30-31+34.
② 沙莉.发展中人口大国学前教育质量政策研究：基于印度,巴西的比较及启示[J].外国中小学教育,2016（5）：5-14.

调要确保和提高学前教育的质量，将学前教育正式纳入了基础教育体系，义务教育的起始年龄下移到 7 岁，同时也将原先由社会发展部管理的 0—3 岁托育转交给了教育部统一管理。

为进一步构建与社会和经济发展相适应的教育体系，巴西在 2001 年出台了《国家教育计划（2001—2010）》，该计划首次针对 0—6 岁儿童提出了具体的教育指导方针、目标和优先发展领域。① 该计划与 2000 年达喀尔世界教育论坛提出的"全民教育"（Education for All）目标相一致，对巴西的全民教育有着决定性的作用。

2005 年巴西修订了《教育指导方针和基础法》，将接受义务教育的起始年龄从 7 岁下移到了 6 岁，进一步强调了各级政府在学前教育发展中的目标和举措。2006 年巴西政府针对性地出台了《国家学前教育政策：为了 0—6 岁儿童的受教育权》和《0—6 岁儿童教育质量国家标准》。巴西在《宪法》修正案中将接受学前教育的年龄范围相应调整为 0—5 岁。而在巴西 2009 年《宪法》修正案第 52 号中，义务教育起始年限进一步地下移到了 4 岁，这一规定也使巴西成为世界上义务教育起始年限最早的国家之一。

2011 年巴西制定了《国家教育计划（2011—2020）》，对未来学前教育的发展提出了更进一步的目标，包括 2016 年实现 4—5 岁儿童学前教育的全面普及，到 2020 年实现 0—3 岁儿童早期教育的普及，描绘出了一条推进普惠型学前教育福利的路径。

### （二）加大学前教育财政投入

为推进教育均衡发展，巴西政府通过立法保证教育投入，针对性地解决教育投入增长缓慢的问题。巴西已在宪法中明确规定了教育投入的比例——联邦政府需将其预算的 18% 设为教育支出，州和市则需将其财政收入最低 20% 和 25% 的部分用于投资教育。

根据拉丁美洲和加勒比地区各国家在学前教育的公共支出统计来看，巴西政府每年为每个 0—5 岁儿童花费约 641 美元，约占 GDP 的 0.5%。虽然这低于经合组织国家（GDP 的 0.7%）和北欧国家（GDP 的 1%），但是在拉丁美洲和加勒比

---

① UNESCO. Plano nacional de educação［J］. Brasília: Senado Federal，2001（b）.

地区，巴西是第二个在学前教育福利中推进公共投资政策的国家，同时也是规模最大的国家。①

在 20 世纪 90 年代，两项教育财政投入政策的出台和调整在很大程度上促进了学前教育的普及与发展。一是 1996 年《宪法》修正案的出台，调整了学前教育经费投入主体和比例的条款，从原先的以市政府为主体承担 40% 的学前教育预算，改为市政府和中央政府分别承担 20%。尽管市政府仍然是发展学前教育的主体，相关政策法律同样强调了中央政府在支持学前教育发展方面的职责，规定了中央政府和州政府应在学前教育的发展过程中保障适宜的经费和支持。

2005 年，巴西国会投票通过成立了"基础教育保障和发展基金"（Fund for the Maintenance and Development of Basic Education），并于 2007 年正式颁布实施。这一基金的设立旨在激励州政府在学前教育有更多的投入，促使"义务教育基金"的转移支持范围扩大到学前教育阶段，确保州政府为每个幼儿接受托幼服务提供基础的生均成本，从而进一步扩大学前教育的财政基础。

2011 年巴西"国家公共学前教育学校网络设备改造和获取方案"（Proinfância，2007）第二阶段开始推进，通过投资基础设施和设备来提高学前教育普及率。2012 年巴西"亲和（Carinhoso）方案"向市政府和联邦区提供财政奖励，增加 0—48 个月弱势儿童所需要的公立或政府日托中心的数量。② 该计划分两期进行，涵盖学前教育的维护与开发支出、整体保育措施、食品与营养安全，保证幼儿接受当地学前教育。③

### （三）推进学前教育普及

巴西优先将学前教育的后半段纳入了义务教育。2003 年，为了应对儿童早期照料与教育的需求，巴西将推进儿童早期发展的工作重点放在了扩大儿童保教服

---

① BERLINSKI S，SCHADY N. More bang for the buck: investing in early childhood development [M]// The early years. Palgrave Macmillan，New York，2015: 149–178.
② Education policy outlook Brazil [EB/OL]. http://www.oecd.org/edu/Brazil-country-profile.pdf.2015-11. 2017-02-18.
③ Brasil carinhoso-apoio às creches [EB/OL]. http://www.fnde.gov.br/programas/brasil-carinhoso. 2012. 2017-02-19.

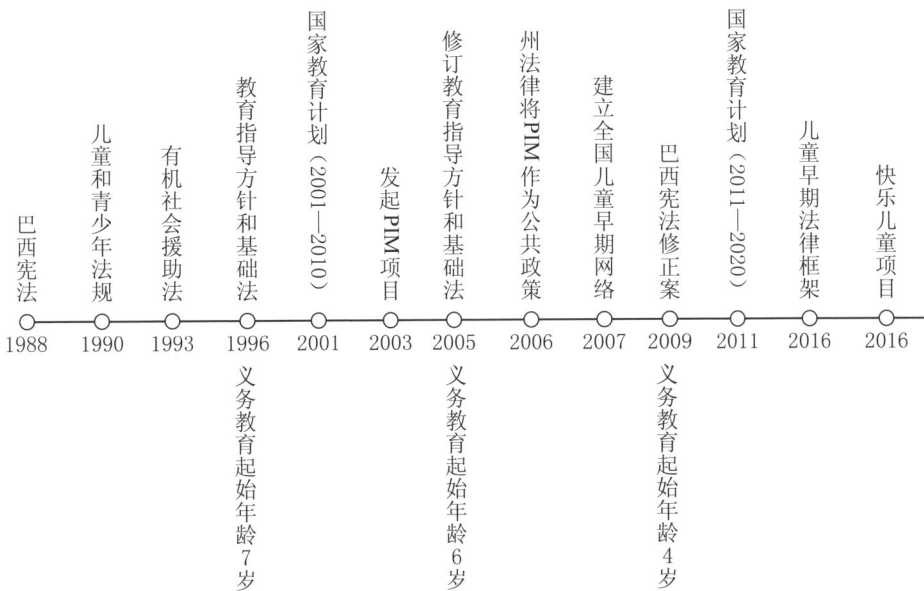

图 4-1-1　巴西儿童学前教育福利发展时间轴

务的范围上。社会行动部部长奥斯马尔·特拉（Osmar Terra）大力推动了早期教育优化项目（Primeira Infancia Melhor，PIM）的开展。PIM 项目率先在巴西的南里奥格兰德州（Rio Grande do Sul）启动，覆盖的儿童数量达数十万，之后在巴西全国逐步推广。

2009 年巴西《宪法》第 59 号修正案延长了义务教育年限，从 9—14 岁延长至 4—17 岁。2011 年巴西制定了《国家教育计划（2011—2020）》，对未来学前教育的发展提出了更进一步的目标，要求到 2016 年实现 4—5 岁儿童学前教育的全面普及，2020 年实现近半数 0—3 岁儿童早期教育的普及。2013 年 4 月第 12796 号法律规定：4 岁儿童必须参加学前教育。（具体学前教育福利发展时间轴参见图 4-1-1）

2015 年，巴西建立了全国儿童综合保健政策，强调儿童生命早期状况对其一生发展的重要性。同年，巴西《儿童早期法律框架》的通过进一步确保了以促进儿童早期整合发展为目标的不同职能部门的责权，并将 PIM 项目作为儿童早期发展项目的基准模式。PIM 项目将基于不同家庭的文化背景和实际经验，为家长在孕育子女和促进儿童早期发展的过程中提供指导。家庭、社区和不同领域部门的交叉合作共同构成了开展 PIM 项目的三大支柱。

## 第二节　俄罗斯学前教育福利当代变革

俄罗斯一直以来都有着坚实的公立教育基础和重视教育的传统。在经济复苏的过程中，俄罗斯学前教育福利也体现了浓郁的本国特色。俄罗斯在学前教育领域构建了一套法规体系、预算保障制度和收费补贴制度，充分展现了政府对学前教育机构的有力监管。这些举措共同促进了学前教育福利的发展，说明俄罗斯将学前教育这一"人民福利"看作"国家义务"。

### 一、俄罗斯学前教育福利发展概况

根据俄罗斯联邦统计局公布的数据，2021年俄罗斯新出生人口为139.7万，5岁以下儿童人口为789万，人口年增长率为–0.4%，总生育率为1.5（每个女性的生育数）。截至2022年1月1日，俄罗斯人口数量约为1.4547亿。从2000年到2012年长达12年的期间内，俄罗斯的人口自然增长率一直为负，为此俄罗斯出台了多项鼓励生育的政策。2013年开始，俄罗斯的人口数量增长暂时摆脱了负增长的局面，并在2015年达到了历年来增长率最高的一年（0.3%）。然而从2016年起，俄罗斯的人口自然增长率又迅速下降，从2016年的-0.01%跌落到2020年的-4.8%。

俄罗斯的义务教育从7岁开始到17岁，3—6岁的学前儿童数为766万。2019年学前教育毛入园率为86%，净入园率为84%。2020年教育经费占GDP的3.7%，占政府总支出的8.9%。伴随着近几年来学龄儿童数量增加所导致的"入园难"问题，俄罗斯联邦和地区拨出1470亿卢布用于托幼园建设，力争在2021年年底彻底解决托幼问题，创造至少27万个新园所，确保每个儿童都能入托入园。

俄罗斯政府延续了苏联时期将学前教育视作"教育和文化事业基础之一"的传统，大多数学前教育机构为公办，少部分为机关和企事业单位自办和私立。俄罗斯的学前教育机构可分为传统形式和非传统形式两大类，传统形式的学前教育机构包括托儿所、幼儿园、托儿所与幼儿园联合体、学前班。托儿所主要招收0—3岁的儿童，并提供托育服务。幼儿园主要招收3—6岁的儿童，具体在种类上可以细分为小幼班幼儿园（2个月—3岁）；组合型幼儿园（配以一般发展型班、补偿型班、保健班）；大幼班幼儿园（5—7岁儿童）；看护和疗养幼儿园；

补偿性质的幼儿园；特长幼儿园；儿童发展中心。托儿所与幼儿园联合体主要招收1—6岁的儿童。学前班则主要招收6—7岁儿童，为进入小学做准备。

非传统形式的学前教育机构则有幼儿园—小学联合体和幼儿园—小学—中学联合体。除此之外，俄罗斯学前教育体系中还出现了家庭幼儿园、私人教师组织等新型学前教育模式。在教育管理体制上，俄罗斯的学前教育由原先高度集中的统一管理，转变为自主权下放给各联邦和学校，推行民主化管理。

20世纪初，学前教育是俄罗斯唯一一个还未能保证公民普遍享有的教育。人口数量的急剧变化使各地区适龄儿童"排队"等待入学的现象越来越严重。2011年，每100个3—6岁儿童中就有25.9人在排队等待入学。2013年排队入学的儿童有57.2万人，到了2014年情况稍有好转，排队入学的儿童数量降至42.5万，约占同龄儿童的6.1%。2012年5月7日，普京总统签署第599号俄罗斯联邦总统令，在学前教育领域提出了几项指标要求，一是确保到2016年实现3—7岁儿童100%获得学前教育；二是采取措施，彻底消除3—7岁儿童等待进入学前教育机构的"排队"现象，丰富和增加获取学前教育的形式和途径（包括发展私立学前教育机构）。

俄罗斯政府提出到2016年时要在学前教育机构中增加120万个新名额，以适应俄罗斯当前新的人口变化趋势。为此，俄罗斯开启了2012—2017年国家儿童行动战略，该战略以提升出生率、发展支持母亲和儿童福利政策为目的。俄罗斯各联邦主体都制定了地区和市级的"路线图"计划，以创建新的学前教育机构并最大限度地覆盖3—7岁儿童的学前教育福利。"路线图"计划在2013—2015年三年内为学前教育机构增加了75.5万个名额。俄罗斯制定了有关授予和分配补贴程序的政府法令草案，以确保补贴资金分配的透明度。各联邦主体所获得的补贴资金主要考虑到两个因素：一是人口因素，即居住在该地区的适龄儿童的数量；二是预算分配结构。

俄联邦主体采取了多项措施支持非公立学前教育机构的发展：降低租金（或退还部分租金），向私立教育组织和/或个人提供补贴（赠款、优惠贷款），为私立学前教育机构的建设提供土地，并提供税收等其他优惠以及咨询、法律和信息支持。梅德韦杰夫指出，"学前教育的未来恰恰在于它的多样性"，耗费大量财力物力到处修建漂亮的大型幼儿园并不是必要的。

随后俄罗斯仅仅用6年左右的时间就基本实现了3—7岁儿童100%的学前教

育普及率。2017 年，俄罗斯幼儿园新增名额超过 10 万个，推进学前教育无障碍普及的区域分阶段计划在联邦主体增加了 3.93 万个名额。

当前，俄罗斯有 70 个联邦主体实现了 3—7 岁儿童 100% 接受幼儿园教育的目标，8 个联邦主体实现了幼儿园教育普及率超过 95% 的目标。由于职业资历下降和部分专业技能丧失，大多数妇女在休完育儿假后往往会面临重新就业的困难。幼儿保育与教育制度的普及为俄罗斯妇女兼顾抚养子女的责任和工作创造了条件。

## 二、俄罗斯学前教育福利变革主要内容

### （一）构建了系统的学前教育法律法规体系

俄罗斯以联邦宪法为基石，在学前教育领域构建起了一套系统完善的法律法规体系，确立起一个多主体发展学前教育的规范性法律框架。

2012 年俄罗斯联邦第 273 号文件《俄罗斯联邦教育法》（On Education in the Russian Federation）修订（2013 年 9 月 1 日生效），立法确立了学前教育的地位——"普通教育体系由学前、小学、初中和高中教育构成"。这不仅明确了学前教育阶段是个体接受教育的开端，还体现了学前教育的准义务性质，表明了政府在发展学前教育福利中的主要职责。根据俄罗斯联邦总统 2012 年 5 月 7 日"关于实施俄罗斯联邦人口政策的措施"的第 606 号法令，所有联邦主体都采取措施以确保儿童能无障碍地进入学前教育机构、儿童保健机构和其他为儿童提供娱乐休闲和发展等服务的组织。

《俄罗斯国家教育发展纲要（2013—2020）》中的子纲要《促进学前和普通教育纲要》明确了参与实施的学前机构、目标与任务、指标与措施、实施阶段与期限、教育预算和预期结果，为学前和普通教育的发展提供高质量和现代化的条件。《纲要》再次明确到 2016 年实现 3—7 岁儿童 100% 普及学前教育，在各类学前教育机构中逐渐推行《学前教育国家标准》，使学前教育教学符合国家标准的统一要求。《学前教育国家标准》明确了学前教育的基本原则和目的。

俄罗斯联邦 2017 年修订了 2012 年颁布的《俄罗斯联邦教育法》第 273 号联邦法，修正案建议对学前教育系统中的一些要点进行监管。例如通过专门咨询中心为父母和子女提供心理、教学和咨询支持。

此外,《俄罗斯国家教育学说》明确了学前教育事业是国家责任与利益的基本理念;《学前教育基本示范大纲》明确了不同年龄阶段儿童的教育方向和教育内容;在《学前教育基本示范大纲》的基础上,俄罗斯联邦教育发展研究所还制定了 27 个学前教育大纲,以确保不同的学前教育机构在达到统一标准的情况下能满足儿童的多样化需求,以期实现统一性与多样性的结合。

### (二)消除"排队"现象,开展"全民教育"战略

为彻底消除"排队"入学现象,实现俄罗斯总统令中 2016 年全面普及 3—7 岁儿童学前教育的目标,俄罗斯政府开展了一系列改革措施以确保学前教育的普及。根据 2012 年总统令和俄罗斯联邦政府的指示,俄罗斯制定了"路线图"活动计划,以确保 3—7 岁儿童 100% 获得学前教育。由于"路线图"计划(又称区域分阶段计划)的开展,俄罗斯联邦各组成主体在计划实施的第一年就提供了 34.34 万个名额,创办了 1085 个新的学前教育机构。

2013 年 1 月,总理梅德韦杰夫签署了《俄罗斯联邦政府到 2018 年的优先政策》(Policy Priorities of the Government of the Russian Federation to 2018),《优先政策》的第 2 条为"提高社会服务的质量和可及性"。其中与学前教育相关的政策内容是:"无论学前儿童家住何方,或家庭收入水平如何,学前教育的入学率和质量将会提高。"

2015 年的《全民教育:2015 年俄罗斯全国评审报告》(Education for All 2015 National Review Report: Russian Federation)这样总结:从 2000 年开始,俄罗斯联邦政府和地方政府就开始有条不紊地贯彻"全民教育"战略,并致力于"推广和改进早期儿童保育和教育的综合措施","为市政学前教育机构实施免费公共学前教育提供国家保障",并"为国家教育机构中的儿童监管、照料、维持创造条件"。

为了缩减地区之间的差异,俄罗斯对学前教育发展较为落后和薄弱的地区有针对性拨款补贴。俄罗斯总理米舒斯京 2020 年 9 月 18 日签署的第 2385-p 号命令为 4 个地区(巴什科尔托斯坦共和国,车里雅宾斯克州、克拉斯诺亚尔斯克和斯塔夫罗波尔地区)提供 7.174 亿卢布的补贴,以增加 1 岁半至 3 岁儿童进入学前教育机构的机会,新增学前教育机构名额约 10 万个。

2021 年 12 月 6 日第 3464-p 号命令则将向 7 个地区(巴什科尔托斯坦共和

国、萨哈共和国、乌德穆尔特共和国、车臣共和国、奥伦堡、秋明和车里雅宾斯克地区）拨出超过 9.17 亿卢布，增加 1250 个 1 岁半至 3 岁儿童的托位。2022 年 6 月 4 日第 1431-p 号命令继续向 4 个地区（巴什科尔托斯坦共和国，阿穆尔、加里宁格勒和莫斯科地区）追加额外资金，用于为 1 岁半至 3 岁儿童建设有托班的幼儿园。

2022 年 6 月 9 日第 1494-p 号命令拨款 63 亿卢布用于布里亚特共和国、印古什共和国和外贝加尔边疆区幼儿园的建设、重建和维修，确保这些地区能实现学前教育 100% 覆盖。此前，俄罗斯政府也在"教育发展"国家计划中补充了对上述地区提供补贴的规则，为 3—7 岁儿童增设名额。

### （三）走向国际化、现代化的学前保教

俄罗斯日益重视学前教育的现代化和国际交流，以便为儿童提供高质量的保育和教育。2013 年，俄罗斯提出"学前教育区域系统的现代化"方案。该方案是俄罗斯 2013—2020 年国家"教育发展"计划框架中的重要组成部分，其补助金额是根据地区 3—7 岁儿童的数量、联邦主体的预算保障水平、适龄劳动人口的比例来确定的。

2013 年至 2015 年，为实现地区学前教育系统的现代化，俄罗斯从联邦预算中向联邦各主体的预算拨付了总计 1300 亿卢布的补贴，其中包括 2013 和 2014 年拨付的 500 亿卢布以及 2015 年拨付的 300 亿卢布。2013 年，在实施学前教育区域系统现代化措施的过程中，为学前教育创造了超过 40.1 万个名额（占计划名额总数的 111%）。在 2013—2015 年，俄罗斯在学前教育系统中创建了 112.15 万个新位置，非国立学前教育机构提供了约 5 万个名额，超额完成了短期预计名额。

在"学前教育区域系统的现代化"方案实施的过程中，几乎所有学前教育机构的教学和执行人员都接受了高级培训或专业再培训。俄罗斯政府也在大学和学院开发了在职教师和新教师培训项目，以提高学前教育师资队伍的素质；学前教育系统教师的工资与中小学教师平均工资相当。学前教育旨在促进幼儿的全面发展，结合幼儿的年龄和个体特征，支持幼儿获得一定发展水平以便成功地接受基础教育课程。

2014 年 1 月 1 日起，俄罗斯所有联邦主体开始引入登记学龄前儿童（2 个

月—7岁）的"信息化排队入学"系统，处理学前儿童的入园申请、登记和入学统计，实时监控有入学需求的儿童数量和学前教育机构容纳量，缓解"排队"入学的现象。信息化制度建立起透明公正的入学机制，使公民可实时了解幼儿园学位分配情况，保证学前教育的公平公正。

2016年5月12—14日，莫斯科召开了"早期儿童保育教育国际年度会议"，会议强调学前教育质量的提升，新评估工具的开发，以及学前教育教师专业发展和培训。2017年5月，莫斯科举行了由UNESCO俄罗斯委员会赞助的"第六届早期儿童保育教育国际会议"，会议讨论学前教育的重大问题，展示了最新研究，展望未来研究前景，旨在进一步加强国际合作。

展望未来，俄罗斯正努力实现学前教育技术现代化。《2020年前的俄罗斯教育——服务于知识经济的教育模式》报告是俄罗斯联邦2020年前社会经济发展长期构想的组成部分。报告显示，2020年俄罗斯将建立针对0—3岁儿童的早期家庭教育支持中心，为处境不利家庭的儿童提供跟踪性教育支持。为了扩大学前教育的覆盖面，国家鼓励不同形式的机构提供相关服务。在3—6岁阶段，要让儿童开始形成现代社会所需要的创造力和探索知识的能力。

## 第三节 印度学前教育福利当代变革

印度和中国一样面临着人口众多和随之而来的儿童教育挑战。印度作为世界上儿童人口最多的国家，0—5岁儿童数量达1.14亿，约占全球儿童总数的17.2%。庞大的儿童数量和较低入园率为印度学前教育福利发展带来了巨大挑战。为了促进儿童的早期发展，印度政府依托各类项目，积极推进学前教育福利发展。

### 一、印度学前教育福利发展概况

印度是南亚次大陆面积最大的国家。据OECD预测，2024年印度GDP预计在4.63万亿美元左右。截至2021年，印度的新出生人口为2311.3万，城市人口比例为35.4%，人口年增长率为1%，总生育率为2.03（每个女性的生育数），婴儿死亡率为千分之27。

印度的义务教育从6岁开始到13岁，共计8年，3—5岁的学前儿童数为6903万。2021年学前教育毛入园率为51.7%，相比2020年61.1%的毛入园率有所下降。2020年，印度政府教育经费投入占GDP的4.5%，占政府总支出的16.5%。2015年幼儿园生师比为20.1∶1，2019年幼儿园生师比为31∶1。目前，印度除了小学教育外，其他入学率都低于世界平均水平。

印度在经历了长达190年的殖民统治后，经济基础十分薄弱，贫困人口众多。长期存在的种姓制度导致贫富差距不断拉大，社会不公现象愈加严重。面对印度庞大的人口基数和低下的人口素质，其公共教育资源却显得十分匮乏。

从20世纪末期开始，印度政府进一步明确了改革目标——"凸显学前教育目标""推进学前教育发展""促进学前儿童发展""关注弱势儿童群体"。为此，印度近年来进一步明晰了学前教育的指导方针、发展方向、基本任务和实现目标。虽然目前印度的学前教育不属于义务教育，但印度将5—6岁儿童的学前教育纳入了学制体系，使其成为了基础教育的一部分。

印度的幼儿保育和教育服务通过公共、私立和非政府三种方式进行。印度将以教育促平等和基于分权化的管理体制作为教育改革的重点，使学前教育成为地方各邦的主要职责，行政管理逐步实现了地方化，由各邦政府制定地方学前教育政策。印度政府在《国家儿童宪章》(2003)中指出："国家向所有儿童提供学前教育。"为了通过学前教育帮助儿童获得更好的生存环境和成长、发展的机会，《国家儿童宪章》强调要以制度法规的形式保证早期儿童保育和教育服务。

2005年的《国家儿童行动计划》要求政府向"最弱势、最贫穷和获得最少服务的儿童提供最大限度的优先"。《国家儿童行动计划》进一步明确了保教的重点——普及早期儿童保教服务，以实现促进儿童身体、情感和认知发展的目的。

此外，教育部还开发了适合3—6岁儿童的活动手册，供各邦/中央直辖区使用。印度政府还为私立学前教育机构制定适宜的监测机制和制度，如禁止体罚行为，防止情感和身体上的不当骚扰，使用儿童友好的语言和行动，不歧视儿童、不滥用药物等。印度学前教育政策研究者呼吁创造一种高度重视儿童权利的环境，对任何侵犯儿童权利的行为零容忍，以确保儿童生理和心理上的安全。

## 二、印度学前教育福利变革主要内容

### （一）明确学前教育的地位和价值

印度政府在政策中关于学前教育地位和价值的表述体现了印度社会对学前教育的重视。1986年印度的《国家教育政策》在前言中指出，儿童是国家极其重要的财富，他们的成长和发展是国家的责任。《国家教育政策》规定"要高度重视儿童的保育和教育"，明确提出"要在儿童出生前后及其成长过程中向其提供充足的服务，以确保其身体、精神和社会性获得充分的发展"。《2020国家教育政策》愿景则为"通过向所有人提供高质量的教育，培养充满民族自豪感和全球幸福感的国际公民"。

2005年印度《国家儿童行动计划》明确指出，对儿童进行教育投资"可以为建设一个公平的社会、强有力的经济和没有贫困的社会奠定基础"。与此同时，基于儿童健康、营养状况不佳这一特殊国情，印度相关法律与政策显示出政府对儿童身体与智能等各方面整体发展的高度重视。《国家儿童行动计划》规定要"普及儿童早期教育服务，确保儿童身体、社会性、情感和认知发展；确保向所有3—6岁儿童提供整合的保育、教育和发展"。

2010年印度的《儿童免费义务教育法案》第11节指出，"为3岁以上的儿童准备初等教育，并为所有儿童提供幼儿保育和教育，直到他们满6岁为止。政府可以作出适当而必要的安排为儿童提供免费学前教育"。同年又颁布了《青少年正义法》，这是维护儿童相关福利的基本法，强调要为儿童提供适当的关心，保护并满足其发展的需求。

2013年，教育部制定了《国家儿童早期保育教育政策》（National ECCE Policy），指出要采取全面措施，为确保儿童生存、成长和发展奠定基础，重点关注对每个儿童的保育照料和早期学习。同时，强调儿童的健康、营养、心理和情感需求之间的协同和相互依赖关系。

2016年9月30日，印度人力资源开发部（Ministry of Human Resource Development）颁布了《国家教育政策草案的部分意见》（Some Inputs for Draft National Education Policy，2016），建议将优先与妇女儿童发展部门协作实施4—5岁儿童学前教育方案。

## （二）开展儿童综合发展服务（ICDS）项目

印度公共部门从 1975 年开始实施儿童综合发展服务（Integrated Child Development Services，ICDS），这是目前世界上规模最大的促进幼儿保育和教育的项目。受美国开端计划的启发，ICDS 项目致力于发展弱势群体儿童的保育与教育，经费来源于印度政府和联合国儿童基金会等国际组织。项目目前主要提供六项服务：补充营养，非正规学前教育，营养与健康教育，疫苗接种，健康检查与转诊服务。

印度政府 1975 年发起 ICDS 项目中的安哥瓦迪（Anganwadi）计划，包括 33 个项目和 4891 个安哥瓦迪中心。安哥瓦迪在印度语中是"庭院之家"之意，包括保育所、托儿所、幼儿园等机构。印度平均每 1000 人就有 1 个安哥瓦迪，每个部落约有 100 个安哥瓦迪，每 25 个安哥瓦迪组成 1 个安哥瓦迪中心。由于地理与人口分布的原因，约有一半的安哥瓦迪分布在少数民族地区。①

截止到 2020 年，印度 ICDS 计划已经发展到 7075 个项目，补充营养的受惠者达 8550.5 万，学前教育受惠者达 2450.4 万。② 目前，有 3020 万名幼儿在安哥瓦迪中心免费接受学前教育（见图 4-3-1）。

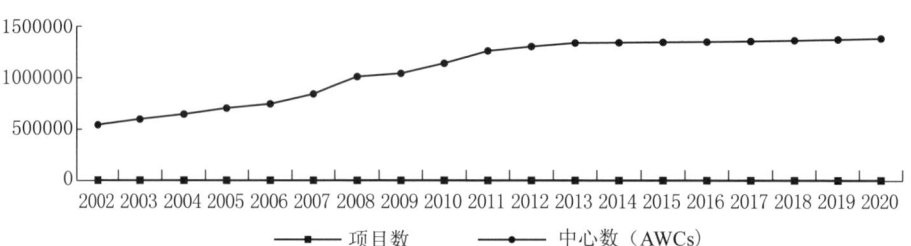

图 4-3-1　印度"十五"至"十三五"（前四年）计划期间 ICDS 发展情况

（来源：印度妇女儿童发展部 2012—2020 年度统计报告整理）③

在课程和项目质量评估上，印度政府使用"儿童评估卡"（Child Assessment Cards）对儿童发展表现进行评分。"儿童评估卡"是基于课程中确定的指标和儿童

---

① 严仲连.使千百万处境不利儿童受益的印度 ICDS 项目［J］.幼儿教育（教育科学版），2006（11）：42-44.
② MINISTRY OF WOMEN AND CHILD DEVELOPMENT, GOVERNMENT OF INDIA. Annual report 2014-2015［EB/OL］.
③ GOVERNMENT OF INDIA, MINISTRY OF WOMEN AND CHILD DEVELOPMENT. Past annual reports［EB/OL］.

的表现综合进行评估，根据评估反馈结合实际需求进一步更新课程。在教职人员的培训上，为在安哥瓦迪中心中实施课程，对不同的教职人员进行培训变得势在必行。与联合国儿童基金会达成合作后，印度利用现有的在线课程模块，开发了21个新的信息化在线教育（e-ECCE）模块，供安哥瓦迪中心的主要职能部门培训教师使用。

ICDS项目的目标主要包括五个方面：（1）改善6个月—6岁儿童的营养和健康状况；（2）为儿童正常的心理、生理和社会发展奠定基础；（3）减少死亡率、发病率、营养不良率和辍学率；（4）有效协调各儿童教育部门之间的政策和实施，以促进儿童发展；（5）通过适当的营养和健康教育，提高母亲照顾儿童正常健康和营养需求的能力。

相关研究也证明，参与ICDS项目的儿童在小学一二年级时发展得更好。印度妇女儿童发展部发布的《年度报告2020—2021》显示，印度建造40万所安哥瓦迪中心的目标基本完成。这些安哥瓦迪中心解民倒悬，为印度学前教育的普及与发展做出了重要贡献。在国家有限的入园率背景下，安哥瓦迪中心成为许多印度儿童获得科学课程和健康发展的重要渠道。

## 第四节　南非学前教育福利当代变革

南非经历了300多年的殖民和种族隔离制度。20世纪30年代，南非开始推进早期儿童发展服务，但当时的学前教育福利有着明显的种族隔离倾向，黑人儿童不在教育计划范围内。[①]1994年，南非结束了种族隔离制度，在教育领域逐步开始推进改革。经过了20多年的教育改革，南非学前儿童保育和教育都得到了较大的改进，学前教育福利政策也逐步完善。进入21世纪，《教育白皮书5——幼儿教育：迎接南非幼儿发展的挑战》的颁布进一步推动了学前教育改革，加快了为所有南非儿童提供公平公正、高质量学前教育的步伐。

### 一、南非学前教育福利发展概况

南非共和国位于非洲大陆最南端，是非洲的第二大经济体。2021年南非人口

---

① CHISHOLM，L CHANGING CLASS：Education and social change in post-apartheid South Africa［M］. HSRC Press，2004：366.

数量为6004万，新出生人口为117.7万，5岁以下儿童人口为581.3万，城市人口比例67.8%，人口年增长率1.2%，总生育率为2.4。

南非的义务教育从7岁开始到15岁，3—6岁的学前儿童数为466.4万，2020年学前教育毛入园率为17.5%。[①]2014年幼儿园生师比为29.64:1。从教育经费投入看，2021年南非教育经费占GDP的6.6%，占政府总支出的18.4%。

在南非学前教育发展的过程中，20世纪90年代是学前教育福利政策的重要蜕变期，从原先种族隔离状态逐步过渡到了面向所有儿童提供平等的入学机会。这一时期颁布的《早期儿童发展过渡政策》《国家早期儿童发展试点计划》《国家早期儿童发展审计服务》为南非学前教育政策的发展奠定了基础。1998年南非成立了教育部幼儿发展局（Early Childhood Development Directorate），紧接着又成立了早期儿童发展协调委员会，成为南非发展学前教育的主要平台。

在学前教育领域，南非使用的术语是"儿童早期发展"（Early Childhood Development），它的定义是："幼儿教育与保育，指儿童从出生到9岁在各项政策与项目的保证、父母和保育员的积极参与下，儿童在身体、智力、情感、心理、道德和社会上全面发展的过程。"在南非，学前教育专指0—5岁儿童的教育。南非的学前教育体系由两个部分组成，分别为学前班（R年级，附属于小学）和0—4岁的托班。

南非的学前教育体系涉及两大部门——基础教育部门（Department of Basic Education）从事R—12年级的教育工作，主要负责实施课程开发、支持和培训以及R年级的推出工作；社会发展部门（Department of Social Development）负责资金、监测和整体监督"儿童早期发展"项目。

2010年生效的《2005年第38号儿童法》（Children's Act No. 38, 2005）是南非一部重要的儿童法律，其中第7章对学前教育有详细介绍，规定提供学前教育服务促进儿童从出生到学龄期的发展。[②]过去十几年，南非儿童的生活及教育状况有了极大改善。

---

[①] DEPARTMENT OF BASIC EDUCATION. Annual performance plan 2018/2019 [EB/OL]. https://www.education.gov.za/Portals/0/Documents/Reports/Annual%20Performance%20Plan%20201819.pdf?ver=2018-03-14-121624-263. 2018.

[②] PARLIAMENT OF SOUTH AFRICA. Children's Act No 38 of 2005[EB/OL]. http://www.dsd.gov.za/index.php?option=com_docman&task=cat_view&gid=60&Itemid=39.2017-02-16.

## 二、南非学前教育福利变革主要内容

### （一）提供立法与国家计划保障学前教育福利

南非在教育福利实施中非常重视教育立法，许多立法都涉及学前教育福利的内容。1996年《宪法》规定：所有南非儿童不分性别、种族、肤色均享有受教育的权利；享有使用官方或其他语言接受教育的权利。2001年《教育白皮书5》重点推进学前教育，尤其是R年级学前班的发展，[①]使得学前班入学率有了很大的提升。

从1994年至今的30年里，南非教育部围绕着教育与改革的诸多事项相继出台了7份教育白皮书（见表4-4-1），形成了南非教育改革与发展的基本思路和指导思想。

表4-4-1　南非教育白皮书一览表

| 标　　题 | 日　　期 |
| --- | --- |
| 教育白皮书1：教育与培训（White Paper on Education Training） | 1995年3月 |
| 教育白皮书2：学校的组织、管理和筹资（Education White Paper 2: The organization, governance and funding of schools） | 1996年2月 |
| 教育白皮书3：高等教育转型计划（Education White Paper 3: Programme for the Transformation of Higher Education） | 1997年8月 |
| 教育白皮书4：继续教育培训转型计划（Education White Paper 4: Programme for the Transformation of Further Education and Training） | 1998年9月 |
| 教育白皮书5：幼儿教育：迎接南非幼儿发展的挑战（Education White Paper 5: On Early Childhood Education: Meeting the Challenge of Early Childhood Development in South Africa） | 2001年5月 |
| 教育白皮书6：构建包容性教育培训体系（Education White Paper 6: Building an Inclusive Education and Training System） | 2001年7月 |
| 电子教育白皮书7：通过信息和通信技术转变教与学（White Paper 7: On e-Education: Transforming Learning and Teaching through Information and Communication Technologies） | 2004年9月 |

---

[①] DEPARTMENT OF BASIC EDUCATION. Action plan to 2014: towards the realization of schooling 2025 (full version). Pretoria: Department of Basic Education, 80–81.

《教育白皮书5》的颁布标志着南非学前教育的发展进入了一个新阶段。这是南非第一个专门针对学前儿童教育颁布的白皮书，其目的是保护儿童权利，充分发展儿童的认知、情感、社会和生理潜能。《教育白皮书5》提出，在2010年为所有5岁儿童普及R年级学前班教育，提高早期儿童教育质量、完善课程、促进教师发展，实现75%的国家补贴。这一白皮书不仅强调了政府在学前教育中的责任，还指出了开展学前教育时多方共同参与的重要性。

在受惠对象上，《教育白皮书5》重点关注儿童早期发展的两个阶段：一是扩大学前教育服务对象，为0—4岁儿童提供托育；二是在学校和社会中为5岁儿童提供R年级学前班教育。此外，白皮书还为贫困地区、感染艾滋病毒、有特殊需求的儿童提供优先补贴。在具体的教育内容上，《教育白皮书5》规定由基础教育部起草和制定适合儿童的课程与幼儿园教育计划，特别强调了有关数学、语言和生活技能的培养。R年级将通过公立小学、基于社区的项目和私立机构逐渐实现普及。

2001年7月的《教育白皮书6》则对弱势儿童的教育进行了明确的立法保护。2005年《儿童法》规定了各方在学前保育和教育中的职责以及相应的监察制度，为从出生到9岁的儿童提供适宜性的保育和教育。

2011—2012年度还有三项全国性计划影响了南非儿童早期发展服务的进程，包括儿童早期发展国家综合计划（National Integrated Plan for Early Childhood Development）、儿童早期发展诊断性回顾（the ECD Diagnostic Review）以及儿童早期发展会议行动计划（ECD Conference Action Plan）。三者的目的都是为南非0—4岁儿童提供更好、更协调、更全面的早期发展服务。

### （二）进一步提升学前教育质量

目前，南非在普及学前教育方面取得了长足进步。《教育白皮书5》在第一章和第三章提到要为儿童提供平等的学前教育。从南非统计局发布的《2018年一般住户调查》数据来看，自2002年以来，就读于儿童托幼中心或学前班的5岁以下儿童人数占比从十分之一增加到了三分之一。虽然进入学前教育机构的机会有所增加，但南非早期学习和发展计划的质量仍然有很大的提升空间。师资不足，加上早期教学方法不太恰当，未能够实施基于游戏的学习，这些都在影响儿童早期发展的成果。联合国报告认为，教育质量不足对于贫困地区儿童的影响尤为明显。

2009年,基础教育部门颁发了《国家0—4岁儿童早期学习和发展标准》(National Early Learning and Development Standards for Children Birth to Four Years,以下简称《标准》),以提高儿童早期学习和教学经验。[①]2015年2月,南非基础教育部出台《0—4岁儿童国家课程框架》(以下简称《框架》),该《框架》建立在2009年的《标准》基础之上,是改善学前教育质量的一项重要措施。《框架》可以保证背景不同的儿童接受到公平、公正、优质的学前教育。课程的目标是帮助每个儿童发展他们对生活、学习、教育和工作等方面的知识、技能、态度和行为,即知识与技能目标、过程与方法目标、情感态度与价值观目标,包括幸福感、认同和归属感、交流沟通、数学探索、创造性和世界观等六个发展领域。[②]

《零号草案: 2013—2018早期儿童发展国家综合行动计划》(Integrated Early Childhood Development Programmed of Action for Moving Ahead 2013—2018)是社会发展部与儿童早期发展部门合作发起的宣传运动,以促进当地社区幼儿的发展,确保所有儿童可以享受到早期发展服务。总统府性能监控和评价部与跨部门督导委员会作为早期发展审查的执行部门,对当前儿童早期发展的模式、服务、人力资源、资金和影响做了诊断性调查,这是新兴国家评价系统进行的首次评估。

政府为了兑现承诺,于2013年发布《南非国家儿童行动计划》,表示促进儿童发展仍然是政府工作的核心工作。《南非国家儿童行动计划》的出台为政府部门和民间社会旨在促进儿童福利的所有政策和计划提供了整体框架。其中涉及学前教育的有: 2012—2017年为0—5岁儿童入学做好准备,使其享受到有效的、综合的、质量高的早期发展服务,并确保在2015年适龄儿童入学率为100%;为儿童提供高质量的学前教育,确保每所学校为儿童提供有效的、优质的学前教育;确保儿童安全、健康;确保儿童不受性别歧视,促进公平公正;确保每所学前教育机构与社区的联系与合作。

联合国儿童基金会正在支持南非基础教育部扩大财政投入、增加优质学前教育的入学机会。通过提高学前教师在游戏中实施教学的能力,并联合社会发展部

---

① DEPARTMENT OF BASIC EDUCATION. National early learning and development standards for children birth to four years.
② 郭小晶. 新南非学前教育政策研究 [D]. 浙江师范大学, 2016.

向家长提供知识和技能，联合国儿童基金会希望南非儿童从出生开始能获得更高质量的学前教育和发展机会。

总之，从金砖国家学前教育福利的当代变革情况来看，俄罗斯与巴西的学前教育普及率已经远远超过了中国。印度和南非也正在努力提升学前教育福利，制订各项学前教育福利计划，为国民养育子女提供更强有力的支持。

# 第五章

FADAGUOJIA XUEQIANJIAOYU FULIBIANGEDE
ZHUYAONEIRONG

# 发达国家学前教育福利变革的主要内容

第五章　发达国家学前教育福利变革的主要内容

本章对亚洲、欧洲、北美洲、大洋洲的部分发达国家①的学前教育福利当代变革内容进行考察。这些国家被认为在世界创新竞争力中处于前列，其学前教育福利的当代变革也往往富有前瞻性。

## 第一节　亚洲学前教育福利发展

### 一、新加坡学前教育福利发展

#### （一）新加坡学前教育福利发展概况

新加坡是一个拥有多元文化的移民国家。2021年14岁及以下儿童人口数量67.7万，总生育率为1.1（每个女性的生育数）。新加坡的义务教育阶段从6岁开始，3—5岁学前阶段的儿童数量为11.3万人。新加坡学前教育毛入学率为96.8%。2021年，新加坡教育支出占GDP的2.8%，占政府总支出的13.4%。

2013年4月，新加坡教育部和社会及家庭发展部联合成立了幼儿培育署（Early Childhood Development Agency），改变了新加坡学前教育长期分属教育部和社会与家庭发展部两个部门管理的状况。幼儿培育署的主要职责是通过提供资源、制定规范和实施质量评估等措施提升学前教育质量；推动学前教育工作者培训和职业技能发展；统筹规划学前教育的基础设施和人力需求；提供补助和津贴，确保民众（特别是中低收入家庭）能够获得优质且负担得起的学前教育；及加强公众教育，提高家长对幼儿发展的认知。幼儿培育署成立以来，在实施学前教育重大改革项目的同时，从规模、结构、布局、质量、服务等方面加强了对学

---

① 参考全国经济综合竞争力研究中心《世界创新竞争力发展报告（2001—2012）》：2010年世界创新竞争力排名前20位的为美国、日本、挪威、芬兰、瑞典、瑞士、德国、丹麦、卢森堡、法国、新加坡、英国、韩国、中国、澳大利亚、比利时、荷兰、奥地利、爱尔兰、加拿大。

前教育的统筹规划和管理。

### (二)新加坡学前教育福利变革主要内容

1. 修订幼儿园课程框架

2010年11月,新加坡设立了《新加坡学前教育认证框架》(Singapore Pre-school Accreditation Framework),要求幼儿园通过质量等级量表改善课程计划的质量,还推出"质量保证咨询计划"帮助幼儿园提升质量。

2013年2月20日,新加坡教育部颁布了修订后的幼儿园课程框架:《培育早期学习者——新加坡幼儿园课程框架》(Nurturing Early Learners: Kindergarten Curriculum Framework,以下简称《课程框架》)。新加坡教育部在收集了学前教育、小学教育工作者及幼儿教育专家的建议和实践反馈信息的基础上,加入最新的学前教育研究发现,并借鉴了其他国家学前教育改革和发展的成功经验。《课程框架》更加强调学前教育课程的综合性和幼儿全面发展的重要性。在《课程框架》中明确提出,幼儿是积极、有能力、有着强烈好奇心的学习者,学前教育的实施应推动幼儿的全面发展。

《课程框架》提出了六大学习领域:审美能力与创造性表达(Aesthetics and Creative Expression)、语言与书写能力(Language and Literacy)、数学(Numeracy)、运动技能的发展(Motor Skills Development)、发现世界(Discovery of the World)、社会和情感发展(Social and Emotional Development)。《课程框架》指出学前教育阶段应培养幼儿的学习品质,包括毅力、反思性、审美、创造性、好奇心和参与性,为其终身学习奠定基础。

2. 保障幼儿教师专业发展

2015年,为推动幼儿教师发展从"短缺模式"向"成长模式"转变,解决幼儿教师数量不足问题,新加坡教育部针对不同层次水平的教师,为他们提供了多项专业发展计划。针对有经验的幼儿教师,政府推行《幼儿教师专业发展计划》。该《计划》是针对幼儿园和儿童保育中心有着三年及以上教龄,且被所在学前教育机构认定为能够承担更大责任的学前专业人士精心设计的三年提升计划,旨在发展幼儿教师的专业技能,确保其能够承担推动幼儿全面发展的责任,促使有经验的幼儿教师的深度专业发展。该《计划》由学前教育机构、教师和学前教育发展署合作实施,学前教育发展署主要提供新课程培训、现金激励等支持。

为加强学前教育部门的领导能力，以支持学前教育项目的质量改进，新加坡幼儿培育署引入领导力发展框架（Leadership Development Framework），以指导中心管理者在三个领域的全面发展，即课程和教学领导力、战略和行政领导力以及核心领导力。领导力发展框架按照培训路线图指导潜在和现有的幼儿教育领导者获得各项能力。领导力发展框架还包括持续专业发展课程和里程碑计划，如国家幼儿发展研究所提供的学前教育领导力高级文凭（Advanced Diploma in Early Childhood Leadership）。

2022年4月，作为对学前教育工作者正式培训的补充，幼儿培育署启动"幼儿学习社区"（Early Childhood Learning Communities）项目，涵盖幼儿早期能力、户外学习、社交和情感发展，以及语言和读写能力四大领域的学习。这一项目为热衷于教学实践的教育工作者提供了一个平台，通过行业层面的同行分享和学习，促进他们在关键领域教学实践能力的提高和知识的增长。作为核心成员加入学习社区的教育工作者将被称为教育学家和教学专家，他们将被培养成为未来的教育领导者，并在未来领导其他教育工作者的实践社区。

### 3. 保障婴幼儿的学前教育入学率

为了加强政府对优质学前教育的供给能力，扩大政府支持的学前教育机构规模，2014年新加坡创立5所教育部直属试点幼儿园，2016年增加至15所。教育部幼儿园的创立旨在进行学前教育课程的开发与资源共享，为更多的公民提供普惠性学前教育。

"核心园长计划（Anchor Operator Scheme）"于2009年开始实施，为挑选出来的主要从业者运营的托儿所和幼儿园提供资金支持，以增加弱势家庭婴幼儿获得高质量、可负担的保育教育机会。2018年底，它们共运营约570家托儿所和幼儿园，招收了6万名婴幼儿。

为加大对学前教育机构的补贴，减轻家长的经济负担，2015年3月新加坡推出"伙伴园长方案"（Partner Operator Scheme），为符合条件的非营利性学前教育机构提供资助。这些学前教育机构要降低收费标准，类似于我国的普惠性幼儿园。提供全日制托儿服务的学前教育机构每月最高收费标准不得高于800元。该"方案"与"核心园长计划"互为补充，2020年服务了一半以上的新加坡幼儿。通过发展更多核心园长经营的幼儿园、教育部幼儿园以及"伙伴园长计划"，新加坡政府计划到2025年每10个学龄前儿童中有8个能就读政府开办的幼儿园。

此外，"学前教育推广计划"（Preschool Out-reach Programme）鼓励低收入家庭送婴幼儿进入学前教育机构。工作人员会帮助家庭寻找可负担的学前教育机构、指导家庭申请学前教育机构、准备申请补贴的文件，并帮助解决任何在办理入学过程中遇到的问题等。

2018年，新加坡社会和家庭发展部为改革学前教育领域、引导学前教育产业向创新和高生产力方向发展而制定了新的"幼儿产业转型图"（Early Childhood Industry Transformation Map），以便更好地满足人们对优质学前教育服务不断增长的需求。政府通过"学前教育搜索门户——家长门户"网站，加强家长与学前教育机构的紧密合作关系。家长可以在该网站上输入家庭住址、邮政编码或学前教育机构名称，查询到附近学前教育机构的详细信息，包括项目类型、费用、学位空缺、营业时间等。

4. 支持低收入婴幼儿家庭参与学前教育

新加坡政府实施了儿童成长辅助计划，帮助有新生婴儿和6岁以下幼儿的低收入家庭增加育儿技巧、建立良好的亲子关系。符合条件的家庭可以自行到各区家庭服务中心申请。儿童成长辅助计划援助形式包括：家教课程——教育儿童的技能以促进亲子关系；家庭成长——家庭辅助和支持；学前教育津贴——幼儿园和托儿所费用的援助。申请儿童成长辅助计划的家庭孩子必须在6岁以下，且没有亲人或社群支援，孩子是新加坡公民或永久居民，家庭月收入在1500新元以下，申请评价通过后可以获得服务。

幼儿园经济援助计划（KiFAS）是为家庭月收入在1500新元以下的家庭设立的。家长申请后可以每月获得入园津贴，补助额达到每月幼儿园费用的90%，不超过每月82新元。儿童入幼儿园时，家长可以获得一次性最高200新元的补助，用于注册费与保证金。

2016年，幼儿培育署展开了"幼儿培育辅助计划"（KidSTART），为弱势儿童提供早期干预。该计划协调和加强各机构之间的支持，监测参与计划的儿童从出生到6岁的进展情况。通过家访、家教或其他家庭支援计划，项目为家长提供所需的教育知识及资源，协助他们照顾子女。

"婴儿奖金计划"（Baby Bonus Scheme）是2015年新加坡国庆集会和2016年政府预算中宣布的"婚姻和生育一揽子计划"中的一部分，有助于减轻育儿经济成本。育婴补贴（Baby Support Grant）是新加坡政府在"婴儿奖金计划"现金奖励之外,给予为人父母者的额外补贴。凡是 2020 年 10 月 1 日至 2022 年 9 月 30 日出生,符合获得婴儿奖金计划条件的新加坡籍新生儿皆可获得育婴补贴。

## 二、韩国学前教育福利发展

韩国是一个十分重视教育的国家,自 1960 年以来相继制定了一系列的社会保障法规。1980—1988 年韩国正式提出了"福利国家"的概念。与其他发达国家相比,韩国的社会保障制度起步较晚,发展却很快。

### (一)韩国学前教育福利发展概况

韩国的主体民族为朝鲜族。2020 年婴儿死亡率为 0.3%,总和生育率为 0.90。2020 年,韩国学前教育毛入学率为 91.8%。2020 年统计的学前儿童师生比为 1:12.2。2019 年,韩国政府教育支出占 GDP 的 4.7%。韩国义务教育从 6 岁到 14 岁,年限为 9 年。2021 年和 2022 年,韩国教育预算支出较之于上一年度的增长幅度分别为 -2.2%、16.8%。

1957 年韩国在保健与社会事务部的妇女局设儿童科。1963 年 12 月妇女局改名为妇女儿童局。1970 年 2 月妇女儿童局设妇女科与儿童科。1981 年 11 月妇女儿童局改为家庭福利局,儿童科改为儿童福利科,妇女科改为妇女福利科。

2000 年起韩国就进入了老龄化社会,有着全世界最低的生育率。低生育率的主要原因之一就是养育子女的经济负担及育儿机制的不足。学前教育福利政策与服务成为重要的解决低生育问题的对策之一。2003 年 12 月,保健家庭福利部把综合管理科的人力资源管理职责转移到规划管理室,保健促进局的人口政策职责转移到社会福利政策室,家庭儿童福利科改为人口家庭政策科。至此,儿童福利问题与人口问题由同一科室主管,儿童福利成为人口政策事务的一部分。

韩国幼儿园可分为国立幼儿园、公立幼儿园和私立幼儿园三类。国立和公立幼儿园在数量上虽占据绝对优势,但在园幼儿数远不及私立园。国立园的设立和经营主体是国家,公立园的设立和经营主体是地方政府,公立幼儿园又分为公立小学附属幼儿园和独立幼儿园。至 2021 年,韩国共有 3 所国立园、5058 所公立园和3598所私立园。

2021年韩国共有幼儿教师53457人，其中国立幼儿园教师25人，公立幼儿园教师20279人，私立幼儿园教师33153人（占比62%）。①韩国幼儿园设园长、副园长、首席教师、专任教师、教师、特殊教师、健康教师、营养教师和时间制教师9个不同职位。幼儿园教师应至少具备两年制大专文凭，且取得一级或二级幼儿园教师资格证。

韩国的学前教育设立了三级领导机构，负责审议和推进国家和地区的幼儿保育和教育工作。第一级是在国务总理下设幼儿教育保育委员会，负责审议幼儿教育及《婴幼儿保育法》第二条所述的关于保育的各事项，包括幼儿教育及保育的基本计划，幼儿园和托儿所之间的衔接，以及关于幼儿教育及保育相关部门间的协助事项；第二级是在教育科学技术部设立了中央幼儿教育委员会；第三级是在市、道教育厅下设立市、道幼儿教育委员会。后两级领导机构主要负责对幼儿教育政策、事业的企划、调查等事项加以审议，并且其机构应由幼儿教育专家、幼儿园代表、幼儿园教师代表、家长代表及相关公务员等组成。

### （二）韩国学前教育福利变革主要内容

#### 1. 学前教育公平保障措施

自1991年《婴幼儿保育法》确立以来，韩国保育政策的重点由增加保育机构的数量转变为扩大无偿保育政策受惠对象的范围。为实现"国家负责的学前教育"目标，继《婴幼儿保育法》之后，韩国于2004年制定了《幼儿教育法》，2005年正式生效，并历经多次的修订。2005年，韩国为积极应对人口危机，提出了《2006—2010年第一次中长期保育计划》。政府大幅提高了学前教育财政预算，扩大公立日托中心的数量，对民间日托中心给予基本补贴，扩大保育支援服务人群，以减轻家长育儿负担。从2010年开始，政府向婴儿家庭发放养育津贴。

2007年韩国政府发起"梦想起步"（Dream Start）项目，应对由于家庭破裂而导致的贫困儿童问题。该项目增加社会投资以预防儿童陷入贫穷困境，帮助穷困儿童获得平等保障的机会。地区医院、诊所、私立教育机构和社会福利中心也开展相应的保健与福利措施，提供全面的个性化服务，以满足儿童个体需要和贫困

---

① 韩国教育部．

儿童的生活环境，项目的福利对象是怀孕妇女、接受国家基本生活保障和贫穷家庭高度集中的贫穷社区的接近贫穷标准的家庭 0—12 岁的儿童。全国共有 32 个地区启动了"梦想起步"项目。

韩国自 2013 年以来全面推行公费学前教育政策，由地方政府拨款补助每一名 3—5 岁幼儿的保育、教育费用，实现了全国学前教育免费。这一政策为所有幼儿在基础教育的最初阶段提供了平等的教育机会，是一条权利保障政策。①

针对弱势群体，政府除了根据家庭收入的多少调节支持力度之外，也对一些弱势群体给予"特惠政策"，包括双职工家庭养育津贴、特殊儿童养育津贴、单亲家庭子女保育津贴以及多元文化家庭保育津贴等。

为落实学前教育公共化服务体系建设，韩国教育部于 2018 年 3 月颁布了《学前教育发展基本规划——关于加强学前教育公共化的革新方案》，提出了"通过强化国家的教育责任，实现学前教育的公共化发展"的蓝图。该《方案》提出建立"加强对贫困儿童、特殊儿童、多元文化家庭儿童、受虐待儿童以及被领养儿童等弱势群体儿童的综合保教体系"，加快落实"到 2018 年国家承担所有儿童的保教费"的战略目标。

根据 2015 年保健福祉部的保育工作方案，韩国启动了无偿保育政策。韩国的无偿保育政策将保育财政性津贴分为儿童津贴和家庭津贴，儿童津贴分为保育费津贴和家庭养育津贴，利用儿童津贴可支付学前教育机构的保教费用。根据支援对象，将儿童津贴分为 0—2 岁的保教费、3—5 岁儿童保教费、0—5 岁的残疾儿童保教费以及多元文化保教费等。政府也向不便利用幼儿园、日托中心以及全日制早期照护服务的家庭提供家庭养育津贴。②

为了全面落实学前教育公共化服务体系建设，韩国教育部于 2018 年 3 月颁布了《学前教育发展基本规划——关于加强学前教育公共化的革新方案》，体现了韩国政府为加强学前教育的公共性而持续扩大免费教育的趋势。

在 2022 年财政预算提案中，韩国政府计划将儿童福利范围扩大到 8 岁以下的儿童，并将财政投入提高到 4.1 万亿韩元，包括每月 30 万韩元的婴儿福利和

---

① 金晓丹. 韩国公费学前教育政策改革与启示［J］.集美大学学报（教育科学版），2021，22（4）：54-58.
② 韩春花，康丽，赵豪剑. 教育公平视域下韩国学前教育公共化发展路径及面临的困难［J］. 陕西学前师范学院学报，2020，36（8）：8-15+46.

200万韩元的生育津贴，以及每月高达300万韩元的婴儿护理假福利。同时，为了保护弱势群体，2022年韩国将打击虐待儿童的预算增加40%，总额达1000多亿韩元，并计划为8000名希望重新就业的妇女提供实习机会。①2023年韩国向有0—1岁婴儿的家庭每月发放70万韩元，2024年提高至100万韩元。一旦孩子满1岁，津贴将减少一半，并继续发放一年。

2. 学前教育系统的整合化与质量提升

韩国学前教育发展一直受到学前教育系统整合问题的困扰，为此，韩国政府制订了"三年早期教育整合计划（2014—2016）"。该"计划"在政府政策协调办公室的监督和领导下逐步开展，涉及的内容主要包括教育监管部门、法律和规范、设施标准、教师、课程、早期教育机构类型以及教育经费七个方面。该"计划"分三步展开：第一步，2014年构建提高早期教育服务质量的基础；第二步，2015年整合管理标准、规范以及早期教育实施的环境；第三步，2016年整合相关法律、经费资源以及分管部门。

此外，2013年开始实施的"Nuri课程"为日托中心和幼儿园提供了标准化的保教课程，实现了全国托幼机构的课程统一与整合。2019年，韩国教育部对"Nuri课程"进行了修订，2019年版《幼儿园课程》自2020年3月1日起生效。

与此同时，韩国学前教育及其福利发展仍然面临政府财政负担、学前教育机构评价认证等问题，需要继续致力于扩大公立幼儿园比例，缩小幼儿园与日托中心的保教质量差距，全面提高幼儿教师培训质量和幼儿教师待遇，改革幼儿教师资格准入等课题，为幼儿提供公平、优质的成长环境。

韩国政府在2018年发布的《学前教育发展基本规划——关于加强学前教育公共化的革新方案》中强调要不断完善对幼儿园与日托中心教师的准入机制，有效减少不同幼儿教育机构保教质量的差异，确保所有儿童接受公平和高质量的学前教育。

## 三、日本学前教育福利发展

日本儿童福利相关制度的发端较为久远，最早的儿童福利措施可追溯到6世

---

① 韩国财政部．

纪，当时对社会上的贫病儿童、孤儿和弃婴进行救济，也称"佛教慈善"。今天，人口结构的危机迫使日本重新审视学前教育福利的结构与变革。

### （一）日本学前教育福利发展概况

日本包括北海道、本州、四国、九州四个大岛和其他6800多个小岛屿。2021年，日本总人口数为1.26亿，14岁及以下儿童人口数为1480万人，占总人口数量的11.8%，总和生育率为1.30。据2019年统计数据，日本学前教育中的生师比为28.1:1。日本义务教育从6岁持续到14岁，年限为9年。2021年总财政预算中，日本用于教育与科学的财政预算占比为5.1%；2022年日本用于教育与科学的财政预算减少了24亿日元。①

明治维新之后，日本政府开始关注对儿童的保护与救助问题。日本《儿童福利法》至今已经过多次修订，功能仍在不断地完善，内容涉及国家和社会对障碍儿童的治疗与援助义务、基层民生委员会配置专职的儿童委员、专职保育员配置等涉及儿童福利保障的实际问题。

日本学校教育分为学前教育、初等教育、中等教育、高等教育四个阶段。1947年，日本政府颁布的《学校教育法》把幼儿园教育正式纳入学校教育体系当中。从历史上看，日本一直比较重视托幼公共服务，政策具有较强的一贯性和持续性，近年来学前教育福利政策出台也格外密集。

当前，日本学前教育免费制度的对象机构主要包括保育所（也称作保育园）、幼儿园（幼稚園）、认定儿童园（認定子ども園）、地域型保育事业及企业主导型保育事业等。依据《儿童福祉法》第39条，保育所是受幼儿监护人委托，对缺少保育的幼儿进行保育的机构，属于厚生劳动省管辖的福祉机构的一种。幼儿园和中小学校一样属于文部科学省管辖的教育机构。

认定儿童园是2006年在《综合提供就学前儿童教育、保育的推进法律》的基础上成立的"幼保一体型机构"，兼具幼儿园和保育所功能，是以学龄前儿童的教育、保育、养育支援为主要职能的机构。具体又可以分为幼保连携型认定儿童园（教育机构或福祉机构）、幼儿园型认定儿童园（教育机构）、保育所型认定

---

① 日本财政部．

儿童园（福祉机构）、地方裁量型认定儿童园（没有进行机构分类）四种。①

地域型保育事业是针对有特别保育需求的幼儿设立的新制度，始于2015年通过的《儿童·育儿支援新制度》。21世纪后，虽然日本学前保教机构迅速发展，但仍无法满足国民需求。在这样的情况下，日本政府制定认定标准，允许市镇村、民间事业者独立开设，或与认定儿童园联合开设小规模的保育机构，以满足各种保育需求。地域型保育事业的保育对象以2岁以下幼儿为主，分为小规模保育（6—19人）、家庭保育（1—5人）、事业所内保育、家庭访问型保育四种类型。

企业主导型保育事业创设于2016年，开办者主要为企业，与地域型保育事业中的事业所内保育非常相似。这类机构的保育对象主要都为企事业员工子女。企业主导型保育事业的特点主要如下：（1）可以根据员工工作方式提供多样灵活的保育服务（延长保育时间、夜间保育、星期六和星期日保育、短时间保育、一周两日保育等）；（2）可以多个企业联合设置；（3）可以接收地区居民的孩子；（4）关于运营费和维修费可以享受与政府认定园所同等补助。

日本的儿童福利制度内容全面，既包括国家认可的直接提供服务的援助，也包括儿童津贴、儿童抚养津贴等货币形式的援助。日本奉行公私并立，推行多元化供给主体的福利模式，儿童福利由国家和地方政府（地方公共团体）、企业、民间社会团体等共同承担。国家并不直接承担供给的任务，只负责对委托事务提供指导、监督、咨询并承担一部分国有儿童福利部门的规划和行政管理职能。②日本为有工作的母亲做了育儿休假及雇佣环境的调整，在工作中改进了托儿设施，推行雇佣劳动时间的缩短或弹性工作时间。此外，政府鼓励多样的保育服务实施，如低龄儿保育、延长保育以及保育所功能的调整，增加了地域性的母婴保健医疗体系的施行。③

自20世纪70年代后期，日本少子化问题就开始引起社会各界的关注，政府

---

① 孙雪荧，李玲.日本学前教育免费制度：背景、架构与问题［J］.外国教育研究，2021，48（7）：101-111.
② 杜亮，王伟剑.家庭、国家与儿童发展：美国、德国和日本儿童政策的比较研究［J］.河北师范大学学报（教育科学版），2015（1）：56-61.
③ 厚生劳动省.母子家庭支援措施［EB/OL］.

积极推动相关鼓励婚育措施,以期减缓少子化趋势。解决少子化问题的重要策略是建立免费学前教育制度。

## (二)日本学前教育福利变革主要内容

### 1."少子化"背景下的学前免费政策变革

1994年12月,日本提出了《关于今后育儿支援基本方向的政策》,俗称"天使计划"。1999年12月,日本政府提出《少子化对策会议》。2000—2004年又提出《重点推进少子化对策的具体实施计划》的"新天使计划",进一步扩充了保育服务(如0—2岁幼儿的保育所)。此外,对家庭育儿的支援活动不断推进,提倡育儿的安全生活环境创设、适宜的游戏环境创设等。①

日本免费学前教育制度的构想最早出现在2006年的《经济财政改革基本方针》中,2007—2009年的《经济财政改革基本方针》和2009年的《关于今后学前教育振兴方案的研究会(文部科学省)》报告也接连提及这一构想。从2013年到2017年,日本共召开6次"有关学前教育免费化的内阁及执政党事务员联络会议"。2014年11月自民党和公明党达成一致意见,于次年开始以低收入和多子家庭为核心,阶段化推进学前教育免费制度,逐步探索适合本国的学前教育免费制度。

日本国立社会保障与人口问题研究所(2015)的调查显示,年轻夫妇之所以不敢多生孩子,最大的理由就是"在育儿和教育上的花费太多"。在这样的背景下,2015年日本又出台了"儿童及育儿援助新制度",综合推进对学前教育、保育、社区育儿的支持。新制度规定,将融合了保育所和幼儿园职能的"认定儿童园"升级为有国家法律保障及财政支持的正规保育机构,同时,援助地方政府设置作为公立保育所辅助机构的新型保育设施,聚焦0—2岁儿童的保育,提供自清晨至傍晚的保育服务以照顾双职工家庭。

2015年,日本政府在3月20日的内阁会议上通过了新的"少子化社会对策大纲"。然而,由于"幼儿就园奖励费补助"政策没有落实到位,幼儿家庭的负担依然沉重。2015年4月,日本设置了儿童·育儿本部;2016年4月修改《儿童·育儿支援法》;2016年6月制定"一亿总活社会"计划,同年7月提出幼儿

---

① 裘晓兰.日本儿童福利政策的发展变迁[J].当代青年研究,2011(7):30-34+40.

园入园奖励支援政策（主要针对低收入家庭的第三个孩子和 5 岁之后的儿童）；2017 年 6 月制订了《安心育儿计划》。

2017 年 12 月，日本内阁会议进一步讨论了新经济政策中的"人才培养革命"，并于 2018 年 6 月正式提出"人才培养革命"基本构想。这一计划包括幼儿教育的无偿化、高等教育的无偿化、大学改革、学校教育、促进高龄者就业五个方面。其中，幼儿教育的无偿化包括幼儿教育无偿化及缓解"待机儿童"两部分。由此，幼儿教育免费正式提上日程。① 日本还从社会保障、劳动福祉等方面实施了一系列应对少子化的政策法规。2017 年《新的经济政策包》(新しい経済政策パッケージについて ) 中的"人才培养革命"( 人づくり革命 ) 计划对全面实施学前教育免费制度起到了重要的推动作用。

2018 年 12 月 28 日，日本政府召开幼儿教育与高等教育免费化相关阁僚会议，公布《实现免费幼儿教育和高等教育制度的方针》，决定自 2019 年 10 月 1 日起，日本幼儿教育保育无偿化开始正式实施。3—5 岁儿童原则上为所有家庭参与免费教育，0—2 岁幼儿以免除居民税的低收入家庭为对象。②

2020 年 2 月 3 日，在关于幼儿教育保育无偿化的会议中对认可外保育园的无偿化实施指导监督，设立巡回支援指导员，对职员配置、设备设施等方面做出具体规定，例如职员配置方面，符合资格的职员需达到配置的三分之一以上，并制定认可外园所的过渡计划，在免费化过渡期（即 2024 年前），需达到指导监督标准。③

2. 日本学前教师发展政策及困境

日本政府十分重视学前教师的培养，不断提升教师的素质。1949 年，日本政府颁布了《教育职员许可法》和《教育职员许可法施行规则》，旨在提高和保障教师的素质，规范教师资格。1998 年，日本政府的文部科学省修订并发布了《教育教员许可法》，对幼儿园从教人员的资质、专业发展及培训、职责与权力、法律责任等方面有明确而详尽的规定。这为日本学前教师的职前培养和在职培训提

---

① 刘榕榕，梁九清，王建平.政策视角下日本幼儿教育无偿化的分析与启示 [ J ].幼儿 100（教师版），2020（6）: 64-69.
② 日本内阁府.
③ 刘榕榕，梁九清，王建平.政策视角下日本幼儿教育无偿化的分析与启示 [ J ].幼儿 100（教师版），2020（6）: 64-69.

供了可遵循的法律制度。

1988 年，日本《教育公务员特例法》设立了新任教师研修制度。2003 年修订的《教育公务员特例法》规定，工作满 10 年的教师需进行在职研修。2009 年改订的《教育职员许可法》则将永久性教师许可证制度废除。日本有法定的在职教育培训机构为幼儿园、小学和中学的老师提供在职培训。日本的学前教育教师除了参加国家安排的在职教育培训外，更多是接受地方教育委员会举办的在职教育培训。[①]

然而，日本学前教师队伍仍然面临流动性高的困境。日本学前教育福利发展的主要障碍源自于师资水平的不稳定与教师队伍的流失。2015 年的《儿童·育儿支援新制度》颁布之时曾提出要改善 1 岁儿童及 4—5 岁儿童的保育士配置标准，但一直没有落实。根据 2017 年 4 月日本厚生劳动省发布的数据，取得保育士资格的学生中仅有半数就职于保育园，其中就职不到 5 年便离职的又占半数。随着免费制度的实施，保育儿童的增加和保育时间的延长也将保育士的需求推向了一个新的高度。据厚生劳动省最新公布的保育士的"有效求人倍率"数据显示，这一对保育士的需求值从 2016 年的 2.44 上升到 2019 年的 3.64，并且在 2020 年达到 3.86。

## 第二节　欧洲学前教育福利发展

### 一、法国学前教育福利发展

法国的学前教育福利拥有较长的发展历史，可谓是欧洲学前教育福利的发源地之一。100 年前，法国已有四分之一的幼儿就读于公立幼儿园，改善儿童的教育福利被视为一种社会义务。1881 年颁布的《费里法案》是国际学前教育福利法制化的开端，该《法案》推行免费学前教育，使得"免费"和"义务"成为法国国民教育的首要原则。

（一）法国学前教育福利发展概况

法兰西共和国是西欧面积最大的国家，是欧洲四大经济体之一。3—5 岁幼儿

---

① 蒋冰清，杨柳，李瑞娟.日本学前教育师资队伍的培养及其对我国的启示［J］.湖南人文科技学院学报，2020，37（4）：104-107.

人数为232.98万，婴儿死亡率为千分之四。2020年法国毛入园率达到106.7%，净入园率为99.5%。2019年统计的学前儿童生师比为21.4:1。1882年《费里法案》确定法国义务教育阶段入学年龄为6岁，年限为10年。从2019年秋季学期起，法国将学前教育纳入义务教育体系，儿童入学年龄为3岁[1]。法国儿童义务教育从3岁到15岁，年限为13年。2019年法国教育经费占GDP的5.4%，占政府总支出的9.7%。

1881年的《法案》明确提出了学前教育的免费和福利原则："公立幼儿园和小学免征教育费。"这也为当代法国明确了学前教育福利发展的基本方针。与OECD其他国家相比，法国政府对家庭的公共投入占比相当高，2009年就达到GDP的3.8%，而OECD国家的平均投入占比为2.9%。在学前教育方面，法国投入占GDP的1.1%，而OECD平均投入比例仅占GDP的0.7%[2]，足以见法国对学前教育的重视。根据法国国民教育部官方数据，法国共有14131所幼儿园，开设了93134个班，班额约为25人，每名儿童每年平均投入达6350欧元。

法国幼儿保教事务由"社会事务和卫生部（Ministèredes Affaires Sociales et DelaSanté）"与"教育部（Ministry of National Education）"共同负责。前者负责0—3岁幼儿保育，后者负责2或3岁直至6岁幼儿的学前教育工作。[3] 日托服务的许可由儿童和孕产妇保护局（Protection Maternelle et Infantile）承担，而国家政府则与地方当局合作，对学前教育机构进行认证和许可。

法国没有统一的学前教育机构。托儿所（nursery schools，écoles maternelles）接收3—6岁幼儿，有时接纳2岁幼儿。大部分托儿所是免费的。随着法国学前教育政策的改革，2岁儿童的入学率逐渐提升，2岁幼儿入园率达到11.9%。2013年，法国为44%的3岁以下幼儿提供入托设施，为所有4岁及以上幼儿提供幼儿园教育。[4] 一些日托中心（Collective Care Center）也得到了家庭津贴基金（Caisse

---

[1] EUROPEAN EDUCATION AND CULTURE EXECUTIVE AGENCY，EURYDICE. Key data on early childhood education and care in Europe. 2019 Edition，Publications Office [EB/OL].
[2] POPULATION EUROPE RESOURCE FINDER & ARCHIVE. Family policies：France（2014）[EB/OL].
[3] OECD. Starting strong IV：monitoring quality in early childhood education and care country note：France [EB/OL].
[4] EUROPEAN COMMISSION. Early childhood education and care [EB/OL].

d'Allocations Familiales）的援助，用于支付部分运营成本。例如，一个独生子女家庭每月净收入2000欧元，每月需要花费大约190欧元用于托儿所的160小时儿童保育（每天8小时，每周5天）。①

### （二）法国学前教育福利变革主要内容

#### 1. 发扬支持家庭的传统

法国一直高度支持家庭育儿，拥有着学前服务支持家庭—工作生活平衡的传统，很早就开始了学前教育福利普惠建设。在财政紧缩的制约下，法国仍然在2013年发布《消除贫困和社会融合计划》与《重建共和国基础教育法案》，体现了政府在教育中的积极态度，试图通过干预学前教育治理贫困，缓解社会、代际和区域不平等。该政策重点集中回应了3岁以下幼儿的托育需求，在政策和内容聚焦弱势幼儿的同时，继续完善已有学前教育服务质量。除了保障3岁以上幼儿每周24小时的免费学前教育服务，还增加贫困地区3岁以下幼儿获得学前教育的机会，2017年起将免费学前服务目标群体扩展到落后地区50%的2岁幼儿。

为满足不同家庭需求，法国政府积极推动学前教育服务多样化，2009年发布《郊区希望计划》，为郊区的家庭提供每天超过10小时的托幼服务。②儿童福利津贴是欧洲国家提高生育率的重要举措之一。法国家庭补助局一直通过丰厚的育儿津贴政策鼓励生育，生育1—2个孩子的家庭每月可获得131.16欧元的津贴，生第三胎则每月额外领取299.20欧元，第四胎额外领取467.24欧元。政府还会为孩子的出生提供一次性的现金补助（即生育福利津贴）。③

#### 2. 重视学前教育质量的提升

法国素来重视学前教育质量。法国学前教育尊重儿童的理念一直受到肯定，教学质量也一直名列世界前茅。当前法国3岁儿童基本都接受了学前教育，然而为了通过更优质的早期教育实现更好的幼小衔接，进而从更广泛的意义上实现教育公平，近年来，学前教育质量提升依然是法国政府教育改革的重要关注对象。

---

① EUROPEAN COMMISSION. Organisation of programmes for children under 2–3 years［EB/OL］.
② 聂晨. 自由市场还是政府主导？后危机时代英法两国学前教育政策转型的比较及启示［J］. 广东社会科学，2020（5）：200-211.
③ 法国家庭补助局（CAF）. Allocations Familiales. 2018-12-27.

20世纪90年代起，法国初等教育开始改革，在包括幼儿学校和小学的整个初等教育中建立新的教学组织形式——学习阶段。进行这项改革的指导原则是由1989年7月颁布的"教育方针法"确定的。该法第4条规定，自幼儿学校起至小学学习结束，共分三个学习阶段。这项改革把幼儿教育与小学教育合为一体。第一阶段称为初步学习阶段，包括幼儿学校的小班和中班，儿童年龄为2—5岁。第二阶段称作基础学习阶段，包括幼儿学校大班和小学的前两年，儿童年龄为5—8岁。第三阶段是8岁以上。指导思想的核心是重视学生的个体差异，以学生为中心组织教学。

2015年，法国重新修订并推出第六版《母育学校教学大纲》(以下简称"新大纲")，在重申母育教育作为儿童唯一性、奠基性的学习阶段基础上，对母育学校教学活动的开展和儿童在学前教育结束时应达到的能力标准加以完善。"新大纲"是法国近年来深化学前教育综合改革的一次重要实践，通过对学前教育的顶层设计，不仅使母育学校的定位更加明确，更有助于提升法国学前教育质量，重建"让所有人成功和卓越的学校"。"新大纲"的实践机理及其背后的价值理念对规范幼儿园课程与教学、制定学前教育质量标准、完善幼小衔接政策等都具有积极影响。

2022年法国国民教育部召开学前教育大会，旨在反思学前教育质量，为法国学龄前儿童建立一个真正促进"语言和成长的环境"。

## 二、芬兰学前教育福利发展

### （一）芬兰学前教育福利发展概况

芬兰共和国是北欧五国之一，曾经被联合国评为全球最幸福的国家。[1]2022年人口年增长率为0.2%。农村人口占14%，3—6岁学前儿童为23.21万人。芬兰儿童的义务教育从6岁开始，到15岁结束。2020年学前儿童毛入园率为88.4%，净入园率为88.2%。学前儿童生师比为10.2:1。从教育经费投入看，2020年芬兰教育经费约占GDP的5.9%，占政府总支出的10.2%。

---

[1] HELLIWELL J, LAYARD R, & SACHS J. World happiness report 2018 [J]. New York: Sustainable Development Solutions Network, 2018.

"教育与文化部"（Ministry of Education and Culture）负责芬兰的儿童教育，保障家庭可以享受多种形式的托儿保教服务。妇女积极参与职业生活的先决条件是制定与照顾小孩和家长工作保障有关的法律，提供服务和财政支助。1973年，芬兰政府颁布了《儿童日托法》（Children's Day Care Act），赋予父母可以通过支付日托机构费用来获得日托服务的权利。1985年，芬兰颁布了《儿童家庭照料法》（Children's Family Care Act），将家庭津贴作为公共儿童保育的一种替代办法引入国内，直到孩子4岁为止，父母都可以领取。

### （二）芬兰学前教育福利变革主要内容

芬兰普惠性托育服务的提出最初是为了鼓励妇女进入劳动力市场，从而促进性别平等。进入20世纪90年代，随着加入《联合国儿童权利公约》和欧盟，儿童角色的重要性在芬兰学前教育政策制定中日益突出。学前教育福利政策的作用得到日益重视，育儿不是仅仅为家庭服务。1999年颁布、2000—2001年实施的《六岁儿童学前教育法》（Law on Preschool Education for Six-year-old）规定，每个城市将根据国家课程向6岁儿童提供免费和自愿的学前教育。2015年，芬兰针对6岁儿童实施了义务学前教育。政府为6岁儿童提供每学年700小时的义务学前教育，每天约4小时，由国家承担全部费用，提供所有的材料和膳食。此外，那些居住地离学前教育机构超过5公里的孩子，或者住在危险路线上15岁以下的儿童，都可以接受免费的接送服务①。2017年，新的政策建议改革幼儿园费用、儿童家庭护理津贴和儿童保育假长度，以提升3岁以下儿童入园率②。

随着芬兰政府意识到儿童权益的重要性，认识到学前教育的价值，国家开始积极推进课程政策的修订和完善。2003年《幼儿教育和护理国家课程指南》（National Curriculum Guidelines on Early Childhood Education and Care in Finland）发布；2010年修订了《芬兰学前教育核心课程》（Core-curriculum for Preschool

---

① KUMPULAINEN K. A principled, personalized, trusting and child-centrist ECEC system in Finland [M]. New York: Teachers College Press, 2018: 16, 24, 31.
② 孙晓轲. 芬兰学前教育政策价值取向调整、推进举措及成效 [J]. 外国教育研究, 2020, 47(10): 104-116.

Education in Finland），这些方案共同构成了促进芬兰儿童福祉、发展和学习的国家课程框架。①

社会事务与卫生部联合教育与文化部共同制定"2040年国家儿童战略"，以联合国《儿童权利公约》为基础，展开有关儿童和家庭政策的广泛讨论，将努力使芬兰社会更加儿童友好、家庭友好。该战略的制定确保了芬兰儿童的健康成长、学习与福祉。

## 三、德国学前教育福利发展

德国是欧洲四大经济体之一，以社会福利保障制度完善而著称。在学前教育福利政策法律和实践方面，德国一贯有着由民间部门提供福利服务的传统。近年来，伴随德国在全球率先建立社会保险制度的脚步，国家作为责任主体开始正式介入以往由民间力量主导的学前教育福利事业。发放津贴与各类补助是德国学前教育福利的重要途径。

### （一）德国学前教育福利发展概况

2021年，德国总人口数达到8312.9万，总生育率为1.53，14岁及以下儿童人口总数为1154.2万，占总人口数的14%。德国的学前教育在联邦层面曾由儿童和青少年福利部负责，现在由改组后的联邦家庭、老人、妇女和青年事务部（以下简称"联邦家庭事务部"）管理。联邦只具有监管职责，各联邦州的文化事务部门管理本州的学前教育，地方青少年局则负责具体事务的管理，除巴伐利亚州的学前教育直接由州教育部负责。因此，德国各州的学前教育发展现状差别较大。

德国的义务教育阶段从6岁到18岁。2020年德国幼儿园的毛入园率高达108%，3—5岁的儿童数量为236.2万人。2018年德国学前教育投入13509.3美元/人，超过了基础教育阶段的12774.3美元/人。学前教育总投入占GDP的0.9%。

---

① CAMPBELL-BARR V，MIKAEL NYGARD. Losing sight of the child? human capital theory and its role for early childhood education and care policies in Finland and England since the mid-1990s［J］.Contemporary Issues in Early Childhood，2014，15（4）：346-359.

2020年，德国幼儿园的平均师生比例为1:7.4。2018年，德国共有621000名学前教师，预计到2025年还需要增加约191000名学前教师。

德国关爱弱势儿童的传统由来已久。1878年《强制教育法》规定由国家对犯罪儿童进行替代性安置。1900年，德国颁布《关怀教育法》，规定国家对被忽视儿童进行保护和教育，以避免因父母未尽到教养义务而导致儿童道德败坏。1922年的《帝国青少年福利法》是首部儿童福利专门法，要求各州市统一设立青少年事务局，标志着德国儿童福利事业进入了系统设计并整体推进的阶段。①

德国的学前教育福利呈现出以津贴补助为主的特点，政策目的偏向于减轻家庭育儿的经济负担。1949年，西德政府推出针对育儿家庭的儿童免税金政策。1953年，联邦家庭事务部成立，主管全国儿童与家庭福利，次年开始实施儿童津贴，向职业父母的第三个及之后的孩子发放现金补贴，资金来源于雇主缴费；1961年范围扩大到每个家庭的第二个孩子。1964年，德国通过新的《儿童津贴法》，儿童津贴自此完全由联邦财政筹资。1975年起，儿童津贴发放范围扩大到每个家庭的每一个孩子。1986年德国颁布育儿休假法，规定父母可以在子女出生后休育儿假并领取育儿津贴。②

虽然德国的教育属于地方自治，但在联邦基本法的规范下，除了少数的营利机构以外，各地区公立幼教机构与志愿组织设置的私立幼教机构都可以享有政府同等的资源补助。此外，德国政府对于贫困儿童还发放额外津贴补助。德国长期以来有着由非公共部门提供儿童福利的传统，但德国对为3—5岁幼儿提供保育的大部分公私立机构都提供了补助，学费由中央及地方政府共同负担。这一阶段的学前教育福利是社会福利与救助的一项内容，福利的对象主要是孤儿、非婚生儿童、犯罪儿童等特殊儿童群体。

20世纪90年代起，德国的学前教育福利制度经历了调整与转型。一方面，德国政府对儿童的直接救助和教育投入不断增加，另一方面也更加强调家庭成员之间、国家和家庭之间对儿童照顾的责任共担。德国是欧盟所有国家中家庭有儿童比例最低的国家，近年来有大约4成的儿童居住在非婚姻关系的家庭中，接受

---

① 杨无意.德国儿童福利的发展及其对中国的启示[J].社会保障评论，2021，5（3）：110-121.
② 杨无意.德国儿童福利的发展及其对中国的启示[J].社会保障评论，2021，5（3）：110-121.

社会救助的家庭中，以母亲为主的单亲家庭就占了约四分之一，这些妇女面临工作与育儿间的两难。

为了刺激生育率，德国在 20 世纪 80—90 年代提供了一系列房租、儿童、建屋津贴和免税政策。德国的 16 个联邦州有权制定自己的学前教育法律法规，以对联邦法律进行补充或对其具体实施做出规定。德国 1990 年 6 月颁布、2011 年 12 月修订的《社会法第八部：儿童与青少年扶助法》对幼儿的入园权利进行了具体规定：满 3 岁至入小学前的儿童有权入幼儿园。

德国各联邦州的法律法规在一些具体规定上各有特色。如柏林州《幼儿园促进法》要求学前教育工作人员保持世界观和宗教信仰上的中立；巴登-符腾堡州在《日托从业者标准化资质纲要》中明确了日托从业者的资质。

### （二）德国学前教育福利变革主要内容

进入 21 世纪后，德国托育机构数量仍显不足，3—6 岁的幼教机构数量虽多，但是绝大多数的公立与教会托儿所只提供半天的服务，且在东西德地区出现很大的落差。为鼓励亲职教育，德国政府于 2001 年立法保障抚养儿童的父母亲可享有三年的亲子假与家庭津贴，以接受政府补助或用兼职工作的方式留在家里专心照顾儿童。

2005 年德国出台了《儿童日托扩大法》，规定 2010 年前在全国范围内增加 23 万个日托场所。2007 年对育儿津贴进行整体改革，以与收入相挂钩的父母津贴替代此前低水平定额给付的育儿津贴，并引入两个月的"父亲配额假"。2008 年《儿童促进法》出台，自 2013 年 8 月起，所有 1 岁以上儿童享有法定入托权。2014 年在父母津贴的基础上新增附加父母津贴和合作育儿奖金，让父母可以进行灵活组合。2019 年出台《儿童日托优化法》，规定联邦政府在 2022 年之前投入 55 亿欧元支持各州提升儿童托育服务质量。

在联邦层面，德国的学前教育福利法规还包括《社会法第八部：儿童与青少年扶助法》(以下简称《社会法第八部》)。该法在 1990 年 6 月 26 日颁布，最新修订时间为 2018 年 12 月 19 日，该法直接规范学前教育的是第二章第 22—26 条和第三章第 43—49 条。为了改善儿童日托服务，2005 年 1 月 1 日生效的《日间保育拓展法》和 2005 年 10 月 1 日生效的《儿童及青少年扶助发展法》(KICK) 对《社会法第八部》做了重大修改。2009 年 1 月 1 日生效的《3 岁以下儿童幼儿园和托儿所促进法》主要是对《社会法第八部》多个条款进行修改，并颁布了《扩大幼儿园教育联邦经济资助法》[①]。

2019年1月生效的《优质托幼机构环境法》要求联邦政府采取措施帮助各州提高儿童日托服务质量。此外，要减免儿童父母缴纳的费用，为儿童创造平等的教育条件，帮助家长更好地协调工作和家庭生活。从2019年8月开始，除了获得社会救济的家庭之外，该法案还免除领取子女补贴或住房补贴等的低收入家庭的日托费用。

德国联邦"早期机会"（Frühe Chancen）计划是家庭事务部对学前教育福利的总体规划，旨在为所有儿童提供高质量的保育和平等的教育机会，其中包括了提升儿童日托数量和质量的多个教育福利项目。

1. "日托 plus"（Kita Plus）联邦计划

为帮助家长在工作和照顾孩子之间进行平衡，2016年联邦家庭事务部实施"日托+：良好的照料不是时间问题"联邦计划，为寻求工作与生活平衡的家长提供支持。这一计划得到了德国雇主协会和德国工会的支持。该计划根据家庭需求，量身定制儿童保育服务。主要措施是：（1）延长每个工作日的开放时间；（2）提供周末和公共假期的儿童保育服务；（3）提供包括夜间的儿童保育服务。联邦家庭事务部会向日托机构或个人提供资金支持，帮助他们延长托儿保育服务。此外，还有专业顾问在计划实施期间提供支持。过去3年（2016—2018）内，德国政府在计划中的投入超过了1亿欧元。

2. 语言类日托：语言是走向世界的钥匙

建立在"重点日托机构的语言与整合"（2011—2015）计划的基础之上，联邦政府在2016—2020年期间为"语言类日托"联邦计划总共投入高达10亿欧元的资金。2016年1月，该联邦计划开始实施，以促进融入日常生活的语言教育、全纳教育和与家庭的合作。"语言类日托"联邦计划针对那些有特殊的语言学习需求儿童的比例高于日托机构平均水平。

该计划的三个重点是：（1）融入日常生活的语言教育。儿童是从他们的生活和经验中学习语言的。融入日常生活的语言教育针对儿童的个人能力和兴趣，支持自然语言发展。在日托机构的全部日常生活都将是对儿童语言发展的激励

---

[①] 潘孟秋.德国学前教育立法简况[J].基础教育参考，2013（13）：65-68+71.

和促进。(2) 全纳教育。全纳教育鼓励儿童放弃偏见和歧视,充分表达自己的想法和感受。这意味着要关注儿童的共性和优势,探讨和欣赏多样性。(3) 与家庭合作。教育专业人员和家庭之间必须建立相互信任的教育—培训伙伴关系,以便在儿童语言发展关键阶段始终有人陪伴。语言教育首先是由父母和家庭进行的,家长可以从语言日托机构获得建议,了解如何在家中创造一个刺激语言发展的环境。

3. 参与日托:通往早期教育的桥梁(Kita-Einstieg)

联邦家庭事务部于 2017 年开启了"参与日托:通往早期教育的桥梁"联邦计划,降低儿童日托服务的门槛,提供高质量的日托服务。该计划还资助日托从业人员的培训。这一计划关注那些尚未获得或尚未获得足够儿童日托服务的儿童和家庭,如经济困难、家庭教育弱势或居住条件较差的家庭。

4. "Pro 日托"(Pro Kindertagespflege)计划

为促进儿童日托服务发展,2019 年 1 月,联邦家庭事务部启动联邦计划"Pro 日托:最早的教育开端"。该计划提供学前教育和照顾儿童的多样化服务,涵盖不同家庭的保育需求。这一计划致力于增加有资质的儿童日托教师数量、提供更好的工作条件,全面提高儿童日托服务的质量。该计划通过科学培训以及较高工资等吸引教师,提供专业方面的咨询意见,保障和提高专家咨询的工作质量,并开展全纳教育。从 2019 年 1 月到 2021 年年底,联邦家庭事务部向这个项目投入总计 2250 万欧元的资金。[①]

## 四、挪威学前教育福利发展

被称为"万岛之国"的挪威自 2001 年起连续被联合国评为最适宜居住的国家,获得全球人类发展指数第一的排名。挪威是最早批准联合国《儿童权利公约》的国家之一,政府通过立法给予了儿童全方位的权利保护。

### (一)挪威学前教育福利发展概况

2021 年,挪威的总人口数达到 540.8 万,其中 14 岁及以下儿童人口数量为

---

① 邓舒. 德国学前教育法规政策概述和启示 [J]. 课程教育研究,2019(46):3-4.

91.8万，占总人口数的17%，2021年挪威的总生育率1.5。挪威的义务教育阶段持续10年，从6岁到15岁。2020年，3—5岁的学前阶段的儿童数量为18.4万人，幼儿园的毛入园率为96.3%。2020年挪威的教育经费投入占GDP的5.9%，占财政支出的10.1%。2020年，挪威幼儿园的平均师幼比例为1:11.1，小学的师生比例为1:8.7。

挪威政府涉及学前教育福利的部门主要有儿童平等部（Ministry of Children and Equality）和教育研究部（Ministry of Education and Research）。前者致力于儿童福利，关注儿童和青少年在家庭和社区的安全成长，后者确保挪威拥有良好、有效的教育系统。

从20世纪40年代开始，挪威就致力于为有儿童的家庭建立家庭支持系统，提供各种福利补贴计划，减少家庭在育儿成本分担中的比例。在挪威，所有18岁以下的儿童均可享受到"儿童福利金"。儿童福利金是为了帮助家庭支付抚养子女的费用，儿童福利金的津贴额度由议会根据每年经费情况决定。

挪威从小学到大学的教育均为免费教育，各市负责中小学教育，高中教育由郡负责。2000年开始，弱势儿童的教育也由国家出资，挪威教育委员会负责在全国协调开发特殊教育资源。

### （二）挪威学前教育福利变革主要内容

挪威政府十分重视儿童的权利，尊重与保护儿童权利是政府制定与儿童相关政策时的首要指导原则。在儿童的受教育权上，政府分别针对受惠主体权利和施惠主体责任与义务进行了相关规定。1995年，挪威政府制定了规范幼儿园办园行为的《日托机构法》。该法第2条规定，日托机构应以教育为导向，儿童与家庭事务部（Ministry of Children and Family Affairs）应基于儿童的视角制定日托机构的课程框架计划，市政当局负责建设和运营日托中心并对日托机构进行监督。

挪威把国家财富积极投入到儿童早期教育和护理上。2000年起，挪威大幅度增加了在学前教育中的拨款。家长只需要承担公立幼儿园14%的费用，私立幼儿园需要承担16.5%的费用，其余则由政府来承担。2011年，挪威的公共教育开支占GDP总值的1.2%，这一数字远远高于OECD国家平均水平，当时德国仅有0.5%，美国和葡萄牙只有0.4%。

政府投入比例的增加显著降低了家庭在学前教育成本分担中的比例。在对幼儿园的财政投入上，2002 年挪威政府制定的第 24 号白皮书提出：幼儿园发展应以"经济、多样和自由选择"为基本原则，市政当局有义务提供普惠性学前教育公共服务，确定家庭收费最高标准，保证所有公立与私立幼儿园享受同等待遇①。该白皮书出台后，从 2005 年到 2014 年，政府对私立与公立幼儿园的财政资金投入比例从 85% 增加到 98%②。在这一政策推动下，挪威学前教育公共服务形成了政府、市场、公民共同参与的供给模式。

2003 年，挪威议会成员共同达成了一份政治协议——《幼儿园协议》，该《协议》规定 1—5 岁儿童有接受学前教育保育和教育的法定权利，有力地保护了适龄幼儿接受教育的基本权利。2005 年 6 月 17 日颁布的关于幼儿园的第 64 号法令《幼儿园法》中，挪威议会为幼儿园的内容和任务规定了一个管理框架，再次强调了 1 岁以上幼儿接受学前教育的法定权利。新修订的《幼儿园法》规定，从 2009 年 8 月开始，市政当局有义务为年满 1 周岁的幼儿提供接受早期教育与保育的幼儿园。③

作为 2003 年《幼儿园协议》的一部分，挪威引入了所有公立和私立幼儿园父母最高收费的规定，每年的最高收费额度根据国家预算确定。在这一改革推动下，家长对幼儿园运营成本的贡献比例从之前的 37% 降低至如今的 15%。④ 此外，《幼儿园协议》还规定市政当局有义务给多子女家庭在幼儿园收费方面提供优惠——"同胞折扣"（Sibling Discount），即对第二个孩子的收费减少幅度至少是 30%，第三个孩子及其后的任何一个孩子应减少 50%。

2017 年，《幼儿园内容和任务框架计划条例》（Regulations on a framework plan for the content and tasks of kindergarten）对幼儿园的内容和任务作出了补充规定。

---

① ST.MELD. NR. 24（2002-2003）Barnehagetilbudtil alle-økonomi, mangfold og valgfrihet. Barne-og familie departementet. [White Paper no 24（2002-2003）Barnehage provision for all-economy, plurality and freedom of choice].
② NORWEGIAN MINISTRY OF EDUCATION AND RESEARCH. OECD—thematic review of early childhood education and care policy in Norway [R] OECD, 2016: 61-79.
③ 宋丽芹. 挪威高质量普及学前教育的制度保障及启示 [J]. 外国中小学教育，2019（4）：10-18.
④ Starting strong 2017: key OECD indicators on early childhood education and care [R] OECD, 2017: 97.

该框架计划包括9个部分：核心价值观、角色和责任、目标和内容、儿童参与、家庭与幼儿园之间的合作、过渡、幼儿园的教学活动、工作方法、学习领域。其具体作用相当于我国的《幼儿园工作条例》。

2018年，挪威议会通过了《儿童福利法》的修正案，加强儿童及其父母在儿童福利案件中的法律保障，确保儿童和家庭有权利寻求福利机构的帮助。法案体现了儿童的主体性和权利保障，指出在处理儿童相关问题时，儿童才是主角，应该倾听儿童自己的想法和意见。从事儿童福利服务工作的成人要以关爱、关心和理解的态度对待儿童。修正案还指出，儿童福利问题具有高度敏感性，应以一种尊重和合作的方式对儿童和家长进行跟踪。

## 五、爱尔兰学前教育福利发展

### （一）爱尔兰学前教育福利发展概况

2021年爱尔兰人口总量为502.8万，人口年增长率为0.8%，14岁及以下儿童为100.2万人，占总人口数的20%，总和生育率1.77。根据2019年OECD报告，爱尔兰教育投资占GDP的比例为5%，在发达国家中最低。爱尔兰有专门的"儿童和青年事务部"（Department of Children and Youth Affairs），负责制定与儿童福利和保护有关的政策。该部门还监督儿童和家庭机构（Child and Family Agency），该机构的主要责任是促进儿童的安全和福祉，负责儿童福利和保护政策。[①]

爱尔兰为幼儿提供免费学前教育服务，这是一项为期两年的学前普及计划，适用于所有幼儿。该计划每年9月至来年6月为适龄幼儿提供38周、每周5天、每天3小时的免费教育。所有在9月之前年龄超过2岁零8个月的孩子都可以参加该计划。参加计划的托育机构必须提供与爱尔兰国家早期保教框架一致的课程。

### （二）爱尔兰学前教育福利变革主要内容

2014年，爱尔兰颁布了《2014—2020年儿童与青少年政策框架：更好的

---

① DEPARTMENT OF CHILDREN AND YOUTH AFFAIRS. Child welfare and protection policy [EB/OL]. https://www.dcya.gov.ie/docs/Child_Welfare_and_Protection_What_We_Do/272.htm.

成就，更光明的未来》(National policy framework for children and young people 2014—2020: better outcomes, brighter futures)，提出了国家未来 7 年关于 25 岁以下儿童和青少年优先发展的政府议事日程。该政策框架是在《国家儿童战略，我们的孩子——他们的生活（2000—2010）》基础上制定的，结合了 2012 年的公众咨询意见。这些咨询意见包括来自儿童和青年的近 7 万条反馈，还有来自利益相关者和一般公众的数千份意见书。政府、国家儿童咨询委员会和全国青年工作咨询委员会，以及法定团体和非政府组织也提供了重要意见。随后，爱尔兰政府又在《2017 年度报告》中陈述了儿童福利发展的战略性目标，提出让每一个儿童接受高质量的学前保育与教育。

《2017 年预算》宣布要对爱尔兰家庭儿童保育服务进行重新设计，实施"可承受的儿童保教方案"(Affordable Childcare Scheme)，为家庭提供儿童保育费用支持，为学前儿童提供"环绕式保教"。目前，超过 8 万儿童家庭已经得到了支持。[①]该保教方案可以提高幼儿学业成就，切实降低家庭的托育费用。

2017 年，爱尔兰儿童与青年事务部和教育与技能部发布"学龄儿童托管教育行动计划"(Action Plan on School Age Childcare)，用 300 万欧元的资金为学龄儿童提供各项服务。该计划由儿童与青年事务部的一个跨部门小组和教育与技能部合作提出，包含了一系列支持学龄儿童保育的措施。爱尔兰需要继续投资学龄儿童保育计划，并在质量方面达到国际水平。这项投资将有助于父母安心工作，并为儿童提供最好的保育服务；为儿童及其父母提供一系列高质量的选择。

同年，爱尔兰政府推出"可负担保育计划"(适用于 6 个月—3 周岁的婴幼儿) 和"早期关爱教育计划"(适用于 3—5 周岁零 6 个月的适龄儿童)。儿童可享受每周 15 小时、为期 38 周的免费学前教育，直到他们入读小学。

## 六、瑞典学前教育福利发展

素有"儿童天堂"美誉的瑞典儿童福利制度完善，以高福利、高质量的亲职制度与公共托育服务著称，是"北欧模式"的福利国家。瑞典属于典型的国家支

---

① DEPARTMENT OF CHILDREN AND YOUTH AFFAIRS. Affordable childcare scheme [EB/OL]. https://www.dcya.gov.ie/docs/EN/Affordable-Childcare-Scheme/212/4402.htm.

持型儿童福利政策代表，其福利制度一直是世界各国学习的典范。作为世界上第一个通过联合国《儿童权利公约》的国家，瑞典学前教育福利充分强调了儿童权利的保障。

### （一）瑞典学前教育福利发展概况

2021 年瑞典的总人口数达到 1041.6 万，年人口增长率为 0.6%，14 岁及以下儿童人口数量为 184.5 万。瑞典的总生育率为 1.7，婴儿死亡率为 0.2%。①

瑞典第一所托儿所在 1854 年诞生，第一所幼儿园则于 1890 年建成。1944 年，瑞典国家卫生与社会福利部（The Ministry of Health and Social Affairs）应运而生，主要负责儿童的保育。瑞典的义务教育阶段从 6 岁到 15 岁。2020 年瑞典幼儿园的毛入园率为 100.4%，幼儿园的平均师幼比例为 1:12.4。2020 年瑞典的教育经费投入占 GDP 的 7.2%，占财政支出的 13.6%。

1960 年瑞典就颁布了《儿童及少年福利法》。1961 年，政府颁布了《儿童照顾法》。1975 年瑞典又颁布了《学前教育法》，规定地方政府有完善公立托幼体系的责任。在瑞典，1—5 岁的托幼服务由市政部门提供，国家教育署统一管理。3 岁以上可享受每年 525 小时的免费教育。瑞典托育机构以公立为主，有家庭日托所等多种形式，全年开放，照护时间灵活，体现了减轻家长负担、促进妇女就业与发展的托幼服务定位。

瑞典在未成年人服务和保护方面一直走在世界的前列，关注对儿童的保护理念和儿童保护立法。瑞典是世界上首个立法禁止体罚儿童的国家。1979 年，随着瑞典《反体罚法》的生效，所有体罚都被全面禁止。1991 年瑞典又颁布法律禁止针对 12 岁以下儿童的电视广告。2010 年，瑞典开始关注青少年和儿童网络健康与色情犯罪问题，呼吁保护儿童网络健康。瑞典也是世界上第一个制定亲职带薪育儿假制度的国家，目前在瑞典，自孩子出生起，父母便可享有长达 480 天的带薪育儿假。

瑞典严格遵照联合国《儿童权利公约》所确立的"儿童的一切行为应该以儿童的最大利益"为首要考虑的原则，认为儿童也是完整的人，他们的权利应得到全面的保护。孩子首先是社会的，其次才是家庭的，家长对孩子的管教不能侵犯孩子的

---

① 瑞典统计局．

权利。在儿童福利政策制定时，瑞典政府充分体现了"儿童至上"的原则。

1963年，瑞典有35%的婴幼儿母亲参加了工作，但当时的托幼机构入园率只有不到3%①。面对社会需求与学前教育规模的严重不匹配，政府开始着手增加学前教育机构的数量，大力发展学前教育公共服务体系。瑞典在1966年成立了儿童保育委员会，并在1968年的《学前学校》报告中提出要把之前济贫式的福利性托幼机构与一般托幼机构相整合，用学前教育机构来提供高质量的教育活动和丰富的环境刺激。

1973年《儿童日托法》和1975年《学前教育法》明确了地方政府的职责，要求为大班幼儿提供一天3小时的免费学前教育。1974年起瑞典就开始实施普及性的家庭津贴制度，后又经过多次调整，实现了幼儿保育和促进就业的双赢。瑞典通过制定完善的法律法规，进一步明确了政府的职责。国家社会事务委员会在1975—1979年间出版了一系列学前教育工作计划，为幼儿教师开展教学活动提供参考与指导。1982年，瑞典制定并颁布《社会服务法》，将《儿童及少年福利法》与《儿童照顾法》并入其中。1985年的《学前教育法》规定所有18个月以上的学龄前儿童都有权接受学前教育。在经济条件允许的情况下，父母的幼儿保障假从12个月增加到18个月。

1988年瑞典政府制定了第一个国家"学前教育计划"，提出了社区幼儿园的基本框架，出版了《学前教育》指导用书，着力提升保育的质量和学前教育的教育性、专业性。②在这一阶段，瑞典的学前教育福利得以初步形成，政府通过扩大财政补贴、制定法律法规、教育教学计划等措施提升学前教育的质量，将关注点从婴幼儿保育转变为注重学前教育的"教育性"。

## （二）瑞典学前教育福利变革主要内容

20世纪末期，瑞典通过学前教育私有化改革，加快了"上得到、付得起"的学前教育普及。20世纪90年代的瑞典经历了有史以来最严重的一次经济危机，政府也因此缩减了公共财政投入，尝试通过公共服务结构化调整和私有化改革推

---

① NYBERG A. Parental leave, public childcare and the dual earner/dual carer-model in Sweden [J]. Swedish National Institute for Working Life Discussion Paper, 2004.

② 武欣. 瑞典普惠性学前教育的历史进程与路径选择 [J]. 外国中小学教育, 2018 (6): 8-15.

进新的福利模式，以多种途径和方式发展学前教育福利。

瑞典政府通过发放儿童津贴和教育券来支持家长购买私立机构的学前教育服务，基于幼教市场的状况促进学前教育私有化。通过推行托幼机构民营化，以民办机构、慈善机构、福利机构等多种形式扩大了瑞典学前教育的规模，私立机构的数量提升至12%。

为了普及学前教育，瑞典政府从制度层面采取了系列措施来丰富学前教育资源，从而保障学前教育的供给。1995年的《儿童保育法》(the Act on Child Care)强调政府有义务保障学前教育的供给。同年修订的《学前教育法》规定为1岁以上的学龄前儿童提供各种公立或私立的学前教育，不允许无故延误儿童接受学前教育的权利。此外，《学前教育法》还提出了对教学质量、班级的组成和规模、工作人员的素质等的要求。瑞典逐渐将学前机构、学校及课后托管融合为终身学习的一部分，将保育和教育整合，更好地整合资源，提高了人力和物力效率。《学校法》在1998年进一步明晰了中央和地方政府在学前教育中应承担的责任，将6岁幼儿纳入小学的学前班，利用学校已有的设施节省幼教资源。

1996年，学前教育管理事务从国家卫生与社会福利部转至瑞典教育与科学部(The Ministry of Education and Science)，1998年转为全国教育署负责，这意味着儿童保教与家庭教育体系联系了起来，保教一体化趋势日益明显。1998年《学校法》明确了中央政府和地方政府的学前教育职责。

进入21世纪，瑞典逐渐建立起了全覆盖、高普惠、高福利的学前教育公共服务，推动了学前教育福利的普及与质量提升。基于全覆盖、高普惠、高福利的学前教育公共服务定位，瑞典从法律上保障儿童权利，通过《教育法》规定政府要采取多种举措确保适龄儿童就近入园入托。《儿童保育法案》中指出政府有义务保障学前教育供给，有特殊需要或者父母就业的1—6岁婴幼儿均有权利接受学前教育，家长提出入园申请后，3个月内地方政府必须解决幼儿学位问题。

此外，政府逐步延长学前教育的免费学时，扩展覆盖的儿童范围。2002年划定了家长支付幼儿保育费用的最高限额，向免费学前教育迈进了一大步；2001—2002年为父母都工作的儿童提供每周15小时的免费看护和教育，2003年开始扩展到所有4—5岁儿童，2010年则进一步延伸到所有3岁儿童[1]。2004年《学校法

---

[1] Skolstart vid sex års ålder [EB/OL].

案》取消了托儿所和幼儿园之间的区分,规定1—6岁幼儿进入日托中心或幼儿园,6—7岁进入学前班,瑞典的保教一体化日渐成熟。

为了让学前教育更好地与中小学教育相衔接,瑞典在1998年颁布了与《中小学课程纲要》统一的《学前教育课程纲要》,使得学前教育正式成为终身学习和发展的起点。这一度成为欧洲最简洁的课程标准。2010年、2016年先后对其进行了修订。从2018年开始,学前一年(6岁学前班)纳入了义务教育。瑞典的0—6岁学前教育覆盖面和普及率正在不断扩大和提升。

## 七、荷兰学前教育福利发展

### (一)荷兰学前教育福利发展概况

荷兰的义务教育阶段持续13年,从5岁到17岁。其中3—5岁的学前阶段儿童数量为52.4万人。目前,荷兰将幼儿园大班并入小学。按自愿原则,家长可以送4岁儿童到学校接受免费教育。从2016年到2020年,荷兰幼儿园的毛入园率从95.1%降低至92%,平均师幼比例为1:15.2。不过,荷兰4岁儿童入学率已达到98%以上。2020年荷兰的教育经费投入占GDP的5.3%,占财政支出的11%。

荷兰儿童照料服务包括托儿所、课外照料班、幼儿游戏小组和家庭看护服务。托儿所主要为6周至4岁儿童提供服务,目前约40%的4岁以下儿童在托儿所。课外照料班为4—12岁儿童提供课外照料,约12%的4—12岁儿童上课外班。幼儿游戏小组(play groups)面向2.5—4岁的幼儿,由非营利机构举办、政府补贴。家庭看护为0—12岁儿童提供看护。

荷兰中央政府有三个部门负责管理学前儿童事务,社会事务和就业部(Ministry for Social Affairs and Employment)负责学前儿童的保育工作,卫生、福利和体育部(Ministry of Health, Welfare and Sport)负责学前儿童的福利事务,以及教育、文化和科学部(Ministry of Education, Culture and Science)负责管理整个教育系统,包括4岁以上儿童的入学事务以及教育平等和教育质量等。[1]

1956年,荷兰政府颁布了《学前教育法》(Pre-school Education Act),授予幼儿园法律地位。1974年,荷兰政府对《学前教育法》进行修订,进一步强调通过

---

[1] 胡恒波.荷兰学前教育制度的基本特点及其启示[J].幼儿教育,2013(9):52-56.

学前教育促进儿童的全面发展。

### （二）荷兰学前教育福利变革主要内容

1999年起，荷兰政府在儿童照料机构、游戏小组和小学幼儿部推广"金字塔早期儿童教育项目"。金字塔项目由国家教育测试研究研发，针对移民、低教育水平家庭的幼儿。目前，荷兰有64%的游戏小组和小学幼儿部采用了金字塔项目。金字塔项目的核心是提供一个安全的"玩中学"（play-learning）环境，支持儿童在认知、情感、语言等八大领域发展。金字塔项目采用主题活动模式，促进幼儿全面发展。2岁半—3岁儿童每周参加至少4个半天，4—6岁幼儿每周5天。

2005年荷兰颁布《儿童照料法》（Childcare Act），规定了儿童照料的服务形式、质量标准和资助方式。照料费用原则上由家长、政府和雇主三方分担。根据收入水平，家庭负担从3.5%—67%不等。对特别贫困家庭，政府补助达到63%，雇主负担33%，个人仅负担3.5%。政府直接发放补贴给家庭。自2007年以来，所有雇主都有义务支付部分托儿费用。

荷兰早期婴儿死亡率高于其他欧洲国家，因此荷兰卫生、福利和体育部出台了《坚实开端：行动方案》（Solid start: the action programme），力图通过建立地方联盟、构建弱势家庭地图等措施来提高婴幼儿存活率，向脆弱家庭提供适当的支持，如产前家访、产前护理、共同开始和健全的养育。[1]

## 八、瑞士学前教育福利发展

### （一）瑞士学前教育福利发展概况

瑞士联邦是中欧国家之一，有"欧洲屋脊"之称，分为26个州。据统计，2021年瑞士的总人口数达到870.3万，人口自然增长率为0.8%。2021年瑞士的总生育率为1.50（每个女性的生育数），14岁及以下儿童人口数量为131.1万，占总人口数的15.1%。

---

[1] MINISTRY OF HEALTH，WELFARE AND SPORT［EB/OL］. https://www.government.nl/ministries/ministry-of-health-welfare-and-sport/documents/publications/2020/08/24/solid-start-the-action-programme.

瑞士的义务教育阶段持续 11 年，从 5 岁到 15 岁，部分州从 4 岁开始。2020 年幼儿园的毛入园率为 102.9%，教育经费投入占 GDP 的 5.2%，占财政支出的 14.2%。2020 年，瑞士幼儿园的平均师幼比例为 1:11.6。瑞士教育体系的特点是联邦制，教育的主要责任在各州。瑞士是一个多语言国家，民族语言包括德语、法语、意大利语和罗曼斯语。学校的教学语言是由各州规定的。在义务教育领域，联邦宪法规定了协调的义务。瑞士的公立学校教育实行免费制度。

### （二）瑞士学前教育福利变革主要内容

瑞士家庭可以享受丰厚的家庭津贴，包括儿童津贴、教育津贴，以及各州发放的津贴。根据《联邦家庭津贴法》，自 2009 年 1 月 1 日起，各州为每个儿童每月至少发放下列津贴：为 16 岁以下儿童发放 200 法郎的儿童津贴，对于因病或残疾而丧失工作能力的儿童将调整儿童津贴，直到满 20 岁为止；对 16—25 岁的儿童提供 250 法郎的教育津贴。领取家庭津贴者包括所有工作人员、自营职业者和低收入非自营职业者。此外，对于从事农业的人，《联邦农业家庭津贴法》规定了一项特别措施，允许自营职业的农民以及农业工人领取家庭津贴。

在瑞士，所有工作的母亲（包括失业的）都有权享有带薪产假，产假共 98 天（14 周）。全职和兼职员工都有产假。母亲以每日津贴的形式得到工资的 80%，每日津贴上限是 196 瑞士法郎。瑞士的托儿服务既昂贵又供不应求。为了帮助工薪家庭，一项增加儿童保育名额的临时计划从 2015 年延长至 2019 年。从 2003 年到 2015 年，全国总共新增了 4.3 万个托儿名额。

21 世纪初，瑞士各州在联邦州立教育委员会（EDK）的协调下，开始尝试将 4—6 岁儿童的学前教育纳入义务教育体系。以苏黎世州为例，2005 年州政府颁布的《小学教育法》规定，从 2006 年起，学前两年纳入义务教育，而原来归属社区管理的幼儿园教师也从 2008 年起由各州聘任。学前两年的教育基本都由政府负责，每个儿童可以根据家庭住址所属学区，就近进入附设在小学中的幼儿园（2 年或 1 年制）接受学前教育。[1]

---

[1] 杨彦捷，李林曦. 鼓励入园与自然过渡：瑞士学前两年义务教育的实践特点与启示[J]. 早期教育，2022（21）：19-24.

## 九、英国学前教育福利发展

1802 年,英国浪漫主义诗人华兹华斯在《彩虹》诗中吟唱出名句:"儿童是成人之父。"1816 年,欧文在苏格兰新拉纳克建立了第一所幼儿学校。英国学前立法的历史过程折射了社会对学前教育的看法以及儿童教育福利观的变迁。① 过去,英国政府在学前教育福利方面并不积极,一直将育儿看作是家庭的主要责任。19 世纪后,英国的近代自由主义思想家对古典自由主义思想进行了发展,主张在有限的自由下实行一定的国家干预。英国政府也逐渐认识到原有的济贫补缺式教育不能满足当前建立现代化国家的需求,开始通过学前教育福利的优质普惠建设推动经济与人口的发展。

### (一)英国学前教育福利发展概况

截至 2022 年 7 月,英国总人口数为 6860.0728 万,14 岁以下儿童人口数为 1200 万。英格兰、威尔士和苏格兰实行 5—16 岁义务教育制度,北爱尔兰地区实行 4—16 岁义务教育制度。

英国从 1870 年的《初等教育法案》开始,即将 5 岁幼儿纳入义务教育中。米德尔顿将《初等教育法》称为英国现代"儿童"概念的真正起点。这一法案首次为全体儿童——包括普通社会阶层的儿童提供了平等的学前教育机会,也成为英国学前教育立法的起点。该法案专门针对英格兰和威尔士的儿童。可惜,由于当时尚无专门的学前教育机构,就像欧文所建立的"性格陶冶馆"一样,5 岁以下的幼儿也只能进入小学接受教育。1918 年的《费舍尔法案》旨在建立面向所有人的公共教育制度,在学前教育阶段强调地方当局要为 2—5 岁儿童开办幼儿学校。1942 年的《贝弗里奇报告》更是将儿童补助和教育问题放在首位。②

英国公立幼教机构数量的两次大幅增长都是与世界大战有关,战争结束后又迅速萎缩,显示当时英国政府对于学前教育责任不够重视。这一时期,影响英国

---

① 钱雨. 教育福利视角下英国学前教育立法经验分析[J]. 教育发展研究,2022,42(6):16-23.
② KENNETH O MORGAN. Labour in power 1945-1951[M]. Oxford: Clarendon Press,1984:174.

学前立法的福利观明显带有补缺特征：幼儿园主要为贫困或特殊需求的幼儿开设。社会的普遍认识是：如果家庭条件许可，幼儿更应该由母亲在家照顾。

《1944年教育法》正式以法律形式将《贝弗里奇报告》中有关教育改革的建议加以明确。1945年英国颁布了《家庭津贴法》，1948年颁布了《儿童法》。这一时期，英国对于民众的学前教育福利需求反应较为迟钝。虽然正式立法承认了学前教育的价值，但公共支出不断削减，学前教育发展进程非常缓慢。1919年全英仅有13所幼儿园，1929年增加到28所。

政府逐渐意识到学前教育资源分布不均的问题。受到福利国家理论的影响，20世纪末期，英国开始提供普惠性学前教育福利。首先，英国在1980年将义务教育向下延伸到了4岁。英国政府倡导积极福利政策的"第三条道路"，既不主张"从摇篮到坟墓"的福利，也不赞成完全削减福利开支，而是要在权利和责任之间寻找平衡。[①] 在这种"权利与责任对等"的积极福利政策影响下，英国并不推崇一味直接地向处境不利儿童提供津贴救助，而是通过各种教育和培训计划，从根本上提升他们的能力，并促进个体的发展。

近年来，英国积极提高幼儿教育的财政投入比例。对5岁以下幼儿的教育预算从1993年的13.12亿增加到1998年的16.92亿英镑。布朗首相执政后进一步关注儿童的教育工作，希望将英国建设成世界上最适合儿童成长的国家。布朗政府在2007年12月颁发了《儿童计划：构建更加美好的未来》，将儿童和家庭的需要摆在教育工作的主要地位，成为当时指导英国儿童教育的纲领性文件。在此报告公布之后，政府出台了许多相关的配套政策进行支持，并且投入大量资金对学校和教师进行支持，[②] 加大了对学前教育的投入力度。

2010年《儿童贫困法》的出台标志着英国政府做出了具有历史意义的承诺：未来英国政府的努力目标是彻底消除儿童贫困。该法案以立法形式明确了到2020年消除儿童贫困的目标，它的颁布实施将会加快儿童脱贫的步伐。《儿童贫困法》规定，教育大臣必须向议会提交有关"生活在无工作家庭的儿童""关键阶段完成后弱势儿童的教育程度"等相关内容的报告。

2015年，保守党总理戴维·卡梅隆再次强调了提升英国社会服务质量和儿童

---

[①] 马忠虎."第三条道路"对当前英国教育改革的影响[J].比较教育研究，2001（7）：50-54.
[②] 江赛蓉.英国教育福利制度的变迁及其启示[J].外国教育研究，2012，39（7）：79-86.

保护的重要性,将此作为未来5年英国政府政策优先发展的目标,随后出台了一系列政策以推动儿童服务的发展和质量的提升。2016年,《儿童照顾改革意见》提出未来5年将进一步完善英国的儿童照顾服务,主要包括保留优秀社会工作者服务儿童及家庭、提高社会工作者的服务质量、利用数据完善儿童照顾服务等。同年还出台了《英国儿童社会照顾改革计划》《儿童优先:为儿童提供最优质的社会照顾服务》。如今,英国儿童享有良好的福利与公共服务,确保了儿童在教育、医疗和社会服务等方面获得平等的权利,学前教育也开始全面免费。

### (二)英国学前教育福利变革主要内容

#### 1. 迈向优质普惠的学前教育福利

1990年,题为《从质量开始》的"兰伯尔德报告"指出,政府将"确保继续扩大高质量服务,以满足儿童和他们父母的需求"。这份"报告"拉开了英国追求高质量免费学前教育的序幕。这一时期,英国政府大量颁布普及学前教育的立法文件。1996年《学前教育和补助维持学校法》将"学前教育"定义为在幼儿园或其他场所给5岁以下儿童提供的教育,并规定私立托幼机构同样有资格获得国家资助,使得英国的私立营利机构比例成为欧洲最高。

1997年,基于福利市场自由化的诉求及回应社会对于公立学校的不满,英国政府施行了教育券制度,期望通过公私立学校在市场公平竞争的机制提升教育教学品质。隔年工党取得政权后,教育券计划在名称上修改为"早期发展计划",补助金额为每位4岁儿童1100英镑,家长持教育券可以自由选择公立或私立学前教育机构就读。

随着教育券政策的实施,英国学前教育体系日益市场化。英国政府也尝试在"教育公平"和"教育效率"之间寻找平衡,先是提出了"全纳与机会平等"的理念,以"普享性"为原则,并兼顾"针对性"。新工党执政后,继续把教育机会平等、改善处境不利儿童的教育作为政府工作的重点。

1998年的《学校标准与框架法案》(School Standards and Framework Act)明确规定,地方当局有责任确保规定年龄的儿童接受学前教育。这一《法案》增强了中央政府对地方学前教育的管理监控。2016年修订的《儿童保育法》进一步规定,国家有义务为父母工作的3—4岁儿童提供每周30小时的免费学前教育,地方当局有义务确保提供这些服务。此外,英国启动了学前教育国家资助模式,为所有教育机构提供"公平的竞争环境"。在全民教育福利的理念下，英国已经基本普及了2—5岁幼儿的免费教育。

2. 确保开端计划的实施

1999年英国开始实施"确保开端计划"（Sure Start），旨在改善包括孕妇在内的儿童及其家庭的健康和福利状况，让儿童做好入学准备。确保开端项目为条件不利的家庭提供包括医疗保健、儿童保育、早期教育以及家庭支持等多项服务内容。实施该《计划》的第一年在英格兰投入基金4.52亿英镑。资金主要用于家访和上门服务，对家庭和父母提供支持，包括有质量的玩耍、学习和儿童照料。此外，当地社区还提供对家长进行技能培训、个人发展课程、实践（实习）建议和支持等服务，如咨询、语言或读写培训。

"确保开端计划"资金主要用于"确保开端儿童中心"运作，这是近年来英国建立的一种儿童保育服务机构，向儿童提供一种整合性的儿童保教资源。每个家庭都有机会通过当地社区享受专门为父母和儿童提供的信息资源、卫生健康、家庭援助、儿童保育和其他服务的权利。①

英国各级政府从1997年到2001年总共在5岁以下幼儿的教育经费方面增加了30%的预算，来提升教育质量，并且设置专门的幼教事务管理部门来最大限度地争取儿童利益。"确保开端计划"资金还用于早期教育拨款（用于提高早期教育设置的质量和评估水平，同时尽可能增加3岁和4岁儿童的免费教育名额）和扩建学校转款。

3. 提升学前师资和机构质量

教师准入标准是保障学前教育质量的起点之一。2006年的英国《儿童保育法》中对早期保育员注册的具体要求是：如果个人没有在法定的注册机构登记注册早期保育员，就不得从事这项行业。《英国教师专业标准》划分了包括合格教师、普通教师、熟练教师、优秀教师和高级技能教师专业标准五大部分，阐述了不同教师在各个阶段需要达到的水平。此标准的制定是为了更好地支持教师自身专业发展的需求，促进教师专业成长，并向更高的专业教师阶段过渡。

为提升社会工作者服务儿童的质量，2016年英国教育部部长尼基·摩根宣布政府将成立新的管理部门代替现有的健康与照顾委员会。2017年，英国出台的

---

① 陈彦霏.英国儿童福利制度对我国儿童福利制度的启示［J］.管理观察，2019（11）：87-88.

《儿童与社会工作法》则进一步明确成立新部门，负责儿童社会工作服务质量的提升和管理。《儿童与社会工作 2017 行动计划》提出，新成立部门名称为英格兰社会工作部，该部门取代了自 2012 年以来负责社会工作监管的大英格兰地区健康与照料委员会。《儿童与社会工作法》详细规定了儿童保护过程中地方当局的职责、儿童保护实践小组的责任、促进和保护儿童福利的地方安排以及儿童死亡审查等。

在保守党主导下，英国政府再次调整了学前教育领域的从业人员资格和培训机制，实现了增加从业人员数量与维持教学质量的平衡。首先，简化了学前教育从业人员的分类，将复杂的托幼人员分级体系改为两级：较高级别的幼教教师（Early Years Teacher）（之前的六级，相当于本科水平）和较低级别的幼教培训师（Early Year Educator）（之前的三级，相当于高中水平），并用幼师资格证代替了之前的学前教育和照护从业证书。其次，降低准入标准，并计划在 2019 年 9 月推出比培训师级别更低、准入更容易的二级幼教从业者认证（Early Year Practitioner）。再次，进一步简化准入程序和标准，将培训目标从过去的 69 项降到了 19 项，并以"幼小衔接"为从业人员的培训目标，重点强调从业人员受过语言和数学方面的专门培训，关注幼儿文字和数学能力的提升。①

4.《早期基础阶段法定框架》的修订

根据《2002 年教育法》的规定，英国学前教育阶段被称为"早期基础阶段"。2008 年政府颁布了《早期基础阶段立法框架》（下文简称《框架》），整合之前的多重标准，建立起 0—5 岁幼儿发展的统一框架。《框架》通过多样化的教学手段，体现幼儿发展与早期学习的特点，蕴含了公平而卓越的目标指向。国家制定了明确的学前教育质量评估要求，包括对幼儿的发展检查、结合"早期学习目标"的幼儿发展档案审查。这些"早期学习目标"分别在 2012、2016、2017、2021 年经过 4 次修订，提出通过"知识转向"保护弱势阶层儿童的兴趣与发展，促进公平效益；打造高质量的学前教育；厘清享受世界的最高教育需求，激发儿童认识世界和改造世界的目标。

2019 年 10 月，英国教育部再次启动全国范围的针对上述"框架"的意见征

---

① 聂晨. 破解不均衡不充分：福利主义视角下英国学前教育政策的发展及其启示 [J]. 学前教育研究，2020（3）：3-15.

询。2019年12月中旬，英国国家标准及考试局（STA）发布了《2020年早期基础阶段概况手册》(Early Years Foundation Stage Profile 2020 Handbook)，并于2020年9月起逐步实施新的学前教育改革举措。①

《框架》为儿童设置了一致的标准，以确保儿童能够良好发展、健康和安全。最新修订的《框架》中包括了儿童发展的七大领域——三个主要领域分别是：交流和语言，身体发展，个人、社会和情感发展；四个"特定领域"分别是：识字、数学、对世界的理解、表达艺术和设计。在这七大领域中，又包括了17个子目标。2021年最新修订的《早期基础阶段立法框架》非常明确地定义了"必须"和"应该"的两种法律义务。例如第1、2节聚焦幼儿学习和发展要求，第3节聚焦安全和福利要求，这里都使用"必须"一词来强调学前机构的义务。"总则"中明确指出："'应该'一词……是指学前教育者在提供保教时必须考虑到这些规定，除非有很好的理由，否则不应放弃这些规定。"

从关注起点公平到提供优质免费教育，这一过程体现了英国国家与社会对学前教育过程公平的关注。

## 十、丹麦学前教育福利发展

丹麦位于欧洲大陆西北端，面积约43096平方公里，由日德兰半岛、菲英岛等406个大小岛屿组成。丹麦有着悠久的教育福利史，其义务教育始于1814年。20世纪上半叶，丹麦初等学校实行7年一贯制。1975年，丹麦出台了新的《初等教育法》，将7年义务教育延长为9年，设立了9年一贯制的国民学校（Folkeskole）。②

### （一）丹麦学前教育福利发展概况

在丹麦，学前教育的对象为0—7岁的儿童。6—7岁的儿童就读于小学附属的学前班，0—6岁儿童则可以选择家庭日托（Family Day-Care）、托

---

① 赵耸婷,许明.英国学前教育政策改革研究——基于《早期基础阶段法定框架》修订的分析[J].比较教育学报,2021(3):51-64.
② 汪霞,陈恒平.丹麦的基础教育及其改革[J].学科教育,1998(7):45-48.

儿所（Nursery）、幼儿园（Kindergarten）或综合机构（Age-integrated Facilities）。

丹麦的学前教育起步早、发展水平高，学前教育服务体系较为完善，托育服务主要面向家庭。政府通过儿童日托中心促进儿童的全面发展和身心健康。丹麦从20世纪60年代起，积极拓展学前教育服务市场，实现了"地方自治"与"税金支付"相结合的学前教育服务方式。私立学前教育机构在丹麦学前教育服务体系中也扮演着重要的角色，其税金多半源于"税金支付"，剩余经费为机构自付。

### （二）丹麦学前教育福利变革主要内容

据2011年丹麦议会通过的"家庭津贴"修正案，"家庭津贴"改为"儿童及青少年津贴"。每个0—17岁的孩子每年可获近1.7万丹麦克朗（约合1.6万人民币），或1.35万丹麦克朗（约合1.3万人民币），或1.06万丹麦克朗（约合1万人民币）的津贴，年龄越大，津贴数额越少。每个家庭领取该项津贴的上限为每年3.5万克朗。

2018年7月，丹麦正式运行新修订的《日托法案》（Day Care Act）。《日托法案》规定26周大的孩子可以去家庭日托或托儿所等机构[①]。2019年，丹麦社会事务部组织修订了《儿童津贴法案》，修订案提高了政府对学龄前儿童的资助水平，扩大了各类儿童津贴的资助力度，并在原有项目基础上增加了多子女津贴（multiple children allowance）、领养津贴（adoption allowance）、重病儿童补助（allowances for seriously il children）和残疾儿童额外补助（additional expenses for disabled children in home）。

普通儿童津贴增长到3692丹麦克朗/年，额外儿童津贴增长到3360丹麦克朗/年，特殊儿童津贴增长到8436丹麦克朗/年。多子女津贴面向多胞胎儿童，政府资助每名儿童5436丹麦克朗/年，可以一直领取到儿童7岁。领养儿童津贴面向被收养的儿童，政府一次性支付31332丹麦克朗。此外，根据儿童患疾病情况和残疾程度，丹麦政府还发放有重病儿童津贴和残疾儿童津贴。[②③]

---

① 刘小红.丹麦学前教育机构的特色及启示[J].早期教育（教育科研），2020（5）：2-6.
② MINISTRY OF SOCIAL AFFAIRS. Act on child allowances [EB/OL].
③ 肖静.丹麦普惠性早期教育政策变迁研究[D].扬州大学，2021.

## 第三节 美洲学前教育福利发展

### 一、加拿大学前教育福利发展

加拿大的义务教育阶段从 5 岁开始。尽管目前基本普及了 5 岁幼儿的免费学前教育，但 4 岁以下幼儿学位不足、收费高、教师待遇差等问题仍十分突出。

#### （一）加拿大学前教育福利发展概况

2022 年加拿大的 GDP 为 1740 亿美元，人均 GDP 达到 44500 美元，GDP 年增长率为 0.8%。2021 年加拿大总人口数达到 3825 万，14 岁及以下儿童人口数量为 602 万。2022 年出生率为 10.15‰，5 岁前的学前儿童数量约为 138 万，人口自然增长率较 2021 年下降 0.74%。近些年来，加拿大主要依靠移民而非生育推动了人口增长。

加拿大社会化的学前教育机构出现于 19 世纪上半期，其主要服务对象为贫困家庭儿童，多数幼儿的保育责任由家庭承担。"二战"时期，儿童保育开始进入公共政策视野。为了鼓励女性加入战备生产，联邦政府出台"战时日托法案"并与家长就业率达到一定比例的省份签订协议。1966 年，为了摆脱贫困的困扰，联邦政府出台了"加拿大援助计划"（Canada Assistance Plan，以下简称"援助计划"）。根据"援助计划"，联邦和州政府以共同分担成本的形式向低收入和弱势家庭提供儿童保育补贴。

"援助计划"对加拿大学前教育发展产生了深远影响。首先，这一计划将学前教育与其他社会服务共同纳入福利保障体系，促使各省逐步建立了较为系统的儿童保教管理制度。其次，计划中明确了联邦政府的投入责任，以及各级政府在儿童保育中的责任分担方式。最后，"援助计划"的附加条款要求拨款只能用于资助非营利性机构的贫困家庭，这一规定对各省营利性机构的发展产生了抑制作用。"援助计划"在 1995 年被终止，取而代之的是灵活性更强的加拿大健康与社会服务综合性转移拨款（Canada Health and Social Transfer Block Fund）。

1987 年，联邦政府提议出台《加拿大儿童保育法》（Canada Child Care Act，Bill C-144）。对营利性机构采取包容性管理模式的省份中，魁北克省被视为加拿大学前教育改革的引领者和示范者。1997 年，该省开始对学前教育系统进行改革，承诺向所有儿童提供普及和低价的保教服务。政府在成本核算基础上直接向营利性和非营利性机构提供运营经费拨款（非营利性机构的拨款额度要高于营利性机构），并要求接收公共财政资助的机构按照全省统一的标准（7美元/天）进行收费。少数未接受公共资助的营利性机构可以自行设定收费标准，政府通过减免税政策对选择这类机构的家长进行补贴。[1]

安大略省则是多主体参与学前教育管理的典型代表。该省学前教育与家庭保育机构的资格认证和监管由安大略省教育局统一负责，而儿童保教服务的总体规划、家长保教补贴管理、特殊儿童服务管理等事项由47个地方政府代理人组成的综合市政服务经理协会和地区社会服务管理委员会（Consolidated Municipal Service Managers and District Social Services Administration Boards）负责。[2]

### （二）加拿大学前教育福利变革主要内容

21世纪前后，加拿大由于政府更迭，在联邦层面一直没能形成统一的早期儿童保教计划或者政策。加拿大于2014年11月召开第四届全国早期儿童保育会议——"儿童保育2020：从愿景到行动"，以引起新执政党对早期儿童保教事业的关注。此次会议主要提出了三个原则——普惠性（universality）、高质量（high quality）和全面性（comprehensiveness），构成了未来加拿大早期儿童保教服务的改革愿景。2017年6月，《加拿大早期教育与保育多边框架》发布，提出了高质量、可获得、可承受、灵活性和包容性这五个原则来指导全国的学前教育服务改革。

2018年，加拿大颁布了关于原住民儿童的早期教育和保育政策文本：土著早期学习和儿童保育框架（Indigenous Early Learning and Childcare Framework）。"框架"确立了总体原则，并设定了幸福和安全的原住民儿童和家庭、强大的文化认同以及以自觉为基础、以儿童为中心、以文化为基础的综合协调系统的愿景。从2021—2022年开始，加拿大联邦政府的新预算中还专门拨出25亿加元，用于原住民儿童的早期教育和保育。

---

[1] 许倩倩.加拿大营利性学前教育发展与管理模式变革研究［J］.比较教育研究，2018，40（5）：98-105.

[2] BELLEMARE G, BARROS M, BRIAND L, BROWNE P L, MEINHARD A G, & FONTAN J M. Interagency, network and co-governance in the child care sector［R］. Quebec: Institute for Nonprofit Studies, Mount Royal College, 2014: 99.

近几年来，加拿大越来越重视学前教育发展，并提高了对学前教育的财政保障。2022年的政府预算建议在2023—2024年后的4年内提供6.25亿加元，用于早期学习和儿童保育基础设施基金。

2019年的"新冠"疫情改变了公众对儿童保育服务如何支持儿童、家庭和经济的理解。正如公立学校为社区的儿童提供优质教育一样，政府的目标是确保所有家庭无论居住在哪里，都能获得高质量、负担得起且灵活的早期教育和托儿服务。加拿大政府还将确保每个家庭不再承受高昂的托儿费用，计划在未来五年内将受监管的托儿费用平均降至每天10加元。政府还计划在加拿大范围内建立一个以社区为基础的早期学习和儿童保育系统，这将创造新的就业机会，并鼓励父母，尤其是母亲进入劳动力市场。据估计，在未来20年，负担得起的托儿服务将使实际GDP提高1.2%。

加拿大于2014年10月30日宣布了两项儿童福利政策，6岁以下的儿童所领取的政府福利补贴金由原本的100加元提升到160加元，从2015年开始生效。只要一个家庭里面有未满18岁儿童，收入较高的配偶可将自己的5万元转入收入较低的配偶的收入中，这样每年最多可免2000加元的税款。

儿童税收福利政策（Child Tax Benefit）则是政府为18岁以下的儿童发放的免费福利，根据家庭月收入，按月发给每个孩子。其目的是帮助低收入家庭，同时鼓励生育。加拿大最新的儿童福利金计划于2016年7月1日起实施和发放。新计划下每名6岁以下儿童每年最多可得6400加元，6—17岁儿童每人每年最多可得5400加元。年收入不足3万加元的家庭获得的福利金金额最高。估计全国90%有儿童的家庭都能享受到这笔福利金。

同时，托儿费用免税额也大幅调升，7岁以下儿童托儿免税额从以前的7000加元调高至8000加元，残疾儿童免税额从以前的1万加元调高至1.1万加元，所有家庭都可以享受上述福利。2015年平均每个家庭可以从儿童福利计划中享受到的税务优惠为1140加元，中低收入家庭可以享受到该优惠计划总额的三分之二。

为了鼓励家长为子女将来接受高等教育而提早储蓄，加拿大政府还资助了一项教育储蓄计划。若家长每年在此账户储蓄2500加元，政府会按照20%的比例，补助500加元到此账户。这是一个免税、稳定的投资。教育储蓄计划账户可以领取政府的两个补贴，一个是加拿大教育储蓄补助金（CESG），另一个是加拿大学习债券（CLB）。

## 二、美国学前教育福利发展

美国是典型的移民国家,拥有多样化的种族及人口。1856 年,美国的第一所幼儿园(德语)开设于威斯康星州的水城,1859 年第一所英语幼儿园在波士顿开办。1912 年美国联邦儿童局(Children's Bureau)的设立是美国儿童福利领域发展的里程碑事件。联邦儿童局隶属于卫生和公共服务部,将所有联邦儿童事务进行整合,对国会健康、教育、劳动、福利委员会负责。随着联邦儿童局的成立,一系列保障儿童安全、权益的法律法规和措施得以制定。21 世纪以来,美国学前教育福利的变革重心发生了转变,使每一个幼儿都享有公平、优质的学前教育成为美国学前教育福利发展的主要目标。

### (一)美国学前教育福利发展概况

美国的义务教育阶段从 6 岁开始。2022 年美国的总生育率为 1.1,3—5 岁学前阶段的儿童数量为 2340 万。在美国社会中,非婚生育的比例由 20 世纪后期的 21% 上升到目前的 43%,在 18 岁以下的儿童中,有近四分之一(23%)是单亲家庭。[1] 这两个数据的不断攀升使越来越多的儿童,特别是婴幼儿生活在不稳定的环境中。

20 世纪 20 年代初期,美国成立了儿童福利联盟,致力于改善与儿童及家庭福利相关的公共政策体系。这一时期,美国尚无独立的学前教育福利法案,但制定的学前相关法律法规已体现了浓厚的福利色彩。[2] 例如 1921 年联邦儿童局制定了《母婴法》(Sheppard-Towner Maternity and Infancy Act,又译《谢珀德—唐讷法案》),[3] 由联邦政府向各州拨款保障母婴权益。

1933 年罗斯福政府颁布《联邦紧急救济法》(Federal Emergency Relief Act),由联邦出资建立覆盖全美的紧急保育学校(Emergency Nursery School)以满足经

---

[1] U.S. has world's highest rate of children living in single-parent households [EB/OL].
[2] 钱雨.美国学前教育立法的发展、经验与启示[J].湖南师范大学教育科学学报,2020,19(3):16-23.
[3] Sheppard-Towner Maternity and Infancy Protection Act [EB/OL].[2019-04-07].https://history.house.gov/Historical-Highlights/1901-1950/The-Sheppard-Towner-Maternity-and-Infancy-Act/.

济困难家庭幼儿在营养、健康、教育等方面的需求。随后五年，保育学校为 20 万个贫困家庭的儿童提供了食物和教育，配备了受过短期专业培训的幼儿教师。紧急保育学校是美国首次通过立法实施的学前儿童保教项目，虽然该项目以福利为目的，但对后来的学前教育机构运作标准以及教师培训等产生了深远的影响。之后美国的幼儿园在工业化进程的压力下逐渐增多，为就业妇女的子女提供托育服务。

1960 年至 1980 年是美国社会福利的黄金年代，同时许多西方福利国家的经济开始逐渐衰退，失业问题日趋严重。美国政府早在 20 世纪 50 年代就提出了教育券政策的概念，即以经济学的角度提倡利用市场机制有效地运用教育资源，但是并不为当时的美国社会所接受。直到 20 世纪 90 年代，教育券政策才陆续以实验性质在少数几个地区试行，学龄前幼儿实际参与的并不多。全美第一个正式通过立法实施的是威斯康星州的密尔沃基家长择校计划。在 1990 年最初的条文中规定，申请教育券的对象为贫困家庭子女，他们可以通过教育券购买所选学校的课程。

1964 年，时任美国总统的约翰逊宣布要向贫困开战。1965 年，白宫经济机会办公室启动了全美规模最大、影响最持久的联邦学前教育项目："开端计划"（Head Start），累计为超过 3500 万名低收入家庭的儿童提供学前教育服务。该计划除了为 3—5 岁贫困儿童提供学前教育服务之外，每年还为超过 100 万的儿童提供健康和营养服务，提供以教育、医疗和营养为基础的综合性服务。① "开端计划"提供平等获得早期教育的机会，为儿童入学做好准备。1969 年，该项目转由当时的卫生教育福利部实施。尼克松总统则否决了全面普及学前教育的《儿童全面发展提案》，弱化了政府在公共学前教育福利中的职责。

"开端计划"实施 16 年后，美国第一部独立意义上的学前教育福利法案——《开端计划法》（Head Start Act，1981）颁布实施。《开端计划法》使美国学前教育福利成为了专门法律规范下的政府行为，对推动美国学前教育福利的发展起到了里程碑式的作用。美国通过"开端计划"为贫困家庭儿童设立幼儿园，帮助家庭

---

① 何锋. 20 世纪以来美国联邦政府"反儿童贫困"政策的演变及启示——促进儿童健康的角度［J］. 教育理论与实践. 2015（13）：25–29.

平衡就业和照顾儿童的需要。①

美国的学前教育以 5 岁为分水岭，5 岁以下为社会福利部门主管，5 岁及以上由教育部门主管。1980 年后，全美 51 个州均将 5 岁的幼儿纳入公立学校，接受免费的半日准义务教育，大幅度提高了 5 岁幼儿的入园率。以 1996 年为例，84.8% 的幼儿进入小学附设的幼儿园，在教育券计划下也有 15.2% 的儿童选择私立学校，0—4 岁的保教服务几乎全是私立机构提供。

1994 年 3 月，克林顿总统签署颁布了《2000 年目标：美国教育法》（Goals 2000: Educate America Act），把发展学前教育放在全美"八大教育目标"之首，要求"到 2000 年，所有美国儿童都能够做好入学准备"。这一法案提升和明确了学前教育的地位，立法重心由关注弱势群体转向所有儿童。该目标的具体内容包括：所有儿童都要接受高质量的、能发展其潜力的学前教育，帮助其做好上学的准备；所有儿童必须获得生长所必需的营养、卫生保健和体育锻炼，以便他们进入小学时具有健全的头脑和强壮的体格。②

美国联邦政府积极提出了许多改善公立学校办学质量的政策方案，包括克林顿总统提出的"1997 年重建美国学校伙伴关系法"，提供经费改善旧校、建新校；延长公立学校收托时间。联邦政府拨款 217 亿美元为职业父母的子女提供托育福利，而地方政府（如洛杉矶、加州、佛罗里达州等）也相应以增加税收的方式提供托育补助。2000 年美国颁布了《早期学习机会法》（Early Learning Opportunity Act）。

2003 年有 23 个州降低低收入补助标准、提高免税额或改变低收入补助办法，以减轻家庭的育儿负担。奥巴马上任后倡导"0—5 岁教育计划"，根据此计划，联邦政府每年要拨款 100 亿美元来资助各州普及学前教育。该计划使每一个儿童在幼年时期都有机会接受平等的教育，为之后进入小学做好准备。奥巴马政府不仅非常重视儿童早期教育的社会效应和社会价值，还为早期教育项目提供了更多的经费支持，例如 2009 年的《恢复和再投资法案》在早期教育项目上投资了 50 亿美元。美国联邦学前教育福利的变革趋势可以概括为追求"普惠"与"高效"的学前教育。

---

① LYNDA LAUGHLIN AND JESSICA DAVIS. Who's in head start? estimating head start enrollment with the ACS, CPS and SIPP, U.S. census bureau working paper, 2011, pp. 2011-2015.
② 钱雨.美国学前教育立法的发展、经验与启示［J］.湖南师范大学教育科学学报，2020，19（3）：16-23.

### （二）美国学前教育福利变革主要内容

1. 构建和完善学前教育法制保障体系

当前美国联邦学前教育法主要由两大部门负责实施：卫生和公共服务部主要负责婴幼儿保育和早期教育相关法律，教育部侧重负责幼儿园阶段的学前教育法律条款。

2007年12月12日《开端计划法》被布什总统重新授权颁布，改为《改善开端入学准备法》（Improving Head Start for School Readiness Act）。该法共有22个条款，包括实施目的、财政资助项目、拨款比例、项目实施标准、实施方式、项目管理、项目技术支持和培训以及研究和评估等。该项目由卫生和公共服务部的开端计划办公室（Office of Head Start）管理实施，经费由两部分组成：一是联邦政府直接拨款给州和地方有关机构，由从事项目管理、儿童研究以及儿童教育服务推广的大学、非营利组织和机构等申请获得；二是用于培训和技术支持、研究和评估、项目管理和总结。2022年联邦政府增加了对该项目的拨款，总拨款额超过110亿美元，累计服务了3500万名美国幼儿。

《儿童保育与发展拨款法》（Child Care and Development Fund，2016）的主要内容包括：目标设定、拨款项目及比例、项目规划和申请、项目管理和总结等。该法下设"儿童保育和发展基金"（Child Care and Development Fund），并由卫生和公共服务部的儿童家庭管理局（The Administration for Children and Families，ACF）管理。儿童家庭管理局将"儿童保育和发展基金"发放给州政府，州政府在执行时享有较高的自主权。其中，75%的儿童保育和发展基金以教育券的形式发放。符合标准的低收入家庭可向当地政府或政府授权的早期保教资源和转介（Child Care Resource and Referral）机构申请领取教育券，用于支付早教或托儿费用。低收入儿童父母享有选择园所的自主权。儿童保育和发展基金是联邦第二大学前教育项目，具体实施涉及卫生和公共服务部的9个部门。2010年该基金的拨款额度达到21亿美元，2018年超过了22亿美元。

其他法律框架下的儿童教育计划还包括"贫困家庭短期补助计划"。该计划属于2010年4月6日修订的《个人责任和工作机会调和法》（Personal Responsibility and Work Opportunity Reconciliation Act）。为解决贫困家庭托儿问题，美国国会批准将30%的贫困家庭短期补助计划（Temporary Assistance for

Needy Families，TANF）资金用于儿童的保育和发展，解决托儿需要。许多州利用此项联邦援助开办、增设了 4 岁幼儿班。

社会服务补助金（Social Service Block Grant）则是在《社会安全法》（Social Security Act）框架中的"社会服务整体拨款"（Social Service Block Grant）下设立的项目。"社会服务补助金"是卫生与公共服务部管辖的另一项大型保育和学前教育计划。目前，此补助金可为低收入但不领福利金的家庭提供托儿补助。该补助金的年资助金额近 20 亿美元，其中近 10% 的补助金用于为符合条件的低收入家庭提供托儿资助。

与学前教育福利相关的联邦政策法规还包括《初等和中等教育法》《特殊教育法》等法案中的部分条款与学前教育项目。《初等和中等教育法》是联邦政府为改善学业成绩而实施的一项补助 K-12 国民教育的法律。有关学前教育的内容主要包含在"一号条款"（Title I）中。其中"一号条款"B 部分的第二项（Title 1, Part B, Subpart 2）是"早期阅读"项目（Early Reading），第三项（Title 1, Part B, Subpart 3）是"公平教育起点"项目（Even Start）。两项法律条款均对拨款目的、经费使用以及项目管理进行了详细描述。

《初等和中等教育法》二号条款是"准备学习"（Ready to Learn）项目，主要支持网络、电视等多媒体开播儿童教育节目，帮助儿童为入学做好准备。2011 年，该项目拨款 2724 万美元支持媒体机构，包括美国公共广播公司和美国公共电视。在该项目的支持下，美国公共电视制作的《单词世界》（Word World）在黄金时段播放，对儿童英语启蒙起到了寓教于乐的作用。

《初等和中等教育法》五号条款的"学习基础"项目旨在促进家庭教育、投资社区教育项目，支持家长培养儿童的情感、行为和社会性发展，包括促进儿童智力发展、身体发展的儿童教育项目，防止儿童滥用药物、遭受家庭暴力的社区福利和服务项目等。此外，该项目还联合社区各种儿童服务机构和组织，促进儿童参与社区活动，同时为家庭和儿童提供个性化的服务和支持，年度项目投入约 100 万美元。

2002 年，为了加强基础教育，布什政府对该法重新授权，并命名为《不让一个儿童落后法》（No Child Left Behind Act）。该法包括大量附属法案，如《早期阅读优先》法案旨在帮助儿童做好阅读、认知等入学准备，强调幼小衔接、教师素质的提高和促进幼儿情感与社会性的发展。为了保证"阅读优先项目"的顺利实施，美国联邦政府每年投入 9 亿美元。这些项目为确保弱势儿童全面发展发挥了重要作用，确保了美国学前教育公平和质量的整体提高。此外，《学前特殊教育补助金》法案资助各州 3—5 岁儿童的特殊教育服务；《婴儿和家庭特殊教育补助金》法案帮助各州实施 0—2 岁残疾儿童的服务；《学前教师专业发展》法案选拔低收入地区的学前教育工作者和护理人员，为其提供专业发展培训。

1997 年美国修订了《残疾人法案》，并增设了学前教育相关条款，为 3 岁以下婴幼儿及其家人提供个别化服务。《法案》的修订促成了"婴幼儿及家庭特教补助计划"（Special Education Grants for Infants, Toddlers and Families）的诞生。此"计划"由联邦教育部拨款给州政府，再由各地的早期教育机构或地方教育管理机构向州政府申请经费。联邦教育部为该"计划"每年拨款约 4.3 亿美元，为 27 万名残疾婴幼儿及其家人提供了早期干预服务。

表 5-3-1　美国联邦学前教育福利部分政策法规

| 颁布时间（年） | 修　订（年） | 相关法律法规的名称 | 主　题 |
|---|---|---|---|
| 1921 | 1929 年废除 | 《母婴法》，又译《谢珀德-唐讷法案》（Sheppard-Towner Maternity and Infancy Act） | 母婴权益 |
| 1933 | 1935 年废除 | 《联邦紧急救济法》（Federal Emergency Relief Act） | 保育学校 |
| 1935 | 1972 | 《社会保障法》（Social Security Act） | 儿童保障 |
| 1940 | | 《兰汉姆法案》（The Lanham Act） | 保育学校 |
| 1946 | 1999 | 《全国学校午餐法》（National School Lunch Act） | 儿童营养 |
| 1962 | | "未成年子女援助"（Aid to Dependent Children），后重新命名为"抚养未成年儿童家庭援助计划"（Aid to Families with Dependent Children） | 家庭援助 |
| 1964 | 2008 | "食品券计划"或"营养援助项目"（Supplemental Nutrition Assistance Program） | 儿童营养 |
| 1965 | 1966<br>1967<br>1968<br>1994<br>2001<br>2015 | 《初等和中等教育法》（Elementary and Secondary Education Act）<br>1966 年对第三部分成人教育法案补充修订<br>1967 年新增 General Education Provisions Act<br>1968 年增加支持非英语母语学生的双语教育法<br>1994 年修订为《改进美国学校法》（IASA）<br>2001 年修订为《不让一个儿童落后法》（No Child Left Behind Act）<br>2015 年修订为《每一个学生成功法》（Every Student Succeeds Act） | 学前教育 |

(续表)

| 颁布时间（年） | 修 订（年） | 相关法律法规的名称 | 主 题 |
| --- | --- | --- | --- |
| 1966 | 1972 | 《儿童营养法案》（Child Nutrition Act） | 儿童营养 |
| 1968 | | 《残疾儿童早期援助法案》（Handicapped Children's Early Assistance Act） | 残疾儿童 |
| 1975 | 2009 | 《全体残疾儿童教育法案》（The Individuals with Disabilities Education Act） | 特殊教育 |
| 1980 | | 《收养救助与儿童福利法案》（Adoption Assistance and Child Welfare Act） | 儿童福利 |
| 1981 | 2007 | 《开端计划法》（Head Start Act） | 学前教育 |
| 1988 | 2003 | 《家庭援助法》（Family Support Act） | 家庭援助 |
| 1990 | 2014 | 《儿童保育和发展固定拨款法》（Child Care and Development Block Grant Act） | 早期教育 |
| 1990 | 2009 | 《特殊教育法》（Individuals with Disabilities Education Act） | 特殊教育 |
| 1993 | 2018 | 《全美儿童保护法案》（National Child Protection Act），2018年被《儿童保护改善法案》（The Child Protection Improvements Act）取代 | 学前教育 |
| 1994 | | 《2000年目标：美国教育法》（Goals 2000: Educate America Act） | 学前教育 |
| 1994 | | 《学校工作机会法案》（School-to Work Opportunities Act） | 学前教育 |
| 1994 | | 《教育研究的发展、传播与促进法》（Educational Research, Development, Dissemination, and Improvement Act of 1994） | 教育研究 |
| 1996 | 2010 | 《个人责任和工作机会调和法》（Personal Responsibility and Work Opportunity Reconciliation Act） | 福利服务 |
| 2000 | | 《早期学习机会法》（Early Learning Opportunity Act） | 学前教育 |
| 2007 | | 《改善开端入学准备法》（Improving Head Start for School Readiness Act） | 入学机会 |
| 2009 | | 《2009年美国复苏与再投资法》（American Recovery and Reinvestment Act of 2009） | 教育经费 |

## 2. 加强专业化教师队伍建设

为了更好地鼓励全美幼儿教育工作者,提高教师的薪资待遇和受教育水平,美国政府提出"T.E.A.C.H. Early Childhood"国家战略,为幼教工作者提供全额奖学金。政府鼓励教师通过学习获得学位和资格证,帮助各个州解决师资不足、薪资不佳和离职率高等问题。1998 年,克林顿总统的"幼儿教育五年计划"中就提出,要帮助儿童保育工作者达到认证资格,设立专项奖金,资助与鼓励幼教行业的学生。

《初等和中等教育法》在二号条款第一部分和二号条款第三部分中亦设立了有关建立高质量学前教育教师队伍的项目。"儿童早期教育者职业发展项目"(Early Childhood Educator Professional Development Program)的目的是为贫穷社区和低收入家庭儿童招募、培训高质量的学前教师,改善儿童早期教育的学习效果,帮助儿童做好入学准备。二号条款第三部分则鼓励各州采取措施,为学前教育招募高质量的教师并保障其生活。

2020 年,美国华盛顿州更新了文件《早期学习课程的基本质量标准指南》(Foundational Quality Standards for Early Learning Programs Guidebook),包括对相关机构/项目的基本质量要求、专业发展和培训要求、课程管理和监督等多个维度。对教育工作者的学历、工作经验等也有了具体的要求。2021 年华盛顿州更新了 2015 年颁布的《华盛顿州 0 岁—三年级儿童早期学习和发展指南》(Washington State Early Learning and Development Guidelines Birth through $3^{rd}$ Grade)。《指南》中明确了每个年龄段的发展特点、学习机制、成人应当予以重视的问题,介绍了《指南》与"早期开端",对家长、教育工作者给予了针对性的指导。

2012 年美国教育部启动了"认识教育成功,专业求精,协作教学"计划,通过竞争性拨款,支持高需求学校的教师专业改革,增加稀缺学科的教师工资,把高层次人才吸引到教育领域,降低处境不利地区学校的生师比。美国政府注重根据教师绩效对教师进行补偿性拨款,激发教师积极性,降低贫困地区教师流失率。通过这些举措,美国严格控制贫困地区的教师质量,在处境不利地区教师招聘和培训方面有所进展。

## 3. 逐步推进托育和 4 岁幼儿公立免费教育

美国已普及 5 岁幼儿的公立免费教育。奥巴马政府提出《全民学前教育》

（Preschool for All Initiative，2013），计划在未来10年内拨款750亿美元普及4岁儿童教育。但根据美国"国家儿童早期教育研究院"（NIEER）的年度学前教育报告，2017年全美只有33%的4岁幼儿和5%的3岁幼儿就读公立幼儿园。这一数据并不乐观①。各州政府正在积极推进公立4岁幼儿班。目前全美有43个州已开始营运4岁的公立幼儿班，但半数以上州因为师资、资源不足等问题，尚不能满足所有4岁幼儿的入学需求，普及学前教育任重而道远。

2013年，内布拉斯加州卫生与公共服务部（Nebraska Department of Health and Human Services，NDHHS）颁布了《托育服务许可法案》（The Child Care Licensing Act），法规中要求卫生与公共服务部负责制定及执行法案，规范为儿童提供托育服务的机构，从而为儿童的身心健康、安全和保护提供标准。② 立法的目的是鼓励创办高质量、负担得起、可获得的、适合教育和促进发展的托育机构。内布拉斯加州对托育机构的准入要求除了许可证的申办规定外，还涉及对场地、接送、食品、用药、紧急事故处理及泳池安全等方面的规定，更加重视对弱势儿童的保护，更注重从业人员的资格认定与培训，也更加注重高质量托育机构的建设等。

**4. 提升普惠性学前教育质量**

追求普惠与高效是当前美国联邦学前教育福利的核心变革方向。奥巴马上任后设立"总统早期教育咨询委员会"（Presidential Early Learning Council），共同商议学前教育改革和发展的方向，密切加强联邦政府和州及地方政府的对话与合作。特朗普和拜登政府同样把效率放在教育立法与评估的首位。

2015年12月，奥巴马签署了《每一个学生成功法》（Every Student Succeeds Act，ESSA），取代《不让一个儿童落后法》，给予各州更大的自主权与评估权。《每一个学生成功法》是鼓励各州教育创新的一部教育法案。新法案继续支持学前教育，进一步强调学前教育的质量，成立了"学前发展拨款"（Preschool Development Grant）项目，专门资助建立和扩建高质量的州公立幼儿园。获得拨款的州必须作出以下承诺：（1）对州内已有的学前教育质量进行扩展性需求评估

---

① 钱雨. 美国学前教育立法的发展、经验与启示[J]. 湖南师范大学教育科学学报，2020，19（3）：16–23.
② The Child Care Licensing Act [EB/OL]. [2013-02]. http://dhhs.ne.gov/licensure/Pages/Child-Care-Licensing.aspx.

（extensive needs assessment）；（2）设计开发一个推动合作、协调及质量提升的学前课程；（3）将父母选择州内教育项目的权利最大化，并尽力提高家长对这些项目的认识；（4）与州内早期教育机构分享成功的实践做法；（5）提高州内早期教育项目的整体质量。新法案力求加强各类0—5岁早期教育项目的合作与协调，促进托幼衔接与过渡。

美国教育部2019年发布了"学前特殊教育实施有效性评估研究"（Evaluation of Preschool Special Education Practices Efficacy Study）计划，邀请国内学前与特教专家参与评估研究。随后教育部又发布了包含幼儿园在内的"教育创新研究（EIR）扩展资金"申请，鼓励幼儿园课程与教学研究的创新。

不过，美国当前依然存在托育服务费用居高不下、托幼机构数量不增反减等问题。"新冠"疫情三年来，全美的托育机构数量持续下降，各州的托育费用差距日益增加。华盛顿、内布拉斯加州等的托育学费每年近2万美金，收费最低的南达科他州托育机构年学费则不到8000美金。

## 第四节　大洋洲学前教育福利发展

### 一、新西兰学前教育福利发展

新西兰的教育体制一度沿用了英国传统的教育体制。自20世纪80年代进行了一场彻底的教育体制改革之后，新西兰逐渐形成了具有自己特色的学前教育福利。

#### （一）新西兰学前教育福利发展概况

1960年，新西兰制定了第一个《儿童保育中心条例》（Child Care Centre Regulations），规定由儿童福利部管理儿童保育服务。1973年，新工党政府宣布为非营利育儿中心提供基本补贴，但该补贴于1980年停止。20世纪70—80年代的关注焦点在儿童保育的行政结构上，政府开始提议重新分配教育部门和社会福利部门的行政责任，并呼吁把幼儿保育和教育纳入公共事业。

20世纪70年代，新西兰社区团体（Community Group）提出了保教整合的理由，并将政策焦点转移到儿童的利益上，他们认为所有儿童在参加任何早期教育服务中都有权得到优质的护理和教育。当时的州服务委员会（State Services Commission）提出，幼儿保育和教育是不可区分的，早期儿童保育和教育需要一个新的通用术语——学前教育。2020年后，州服务委员会更名为公众服务委员会（Public Service Commission）。

2014年，新西兰正式实施《弱势儿童法案》(Vulnerable Children Act)，该《法案》主要包括三个部分。第一部分：支持政府确定改善弱势儿童福利的优先事项，确保儿童机构共同努力，改善弱势儿童的福祉。这部分还介绍了弱势儿童计划的内容、准备工作、影响等。第二部分：儿童保护政策，包括儿童保护政策的内容和影响等。第三部分：儿童工作者安全检查，通过要求雇用或从事涉及定期或临时接触儿童工作的人接受安全检查，以减少伤害儿童的风险。

2019年8月，新西兰教育部发布了《儿童和青年福利战略》与《行动纲领》。前者的框架提供了对儿童的科学认识与尊重，以及儿童需要良好福祉的共同理解。该框架由愿景、六项福利成果、指导战略持续制定和实施的原则，以及衡量当前福利是否正在发挥作用的指标组成。《行动纲要》汇集了由20个政府机构领导的75项行动和49项支持行动。这些行动得到了约35亿美元资金的支持，用于在未来改善儿童福祉。该《行动纲领》规定了政府为帮助实现《儿童和青年福利战略》的愿景与成果而将实施的政策、倡议、方案和计划。①

### （二）新西兰学前教育福利变革主要内容

#### 1. 推动保育一体化进程

1988年，新西兰进行"五岁前改革"（Before Five Reforms），教育部出台了政府关于幼儿保育和教育管理的新计划和政策，包括地方层面的学前保育和教育的行政管理结构和职责划分、基于家庭的保育和教育、设置儿童发展、特殊教育咨询服务、审查机构、家长宣传委员会等在内的中心机构；管理保教工作人员的资格认证、培训与薪资；本地毛利儿童的发展等。从1989年开始，保教一体化改革深入发展的重要一步是迎来了儿童保育服务资金公平的时代。

这一政策实施后，新西兰儿童的出勤率和入学率都有所上升，更多的儿童群体能够获得保教服务。经过几十年的深入改革，到21世纪，新西兰保教一

---

① 新西兰教育部.

体化改革已经取得了重大成绩。为了巩固改革成果，2002 年，新西兰教育部发布了《未来之路——幼儿教育十年战略规划》，提出四个发展方向和三个政策主题，制定了幼儿教育战略的长期规划。为了给儿童及其家庭提供公平一致的综合服务，2007 年 7 月，新西兰教育部推出"20 小时免费学前教育"政策（20 hours free ECE），确保婴幼儿能够获得学前免费服务。该政策每天最多提供 6 小时、每周最多 20 小时以教师为主导的幼儿服务，为教育和保育中心、幼儿园以及毛利儿童机构（kohangareo）的 3 岁和 4 岁儿童提供免费幼儿教育。[①]

2. 修订学前课程框架

为了融合幼儿保育与教育内容、改善幼儿教育质量，新西兰从 20 世纪 90 年代开始重视学前课程改革。新西兰是世界上最早制定国家幼儿教育课程的国家之一。1991 年教育部委托梅（May）和卡尔（Carr）两位学者起草全国学前教育课程指南。1996 年，新西兰学前教育课程框架《Te Whāriki》正式发布，适用于 0—6 岁的所有儿童，这一富有创新性和从儿童视角出发的课程指南引发了全球的关注。它是新西兰学前教育的国家一体化课程标准，为所有托幼服务提供统一指导和支持，适用于学龄前的所有儿童，表达了儿童终身学习与发展的诉求和愿景。

2017 年，新西兰政府发布学前教育课程框架的修订版本，在保留原有框架的基础上进行修改和更新，以适应 21 世纪的幼儿教育需求，应对新世纪社会变革、政策变化的时代挑战。

3. 保障幼儿教师专业发展

大力支持本国幼儿教师质量保障体系的建设并出台相关的政策制度，是新西兰幼儿教师质量保障体系的一大特点。作为新西兰幼儿教师质量保障的奠基性政策文件——《未来之路》(又称《学前教育十年战略规划》)，是新西兰政府对学前教育领域发动的一次较为持久而全面的改革。《未来之路》中明确指出要增加所有幼儿园教师及其他学前教育机构教师的注册数量，使 2007 年、2010 年、2012 年注册教师的比例分别达到 50%、80% 和 100%。

同时，新西兰政府注重幼儿教师工资薪酬、福利津贴等经费支持制度的建立

---

① 张丹.新西兰学前教育保教一体化改革研究［D］.西南大学，2019.

和运行,为幼儿教师质量保障体系提供了坚实的物质基础,并通过实现薪资平等、统一专业培训来建设师资队伍。为了能让更多的优秀教师从事幼儿教师事业,新西兰政府不断改革教师注册计划,扩大幼儿教师的补助经费。总体来说,新西兰教育经费投入机制较为完善,资金投入的比例与幼儿教师的质量相联系,极大地促进教师质量的提升和学前教育事业的发展。①

2020年,新西兰最新的《教育与培训法》(Education and Training Act,2020)颁布。该法案吸收和取代了1964年、1989年的《教育法案》,并对《教育工作计划》进行了修改。该法案要求在开办新的学前教育机构时必须考虑儿童的需要、社区的需要和申请人的性格、许可历史等多重背景。各类托幼机构的工作人员都必须遵守法案的相关要求。

## 二、澳大利亚学前教育福利发展

澳大利亚位于南太平洋和印度洋之间,是世界上唯一国土覆盖整个大陆的国家。作为南半球经济最发达的国家,澳大利亚一直非常重视学前教育福利质量的提升。

### (一)澳大利亚学前教育福利发展概况

2021年澳大利亚总人口数为2542.3万,14岁及以下儿童人口数为472万,占总人口数量的18.4%,总和生育率为1.70。②澳大利亚义务教育从6岁持续到15岁,持续10年。2020年,澳大利亚学前教育毛入学率达到160.2%,净入学率为69%。

澳大利亚政府鼓励社会开办不同类型的幼儿保教机构,包括全日托、家庭日托、课外时间托管、幼儿园(学前班)、居家托管、长时间日托、临时看护和一些其他的儿童保教机构。根据2021年6月的官方数据统计,澳大利亚约有59%的幼儿参加了全日托(日托中心)服务,6.8%的幼儿参加了家庭日托,36.6%的幼儿参

---

① 秦晴,王叶.美国、新西兰幼儿教师质量保障体系的比较与借鉴[J].早期教育(教科研版),2018(1):26-30.

② https://www.abs.gov.au/statistics/people/population.

加了课外时间托管。①

### (二) 澳大利亚学前教育福利变革主要内容

#### 1. 构建和完善学前教育法制体系

2012年1月1日,澳大利亚《学前教育及儿童保育国家质量框架》(以下简称《质量框架》)正式实施。该《质量框架》规定了全国统一的学前教育及儿童保育部门师生比以及全国统一的对该行业从业者的资格要求内容,适用于全澳大多数日托中心、家庭日托、幼儿园(或学前班)以及学龄儿童课后托育机构。《质量框架》的颁布和实施是澳大利亚联邦政府在学前教育和儿童保育领域具有里程碑意义的重要改革,标志着澳大利亚学前教育及儿童保育部门拥有了首个国家质量监管体系。

《国家教育和保育法》(Education and Care Services National Law)、《国家教育和保育条例》(Education and Care Services National Regulations)、《国家质量标准》(National Quality Standard)是建立《质量框架》的关键法律文件。《国家教育和保育法》旨在建立由政府主导的、社会参与的、全国统一的学前教育和保育服务质量管理与评估体;《国家教育和保育条例》是针对幼儿教育和保育服务的一整套详细操作要求的法规;《国家质量标准》包括7个对儿童发展影响重大的领域,旨在保障儿童的安全、健康和福祉,帮助家庭和学前教育机构识别高质量的学前教育服务。

2009年,《归属、存在和形成:澳大利亚幼儿学习框架》(Belonging, Being and Becoming: The Early Years Learning Framework for Australia,以下简称《幼儿学习框架》)由澳大利亚教育、就业、劳资关系部颁布,该框架规定了支持和提高0~5岁婴幼儿学习的关键原则、实践方式以及成效表现,还涉及幼儿从托幼机构向学校的过渡事宜。

2011年,澳大利亚颁布了《我的时间、我们的地方:澳大利亚学龄儿童保育框架》(My Time, Our Place: Framework for School Age Care in Australia)。该《框架》延伸了上述《幼儿学习框架》的关键原则、实践方式以及成效表现,以适应

---

① https://www.dese.gov.au/child-care-package/early-childhood-data-and-reports/quarterly-reports/child-care-australia-report-june-quarter-2021.

学前儿童保育机构中儿童的发展。

### 2. 加强学前教育质量评估

早在1994年，澳大利亚就开始尝试推广一个全国性的"学前教育质量提升与评审体系"（Quality Improvement and Accreditation System）。通过这一体系，政府可以基于各个日托中心的服务质量来决定政府对其提供的资金额度。该体系的评估对象仅针对日托中心，不包括家庭日托、幼儿园和学前学校、校外看护中心等其他学前教育机构类型。2012年1月1日，旧的学前教育质量评审体系被一个系统、全面的《早期教养国家质量框架》（National Quality Framework for Early Childhood Education & Care，以下简称《框架》）所替代。这一崭新的《框架》代表着澳大利亚国家学前教育质量标准与评价体系的确立，将"提升全国范围内早期教养的质量，并促进早期服务体系的连贯性与持续改进"①。

《框架》首次从国家层面明确规定了师幼比和教师资质的要求与标准，并要求截至2020年，全社会应符合基本要求。师幼比方面，日托班或学前班要求2—3岁幼儿的师幼比为1:5，3—6岁的师幼比为1:11。教师资质方面，教师分为保教员、教师助理、教师三种，保教员要求18周岁以上，受过学前教育专业培训，具备教师素质；教师助理要求高中毕业，受过保育训练；教师则要求大学专科、本科或研究生毕业。2012年9月10日，联邦政府与各州和领地政府合作开发的《2012—2016早期教育工作者战略》正式出台，其主要内容为高质量早期教育工作者应具备的技能和态度，以及如何实施的策略。

### 3. 提升学前教育的普惠性和公平性

2000年4月，澳大利亚提出"家庭和社区振兴策略"（Strong Family and Commuties Strategy）。国家投入240亿澳元资助款用以提升家庭、社区在建立和提供社会支持中的整合作用。该整合策略"特别关注年轻父母的需要，加强婚姻关系、工作和家庭的平衡，促进婴儿养育质量，通过对家庭式育儿机构的资助，使社区家庭获得更加灵活的服务"。项目将"通过早期干预以提高家庭力量，通过对于实践技能的支持，处理目前无法解决的问题。通过父母技能发展计划，在农村和边缘地区建立活动团体，扩大早期干预对父母、家庭的支持关系"，以及"通过公共福利计划进行长期的发展研究"。

---

① 钱雨.澳大利亚学前教育质量评估研究的发展与启示[J].外国教育研究，2012，39（9）：3-8.

2009年7月，澳大利亚联邦政府首次制定了国家层面倡议性指导战略——《国家儿童早期发展战略：投资在早期》(Investing in the Early Years-A National Early Childhood Development Strategy)。提出学前教育的总体愿景是加强联邦政府与州（领地）、地方政府的合作，确保到2020年所有儿童都能享有最好的早期教育，从而为自己和国家创造更加美好的未来。

澳大利亚家庭可以通过儿童保育补贴获得幼儿教育和保育费用方面的帮助。2018年7月2日，澳大利亚政府终止了儿童保育福利（Child Care Benefit）和儿童保育费返还（Child Care Rebate）政策，启动儿童保育补贴，①预计投入230亿澳元。根据官方数据统计，2021年6月，上一季度的总支出为22.8亿美元，其中2850万美元为额外儿童保育补贴。大部分儿童保育补贴是针对使用日托中心服务的家庭支付的（18.8亿美元，占82.3%）。

2017年，澳大利亚政府颁布了《家庭援助立法修正案法》[Family Assistance Legislation Amendment (Jobs for Families Child Care Package) Act 2017]②《家庭援助法》是英联邦儿童保育费援助的基础，其中包括儿童保育补贴和额外儿童保育补贴。

2019年1月1日，政府推出"儿童创新"（Creative Kids）计划，为所有学龄儿童的家庭推出一项新福利，给孩子发放一定的学习代金券。2018年推出"积极儿童计划"（Active Kids Program），鼓励家长们让孩子参与运动、健身和各种体能活动。

2021年3月18日，澳大利亚政府通过了《2021年家庭援助立法修正案（儿童早期教育和护理应对新冠疫情和其他措施）条例草案》[Family Assistance Legislation Amendment (Early Childhood Education and Care Coronavirus Response and Other Measures) Bill 2021]，以确保在新冠疫情期间还能够为儿童保育提供足够的支持。该法案将推动提高儿童保育的可负担性，大约25万个澳大利亚家庭从中受益。

4. 保障儿童安全

针对社会上越来越多的儿童遭受虐待和忽视现象，政府颁布了《2009—2020

---

① https://www.dese.gov.au/child-care-package/compliance-child-care/family-assistance-law.
② https://www.dese.gov.au/child-care-package/compliance-child-care/family-assistance-law.

澳大利亚儿童保护框架》(The National Framework for Protecting Australia's Children 2009—2020),联邦、州和地方政府以及非政府部门致力于建构澳大利亚儿童安全和健康的组织联盟。这一《儿童保护框架》概述了一项长期的国家方案,目的是确保澳大利亚儿童的安全和福祉。根据框架的计划,随着时间的推移,虐待和忽视儿童的行为会大幅度减少。这一国家框架正通过一系列具体的三年行动计划来实现儿童保护的目标。

澳大利亚"第一次行动计划(2009—2012)"设立了全国儿童专员(National Children's Commissioner)、制定了家庭以外的国家护理标准(National Standards for out-of-home care);"第二次行动计划(2012—2015)"提出在联邦、州和地方政府与社区部门建立伙伴关系的基础上,试行儿童意识方法倡议(Child Aware Approaches),制定了国家儿童保护基本数据库,并研制了2015年第一份国家家庭外部照顾标准报告;"第三次行动计划(2015—2018)"包括了三项战略,分别是早期干预、重点关注婴幼儿出生的前1000天和离开家庭的管护工作。这些行动计划都旨在保护儿童安全茁壮成长。

# 第六章

GUOJI XUEQIANJIAOYU FULIFAZHANDE ZHUYAOJINGYAN

# 国际学前教育福利发展的主要经验

第六章　国际学前教育福利发展的主要经验

为体现儿童利益最大化原则，国际学前教育福利政策呈现政府行动、家庭支持、科学研究和儿童本位取向，力求让不同儿童、不同家庭和不同社会群体共享儿童福祉、共享发展成果。关注学前教育福利的国际变革趋势，深入分析国际经验，可以为中国现代学前教育福利观的构建提供新的启示。

## 第一节　国际学前教育福利发展的政府行动取向

儿童是国家的未来和民族的希望。养育孩子不仅是家庭的责任，也是现代国家的基本职责。世界各国政府意识到，对学前教育福利的关注是最可靠、最丰厚的社会投资之一。

### 一、政府行动的代表："开端计划"与"早期开端计划"

随着贫困会导致儿童未来成就受限的认识受到重视，各国政府开始为弱势儿童推行大型政府行动项目，通过政府干预来减少儿童早期的不公平，增加儿童获得学业成功的机会。20世纪60年代，学前教育专家维克托（David Weikert）在美国密歇根州的一个贫困村庄启动了"高瞻佩里学前教育项目"（High/Scope Perry Preschool Project）。"项目"通过长期跟踪研究123名处于高危环境中的非裔美国儿童，探究与分析影响他们学业成绩低下的原因。高瞻研究的结论对各国政府制定学前教育福利政策产生了重大的影响。

1965年，美国经济机会办公室启动了"开端计划"，1995年又启动了"早期开端计划"（Early Head Start），将服务对象延伸至3岁以下婴幼儿及孕妇。"开端计划"的使命是支持健康的产前护理，促进婴幼儿的智力、社交和情感发展，最终为入学做好准备。"开端计划"十分强调家庭参与，因为父母在支持孩子健康发展和学校成功方面发挥着关键作用,有效的项目可以使家长参与孩子的发展和学习。

"开端计划"由美国卫生与公共服务部的儿童与家庭管理局负责管理。1975 年首次发布了《开端计划运行标准》(The Head Start Program Performance Standards),定义了服务范围的标准和最低要求。自启动以来,"开端计划"已经为美国数千万儿童及家庭提供了服务。计划的总体目标包括以下内容:

- 促进婴幼儿的体能、社交、情绪及智力发展;
- 提供满足婴幼儿及其家庭需要的服务;
- 促进积极的亲子互动,使家长积极主动地与婴幼儿交流和沟通;
- 增强婴幼儿及其家庭的自尊与自我价值;
- 支持父母角色,帮助家庭走向自给自足;
- 推动儿童和家长顺利从"开端计划"过渡到其他学前教育项目。

"开端计划"强调每个婴幼儿都是独一无二的,婴幼儿是具有不同发展速度和发展路径的个体,儿童发展会受到产前环境、气质、生理和生活经历的独特影响。在适宜的支持下,所有的婴幼儿都能成为成功的学习者,并获得相应的技能、行为和知识。此外,每个孩子在家庭文化、背景、语言和信仰方面都有不同的优势。"开端计划"积极响应和尊重儿童的教养环境,欢迎来自不同文化和语言背景的婴幼儿,认为有效的教养实践必须建立在每个婴幼儿独特背景和先前经验的基础之上。

家庭是婴幼儿早期发展和学习的主要影响因素,家长的知识、技能和文化背景对儿童的一生产生深远的影响。因此,服务婴幼儿的同时必须要尊重和支持家长的意愿。"开端计划"的服务包括儿童发展服务、儿童托育、亲子教育、个案管理、健康护理和转介以及家庭支持,与其他社区服务提供者建立了伙伴关系。为了确保提供服务的质量,"开端计划"遵循两个关键的标准:(1)绩效标准;(2)为婴幼儿及其家庭提供服务的框架标准。框架标准是一个概念模型,描述了高质量的服务影响儿童结果的机制。

图 6-1-1 中的金字塔结构旨在为儿童提供和协调全方位服务,在儿童发展(包括健康、适应能力、社会认知和语言)、家庭发展(包括养育、与孩子的关系、家庭环境、家庭功能、家庭健康和经济自给自足)、员工发展(包括专业发展和与父母的关系)以及社区发展(托育服务质量、社区协作以及为婴幼儿家庭

提供服务的整合）方面构建起"管理系统—项目服务—持续目标—项目成果"层层相扣的服务框架。①

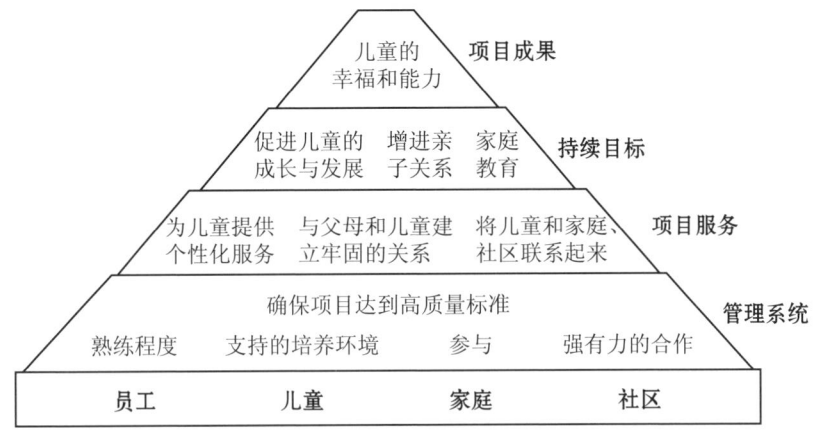

图 6-1-1 "开端计划"的服务框架

根据《开端计划法》规定，托育机构中的教师必须至少具有儿童发展助理证书或类似证书，并接受过婴幼儿发展或同等课程的培训。②此外，实施"开端计划"的教师还必须具备与婴幼儿进行有效师幼互动的能力、计划和实施婴幼儿学习经验的能力，以确保有效地实施课程、使用评估手段，促进婴幼儿的健康成长和能力发展，并与《早期学习成果框架：从出生到五岁》(The Head Start Early Learning Outcomes Framework: Ages Birth to Five) 保持一致。

据统计，"开端计划"于2022年雇佣并签约了26.5万名员工，其中有12.7万名工作人员（包括教师、助理教师、家庭访问人员和家庭护理人员）为儿童及其家庭提供发展服务。约有29%的儿童发展工作人员精通英语以外的语言，有超过一半（57%）的"开端计划"教师和75%的"开端计划"家庭访问者具有幼儿教育或相关领域的大专学历，25%的教师和55%的家庭访问者在幼儿教育或相关领域拥有学士学位或更高学位。

---

① ADMINISTRATION FOR CHILDREN AND FAMILIES. Research to practice: program models in Early Head Start [EB/OL]. [2006]. https://eclkc.ohs.acf.hhs.gov/data-ongoing-monitoring/article/research-reports-early-head-start.
② Head Start Act [EB/OL]. [2007-12]. https://eclkc.ohs.acf.hhs.gov/sites/default/files/pdf/hs-act-pl-110-134.pdf.

为确保服务质量,"开端计划"通过提供各种福利来提高教师的幸福感,包括带薪病假、带薪产假、带薪假期、退休养老金、人寿保险、健康保险及教育津贴等。据统计,"开端计划"员工的流动率相对较低,每年仅有 10% 左右的教师离职。①

"开端计划"主要提供以下三种服务:

一是以家庭为基础的服务(home-based services),对婴幼儿家庭进行每周一次的家访。家访者提供以婴幼儿为中心的访问,以提高父母支持其成长的能力。家访每次持续约一个半小时,平均每月开展一到两次。该服务为家长和婴幼儿提供了共同学习、讨论和互动的机会。

二是基于学前机构的服务(center-based services),为婴幼儿在教室环境中提供早期保育和教育服务。《开端计划运行标准》中明确指出,托育机构每年必须为所有入学婴幼儿提供 1380 个小时以上的服务时间。② 此外,"开端计划"还对师幼比及班级人数的最大值做了明确规定:"开端计划"资助的托育机构为混龄班级,有 2 名老师的情况下,婴幼儿人数不得超过 8 人;3 名老师的情况下,婴幼儿人数不得超过 9 人;必须为每位老师分配不超过 4 名婴幼儿以促进对单个婴幼儿照料的连续性,尽可能在其入学期间减少教师变动。除了在机构内提供保教服务外,工作人员每年至少还需进行两次家访。

三是基于家庭日托的服务(family child care services),主要在家庭的私人环境中向婴幼儿提供保育和教育服务。"开端计划"所资助的以家庭日托为基础的服务的运作时间每年不得少于 1380 小时。1 名托育服务提供者最多同时可照顾 4 名婴幼儿,其中小于 18 个月的婴幼儿不得超过 2 名。

除了上述三种主要的服务项目外,"开端计划"还包括为孕妇提供的服务以及其他类型的服务项目。据统计,2018 年"开端计划"以托育机构为基础的服务占比 54%,而以家庭为基础的服务占比 34%。③

---

① The faces of Early Head Start [EB/OL]. [2015-03] https://www.acf.hhs.gov/sites/default/files/opre/babyfaces_bro_v18_508_compliant_v2_opt.pdf.
② Head Start Program Performance standards [EB/OL]. https://eclkc.ohs.acf.hhs.gov/sites/default/files/pdf/hspps-final.pdf.
③ Head Start Program facts: fiscal year 2018 [EB/OL]. [2019]. https://eclkc.ohs.acf.hhs.gov/sites/default/files/pdf/no-search/hs-program-fact-sheet-2018.pdf.

## 二、政府对学前教育福利服务加大财政投入

各国政府不断增加对学前教育福利的投入。以美国为例,政府对"开端计划"的总拨款呈逐年递增趋势。2018 年 9 月 28 日,特朗普总统签署了《2019 年继续拨款法案》(Continuing Appropriations Act),为国防部、劳工部、卫生与公共服务部、教育部以及相关机构提供综合拨款,其中包括约 101 亿美元用于《开端计划法》下的项目,比 2018 财年的资助水平增加了 2 亿美元。该法案中还增加了用于"早期开端计划—儿童托育服务"项目(Early Head Start-Child Care)和"早期开端计划扩展"项目(Early Head Start Expansion)的总金额,表明了联邦政府对 0—3 岁高质量托育服务的重视和保障。2019 年 10 月,"开端计划"办公室宣布,接下来每年将提供约 2.95 亿美元为符合条件的受资助机构发放资金,用来增加为儿童提供托育服务的总时长。

"儿童保育和发展基金"是联邦第二大学前教育项目,具体实施涉及卫生和公共服务部的 9 个部门。2010 年该基金的拨款额度达到了 21 亿美元,2018 年超过了 22 亿美元。美国 0—3 岁托育服务中,家庭支付托育服务总费用的 52%,公共部门支付了约 46%,而私营部门约占 2%。5—6 岁的教育支出则主要由政府承担。为解决贫困家庭托儿问题,美国国会批准将 30% 的"贫困家庭短期补助计划"(Temporary Assistance for Needy Families)资金用于儿童的保育和发展,解决托儿需要。许多州利用这项联邦援助开办或增设了 4 岁幼儿班。2006 年,该"计划"拨款总额为 156 亿美元,给学前教育的拨款是 35 亿美元,主要用于补助父母。

2018—2019 年,俄罗斯从联邦预算中拨款 490 亿卢布用于为 3 岁以下儿童创造接受学前教育的额外学位。与发达国家甚至部分金砖国家相比,我国学前教育财政投入较少,尚处于上升期。2020 年全国教育经费总投入为 53014 亿元,其中全国学前教育总投入为 4203 亿元,比上年增长 2.39%,占全国教育经费总投入的 7.9%。2020 年全国幼儿园生均教育经费总支出为 12954 元,比上年增长 9.14%,距离发达国家学前教育投入占 GDP 约 0.6%—0.8% 的比例仍然有差距。

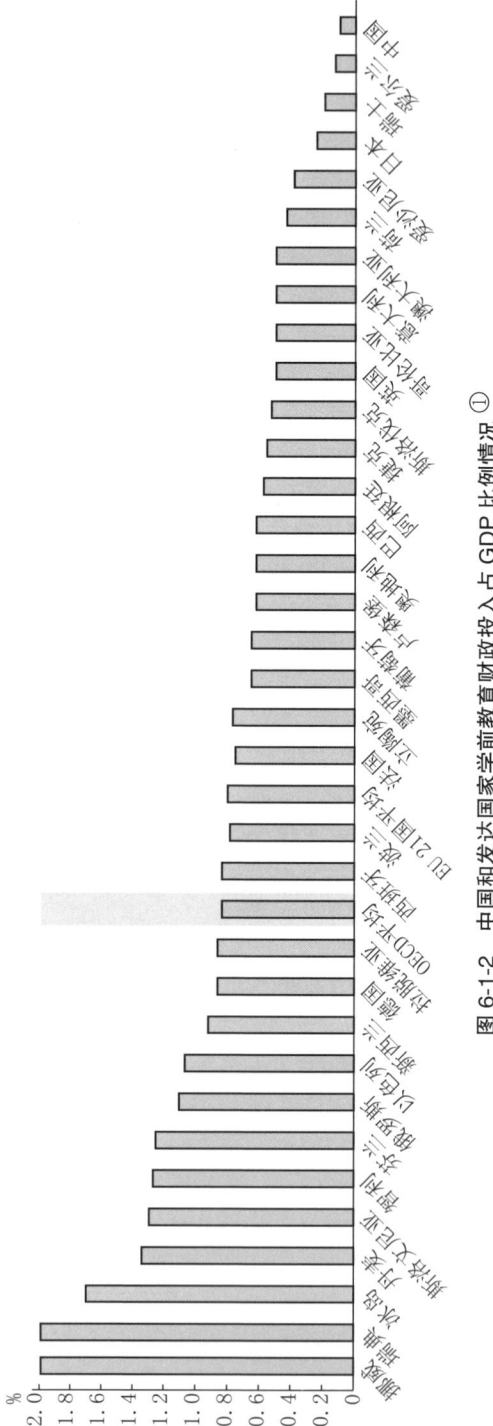

图 6-1-2 中国和发达国家学前教育财政投入占 GDP 比例情况①

① 注：数据来源为 2016 年 OECD 教育概览报告与 2015 年中国教育部数据。

## 三、政府主导学前教育福利政策法规的颁布与修订

通过分析世界各国的学前教育福利发展趋势，可以发现从 20 世纪末期起，各国政府对学前教育福利的立法均在不断完善中。

以残疾儿童教育福利为例。1975 年，美国参、众议院通过了《所有残疾儿童教育法》，立法明确规定，每个残疾儿童应保证在最少受限制环境中受到适合其需要的教育。1990 年，美国颁布了《残疾个体教育法案》，增加了两类新的残疾，即孤独症（自闭症）和脑外伤，还提出为 16 岁及超过 16 岁的残疾学生提供"过渡服务"，并为他们制订"个别过渡计划"（ITP）。1997 年，克林顿总统签署了新的特殊教育法——《残疾个体教育法案修正案》，对当时法律中所规定的美国特殊教育的对象、目的、教育安置方式等一系列问题作了全面的修订，加强了家长的作用，并且给予专业教师更多的权利和自主性。2004 年，美国总统布什签署了《残疾人教育促进法》，将残疾儿童的特殊需要放在了首要地位。

例如德国 1996 年修订的《儿童与青少年福利法》赋予了 3—6 岁儿童法律规定的入托权，将幼教服务视为公民权利。加拿大、巴西、日本等国都在积极颁布和修订学前教育相关福利法案与政策（见表 6-1-1）。

表 6-1-1　部分国家学前教育福利政策法规一览表（2023）

| 国家 | 颁布时间（年） | 政策法规名称 |
| --- | --- | --- |
| 加拿大 | 2012 | 《安大略省儿童保育现代化》 |
| | 2013 | 《安大略省学校的公平和全纳教育政策》 |
| | 2015 | 《早期儿童保育法案》 |
| | 2017 | 《加拿大早期教育与保育多边框架》 |
| | 2017 | 联邦儿童资助指南 |
| 日本 | 2010 | 《儿童、育儿新体系的基本制度案纲要》 |
| | 2013 | 《加速消除待机儿童计划》 |
| | 2013 | 修订版《儿童福利法》 |
| | 2015 | 《儿童·育儿支援新制度》 |

(续表)

| 国家 | 颁布时间（年） | 政策法规名称 |
| --- | --- | --- |
| 韩国 | 2011 | 《青少年保护法》 |
| | 2014 | 《关于促进公共教育的正常化以及限制先行教育的特别法》 |
| | 2019 | 修订版《单亲家庭福利法》 |
| | 2019 | 修订版《儿童福利法》 |
| 英国 | 2010 | 《儿童贫困法》 |
| | 2010 | 《儿童学校与家庭法》 |
| | 2012 | 《早期基础阶段法定框架》 |
| | 2013 | 《早期教师标准》 |
| | 2013 | "更能负担得起的儿童保育" |
| 丹麦 | 2011 | "家庭津贴"修正案 |
| 美国 | 2014 | 《防止性贩运和加强家庭法》 |
| | 2015 | 《每一个学生成功法》 |
| 德国 | 2016 | "语言类日托"联邦计划 |
| | 2016 | "日托 plus"联邦计划 |
| | 2017 | "进入日托"联邦计划 |
| | 2018 | 《社会法第八部：儿童与青少年扶助法》（SGB Ⅷ） |
| | 2019 | 《优质托幼机构环境法》 |
| | 2019 | "Pro 日托"联邦计划 |
| 挪威 | 2018 | 《收养法》（最新修订版） |
| | 2018 | 《儿童福利法》（最新修订版） |
| 新西兰 | 2014 | 《弱势儿童法案》 |
| | 2020 | 《教育与培训法》 |
| | 2018 | 《儿童修正法》 |
| 新加坡 | 2010 | 《新加坡学前教育认证框架》 |
| | 2012 | 幼儿园教育质量保障咨询计划 |
| | 2013 | 《培育早期的学习者——新加坡幼儿园课程框架》 |
| | 2013 | 发展支援计划 |
| | 2015 | "伙伴园长方案" |
| | 2015 | 《学前儿童发展中心法案》 |
| | 2021 | 《儿童发展共同储蓄法案》修正案 |

(续表)

| 国家 | 颁布时间（年） | 政策法规名称 |
|---|---|---|
| 印度 | 2010 | 《青少年正义法》 |
| | 2010 | 《儿童免费义务教育法案》 |
| | 2011 | 《2011年青少年司法关爱与保护儿童法案》 |
| | 2012 | 《保护儿童免受性侵犯法案》 |
| | 2013 | 《国家儿童早期保育教育政策》 |
| | 2015 | 《少年司法（照顾和保护儿童）法案》 |
| | 2016 | 《国家教育政策草案意见》 |
| | 2019 | 《保护儿童免受性侵犯法案（修正案）》 |
| 巴西 | 2014 | 《2014—2024国家教育计划》 |
| | 2015 | 《全国儿童综合保健政策》 |
| | 2016 | 《儿童早期法律框架》 |
| 俄罗斯 | 2012 | 《关于采取措施落实俄罗斯联邦人口政策》 |
| | 2013 | 《俄罗斯联邦政府到2018年的优先政策》 |
| | 2016 | 《儿童早期干预计划》 |
| 南非 | 2015 | 《国家综合学前儿童发展政策》 |
| 澳大利亚 | 2011 | 《学前教育服务国家法案》 |
| | 2012 | 《2009—2020澳大利亚儿童保护框架》 |
| | 2016 | 《2012—2016学前教育工作者战略》 |
| | 2019 | 《青年津贴和Creative Kids计划》 |
| 爱尔兰 | 2014 | 《2014—2020年儿童与青少年政策框架：更好的成就，更光明的未来》 |
| | 2017 | "学龄儿童托管教育行动计划" |
| | 2019 | "可负担保育计划"和"早期关爱教育计划" |
| 芬兰 | 1983 | 《儿童福利法》 |
| | 2021 | "2040年国家儿童战略" |
| 法国 | 1959 | 《DEBRE法》 |
| | 1989 | 《教育指导法》 |
| | 2012 | 《重建学校指导与规划法》 |
| | 2015 | 《母育学校教学大纲》（第六版） |

## 第二节　国际学前教育福利发展的科学研究取向

对儿童与童年的关注引发了国际社会和学者对学前儿童福利研究的重视。过去半个世纪，全球已经开展了150多项大型科学实证研究，证实科学干预正常和弱势群体的学前教育福利项目取得了显著效果。

### 一、国际学前教育福利中的科学研究概况

从科学研究的视角来看，许多国际学前教育福利项目取得了显著的效果，为未来的福利政策奠定了科学基础。例如1962年美国密歇根州的伊普西兰蒂开展的"高瞻佩里学前教育实验"（High/Scope Perry Preschool Study）、1967年的"芝加哥亲子中心项目"、1972年北卡罗来纳大学弗兰克·波特·格雷海姆儿童发展研究所的"ABC启蒙者"项目等。

拉扎和雷米（Lazar & Ramey，1982）等人进行了一项比较研究，汇集了12个始于20世纪60年代的婴幼儿早期干预项目，包括"佩里学前教育项目""开端计划"、早期培训项目等。学者们对这些项目的原始被试进行了追踪研究，当时这些被试者的年龄在9—19岁。这项合作性研究评估了儿童早期教育对低收入家庭儿童的长期影响。研究结果显示，针对低收入家庭儿童的早期教育项目在四个领域（学业能力、发展能力、儿童态度与价值观，以及对家庭的影响）具有长期效果。[1]

兰德公司（2005）发布了研究报告《儿童早期干预：已证明的结果，未来的承诺》（Early Childhood Interventions: Proven Results, Future Promise）。报告分析了在美国各地实施的多个儿童干预项目，得出以下结论：从出生到5岁是身体健康、情绪、社会、认知发展的机会和脆弱时期；大部分儿童面临的风险可能会限制他们在入学前几年的发展；儿童早期经验的变量表现为入学准备的差异，这些学习差异往往持续存在；儿童早期干预旨在消除儿童早期的各种压力因素，以促

---

[1] LAZAR I, RAMEY C T. Lasting effects of early education: a report from the consortium for longitudinal studies [J]. Monographs of the Society for Research in Child Development, 1982, 47（2/3）: 1-151.

进其健康发展；对儿童早期干预的严谨评估可以帮助人们了解它们可能改善的结果。

科学研究表明，儿童早期干预可以改善儿童和家庭的生活。研究证据指出了可能与儿童更好的发展结果相关的几个福利项目特征，包括：被受过良好培训的照料者照料、更小的儿童与工作人员的比率和更高的服务强度。儿童早期干预项目的有利影响可以转化为对政府、参与者和社会其他成员的经济效益。对几项儿童早期干预项目的经济分析表明，有效的项目可以通过节省政府开支和对社会产生的效益来回报最初的投资；对比那些为低风险儿童服务的项目来说，针对处境不利儿童（高风险）的早期干预项目产生的经济效益要更大。①

有学者基于对美国11个干预项目进行的19项研究的元分析发现，良好的早期发展项目对青少年生活质量有着积极影响，这些结论对社会政策的改进同样非常重要。② 华盛顿州公共政策研究所（Washington State Institute for Public Policy，2014）研究并分析了针对低收入家庭儿童的各类早期教育干预方法对学生时期的影响，以及带来的收益是否超过成本的问题。该研究主要针对三类项目：州和行政区的学前教育福利项目、"开端计划"及模范项目，确定了49项可信的评估，并进行了系统的综述。分析结果表明，针对低收入家庭儿童的早期教育能够改善青少年时期的发展结果，带来的长期效益有相对较高的概率超过项目成本。③

除了这些综合评估证明了早期干预对儿童产生的影响，经济学家也对早期干预项目进行成本效益分析。第一项著名的分析来自"高瞻佩里学前教育项目"。巴纳特（Barnett，1985）将成本效益分析应用到"佩里学前教育项目"及其长期的追踪研究中，估计的经济价值包括项目的成本、提供的儿童保育费用、随后降低的教育费用、增加的高等教育成本、减少的违法犯罪成本、增加的收入和减少的福利费用。效益分布分析表明，纳税人获得了大部分的经济利益，他们获得的

---

① LYNN A，KAROLY M，REBECCA KILBURN，JILL S，CANNON. Early childhood interventions: proven results, future promise [R]. Santa Monica: RAND Corporation，2005.
② HECKMAN J J，MOON S H，PINTO R，SAVELYEV P A，& YAVITZ A Q. Analyzing social experiments as implemented: a reexamination of evidence from the High/Scope Perry Preschool Program [J]. Quantitative Economics，2010b，1（1），1–46.
③ KAY N，& PENNUCCI A. Early childhood education for low-income students: a review of the evidence and benefit cost analysis [R]. Olympia: Washington State Institute for Public Policy，2014.

利益远远超过了成本。①

坦普等人（2007）则利用三项著名的干预研究结果证明了早期干预项目的成本效益。这些项目包括"高瞻佩里学前教育项目"、卡罗来纳初学者项目、芝加哥亲子中心项目。研究结果显示，亲子中心学前班项目的收益-成本比率的范围在5.98—10.15美元之间。高质量的学前项目带来的积极经济回报超过了大多数其他的教育干预项目。②

著名的诺贝尔经济学奖获得者赫克曼（Heckman，2006）总结了早期环境对儿童、青少年和成人成就影响的证据。他认为对处境不利儿童进行投资是一项收益丰厚的公共政策方案，在促进公平和社会正义的同时，也能够促进社会和经济的生产力。相比后期干预，针对处境不利儿童的早期干预会有更大的回报。当伴随持续性的高质量学习经验，有效的早期干预中获得的优势维持得最好。③

因此，早期干预等学前教育福利项目既是各国政府帮助处境不利儿童的重要手段，也是促进教育公平与社会公平的重要途径。广义的早期干预指为处于贫困、弱势家庭或一切有特殊需求的处境不利儿童所提供的多元支持与教育体系。在过去的半个世纪里，国际早期干预研究快速发展，力求为多元社会中处境不利的儿童提供更加专业的支持。

肖恩科夫（Jack P. Shonkoff）认为，科学的早期干预研究对弱势儿童一生的发展至关重要，因为"有效的早期干预可以通过改变风险与保护之间的关系，来改变儿童发展的进程，从而有利于产生更具适应性的发展成果"。西方早期干预的服务内容非常丰富，主要内容大致可分为营养健康、学前教育、家庭教育、特殊教育几个方面，具体包括以下几个方面。

营养服务：帮助解决儿童喂养技巧、喂养问题、饮食习惯和食物偏好等问题的咨询与协助。

---

① BARNETT W S. Benefit-cost analysis of the perry preschool program and its policy implications [J]. Educational Evaluation & Policy Analysis, 1985, 7 (4): 333-342.
② JUDY A TEMPLEA, ARTHUR J REYNOLDS. Benefits and costs of investments in preschool education: evidence from the child-parent centers and related programs [J]. Economics of Education Review, 2007, (26): 126-144.
③ JAMES J, HECKMAN. Skill formation and the economics of investing in disadvantaged children [J]. Science, 2006, 312 (5782): 1900-1902.

心理健康服务：提供心理测试，解释儿童的行为以及与儿童学习、心理健康和发展相关的家庭（父母）状况，并制订相应的心理咨询、协商、家长培训和教育项目等计划。

护理服务：对儿童健康状况进行评估，提供护理（包含医生诊治、药物治疗和其他医疗手段）以预防疾病、恢复和改善生理功能，促进儿童健康和发展。

学前教育：提供发展适宜性的早期学习环境，并配备训练有素的教师。

特定教育指导：设计促进儿童发展的学习环境和活动，为家庭提供信息、技能和支持以促进儿童发展。

家长培训：亲职教育，帮助家长了解育儿知识。

家庭培训：由有资质的人员提供服务，帮助家庭成员理解儿童的特殊需要，促进儿童发展。

社工服务：提供婴幼儿和家庭的社会情感需要评估，提供咨询、家庭培训等个人或团体服务。

服务协调：由与家庭进行合作的固定人员提供援助和服务，帮助家庭协调和获得个体家庭服务计划（IFSP）约定的早期干预服务权利。

物理治疗：涉及适应性行为和游戏、感觉、动作和姿势发展，以及预防或减轻儿童运动障碍相关功能问题的服务。

特殊教育：为沟通技能或语言发育迟缓的儿童服务，如口腔肌肉无力或吞咽困难等；识别并培训有视觉障碍或视觉发育延迟的儿童；识别并为有听力损失的儿童提供服务，预防听力损失。

其他支持性服务：用于改善或维持特定儿童的某种能力，如游戏能力、交流能力、饮食或行动能力等。

下文将介绍三个著名的国际早期干预项目，它们均灵活地运用了以上服务与支持。

## 二、"芝加哥亲子中心项目"的背景与内容

20世纪60年代，美国芝加哥地区西部的公立学校面临着三大困境：学生出勤率低、家庭与学校脱节、学生学业成绩低下。在这些贫困地区的学校，只有8%的六年级学生的阅读成绩达到或高于全国平均水平。在对社区居民开展了

一项需求调查之后，1967年5月，芝加哥启动了"亲子中心项目"（the Chicago Child Parent Centers Program），这是一个具有广泛影响力的学前教育福利项目。芝加哥西八学区的督学苏利文（Lorraine Sullivan）博士是项目第一任主任。

该项目致力于"培育一种养育性的学习氛围"（nurturing learning climate），希望"尽早干预贫困儿童和家长，发展儿童的语言技能与自信心，并证明只要有恰当的机会，所有儿童都能够满足当今科技社会的种种要求"。幼儿将在这种文化氛围中转向学习。这些转变包括他们对待自己和他人的态度、对学习的兴趣、更加积极地参与学习活动、与人对话并满怀热情。家长将满怀希望，帮助自己的孩子发挥全部潜力，做好孩子的入学准备。

"亲子中心项目"的资金来源于1965年颁布的《初等和中等教育法》（Elementary and Secondary Education Act），这是美国教育史上最重要的立法之一。该法案共6章，第1章是法案最主要的部分，用于为低收入家庭的儿童教育提供财政资助。芝加哥成为全美第一个将《初等和中等教育法》资金拨给学前教育的地区。

"亲子中心项目"中3—5岁幼儿的年度花费约为1950美元，6—9岁则为1100美元。这些开支主要用于亲子中心的家长指导、教师培训、团队建设及项目进度监控。除联邦资助外，项目还接受来自学校、学区和私人的募捐。参加项目的儿童需满足两个条件：须居住在该低收入地区；须承诺坚持家长参与。

50多年来，亲子中心项目不断变革，以亲子中心作为项目枢纽、以团队合作为主要要素、以家长参与为干预条件，取得了良好的效果。"亲子中心"（Child-Parent Center）是每个地区的项目服务枢纽。亲子中心内开设了学前班，并提供家长资源室。6岁以上儿童进入项目合作的公办小学，但中心仍然为这些学生提供需要的支持。中心所有员工都要接受持续的、旨在提高儿童成就的专业发展培训。教学主任和小学的项目协调员合作，确保课程实施的连续性，并为儿童提供支持。基于州学习标准的要素，亲子中心通过规范课程来促进儿童数学、科学、阅读技能及社会情感的发展。

"亲子中心项目"的管理者认为项目实施过程中最重要的是协作领导团队的构建。项目的协作领导团队包括教学主任、家长资源教师和学校社区代表等。教学主任的主要职责是教师专业发展培训、项目管理、招聘招生及协调项目小学的课程实施。家长资源教师则负责6个集中领域的家长工作坊，指导家庭中的儿童发展与养育（如健康、安全、营养）等问题，并指导父母成为他们孩子的拥护者，实施课程和儿童发展工作坊以促进家、校联系。①学校社区代表则负责家庭考勤记录、家访，并将家庭与社区资源相连接，帮助每个家庭得到充分的发展和支持（图 6-2-1）。

图 6-2-1 "父母、家庭与社区参与"框架

在亲子中心，幼儿班的师幼比为 2:17，家长的参与进一步降低了成人与幼儿的比例。家长参与体现了学校、家庭和亲子中心互惠性、协作性的互动。"亲子中心项目"发挥家长的主导作用，使干预行为超越了教室的围墙，促进社区生态资源的整合。通过这一分工明确的合作体系，学校、家庭与社区构成了一个一致、稳定的文化生态环境。

## 三、"高瞻佩里学前教育项目"的背景与内容

始于 1965 年的"高瞻佩里学前教育项目"是世界上最著名的处境不利儿童早期干预项目之一。项目最初致力于提高贫困的非洲裔美国儿童的智商，预防学业失败。出乎意料的是，历时 50 多年的追踪研究一再带给人们惊喜。对参与干预的儿

---

① 钱雨，何梦瑶. 美国早期干预研究的启示：支持处境不利儿童［J］. 广西师范大学学报（哲学社会科学版），2020，56（2）：124-134.

童来说，不仅有学业上的改变，更有生命历程上的破茧成蝶。其积累的实证研究数据，不断影响着美国乃至世界针对处境不利儿童的实践与政策。在扩大针对处境不利儿童实施学前教育的不少经济案例中，很大程度上是基于该项目的成果。①

"高瞻佩里学前教育项目"的诞生嵌入在当时的社会文化背景中，早期干预的想法诞生于"布朗诉教育委员会"（Brown v. the Board of Education）案件的阴影下。②虽然美国自诞生以来一直宣扬"民主、自由、平等"的思想，《独立宣言》中也明确规定"人生而平等"。但是长期以来，种族间的平等并未实现。布朗案是美国最高法院宣判的一项具有里程碑意义的案件，宣判确定了各州为黑人和白人学生建立隔离学校的法律是违宪的。这一决定推翻了1896年"普莱西诉弗格森"（Plessy v. Ferguson）案件所确立的"隔离但平等"的原则。当公共学校系统内开始进行种族融合，教育学家和心理学家发现，黑人学生的智力与学业表现远远落后于白人学生。

20世纪60年代初期，在美国密歇根州的伊普西兰蒂，黑人和白人的学校是分开的。维克托是当地公立学校系统的特殊教育主任。任职期间，他注意到黑人与白人学生存在巨大的学业差距。他发现在儿童早期教育的文献中，针对处境不利儿童的早期教育几乎是空白。维克托建议为这些处境不利儿童开办学前班，但当时社会上盛行"智商与生俱来，难以改变"的理念，反对者认为来自处境不利背景的3—4岁儿童不可能适应这样的项目。于是，维克托萌生了建立一个科学实验项目的想法。

在获得伊普西兰蒂公立学校特殊教育部门的资助后，维克托试图解决一个问题，即处境不利儿童参与儿童早期教育项目是否能够提高他们的智力和学术能力。简单来说，学前教育是否能起作用？③维克托所料未及的是，这个早期干预项目的开展，以及后续追踪研究带来的结果远远超出了这一简单的问题。

"高瞻佩里学前教育项目"的目标人群是居住在佩里小学学区范围内的3—4

---

① HECKMAN JAMES J，MOON SEONG HYEOK，PINTO RODRIGO，SAVELYEV PETER A，YAVITZ ADAM. The rate of return to the High/Scope Perry Preschool Program.［J］. Journal of Public Economics，2010，94（1-2）：114-128.
② RAMEY C T，RAMEY S L. Early intervention and early experience［J］. American Psychologist，1998，53（2）：109-120.
③ AMERICAN PUBLIC MEDIA. Early lessons［EB/OL］.

岁儿童。① 这些儿童都居住在当地非洲裔美国社区里，会进入专为黑人儿童举办的佩里小学就读。经斯坦福-比纳智力量表测试，儿童的智商在 70—85 之间（智力损伤的边缘）。总之，这些儿童是生活在贫困之中，且面临着学业失败高风险的非洲裔美国儿童。"高瞻项目"共有 123 名参与者，他们被随机分为接受学前教育的干预组和不接受学前教育的对照组。

123 名参与者在 1962—1967 年间分为 5 批进入高瞻项目。为了避免同一个家庭中子女的相互影响，新进入项目的儿童会跟其哥哥、姐姐所在的组保持一致。最终干预组与对照组的人数分别为 58 人和 65 人。赫克曼和美国国家经济研究局（The National Bureau of Economic Research）使用创新的统计程序修正了研究的小样本量、随机分配的偏离、多重检验假设 3 个问题。统计分析结果表明，这些问题并没有显著影响这项研究的结果，从而确认了项目的内在效度。②

"高瞻佩里学前教育项目"所运行的学前班只持续了 5 年（1962—1967），但对项目参与者的追踪研究与评估从没停止过。1970 年维克托创立了一个非营利组织——著名的高瞻教育研究基金会（High Scope Educational Research Foundation）。该基金会继续对项目进行追踪研究，在所有的参与者 3—11 岁、14 岁、15 岁、19 岁、27 岁、40 岁、50 岁时收集相关数据，用于评估与分析。

高瞻项目评估首先关注儿童在智商方面的结果。学前班结束时，干预组儿童的智商得分远远高于控制组（超过了 12 分）。虽然从学前班到 7 岁，项目组在各种智力和语言测试中都表现更好，但是有利的智商效果会在儿童入学后开始下降。在小学二年级（8 岁）时，这种优势会消失。③ 参与干预的儿童获得的智商优势面临着"消退效应"。

14 岁时，研究人员发现两组在阅读、书写、数学能力的测试成绩有显著差别。正如其主要研究者所说，14 岁的测试结果出现了真正的转折

---

① WEIKART D P, C K KAMII, N L RADIN. Perry preschool project progress report [J]. Academically Handicapped, 1964: 61.
② HECKMAN J J, MOON S H, PINTO R, SAVELYEV P A, & YAVITZ A Q. (2010b). Analyzing social experiments as implemented: a reexamination of evidence from the High/Scope Perry Preschool Program [J]. Quantitative Economics, 1 (1), 1–46.
③ SCHWEINHART L J, WEIKART D P, PRESS H. Young children grow up: the effects of the perry preschool program on youths through age 15 [R]. Ypsilanti: High/Scope Educational Research Foundation, 1980.

点。[1] 即使干预组在智商方面不再有优势，但是他们的学业成绩更好，更少人被分配到特殊教育班。15 岁时，干预组成绩测试的平均得分也显著更高。[2] 19 岁时的研究结果表明，接受干预的儿童减少对特殊教育的需求，更有可能从高中毕业，反社会行为更少，被拘留或逮捕的可能性降低，毕业后的就业率更高，更少依赖政府的福利援助（见表 6-2-1）。

表 6-2-1 高瞻佩里研究结果——19 岁时数据 [3]

| 项　目 | 干预组 | 对照组 | 方差 |
| --- | --- | --- | --- |
| K-6 年级的缺席次数/年 | 11.9（54） | 16.3（58） | 0.088 |
| 接受特殊教育（%） | 16（54） | 28（58） | 0.039 |
| 被归类为智障者（%） | 15（54） | 35（58） | 0.014 |
| 不及格的平均数 | 0.67（54） | 1.01（58） | 0.073 |
| 高中平均绩点 | 2.08（38） | 1.71（39） | 0.018 |
| 高中毕业（%） | 67（58） | 49（63） | 0.034 |
| 对学校有归属感（%） | 46（58） | 35（63） | — |
| 成年人操作水平调查 | | | |
| 原始分数（40 以上） | 24.6（52） | 21.8（57） | 0.025 |
| 超过平均（%） | 6（52） | 5（57） | n/a. |
| 达到平均（%） | 55（52） | 33（57） | n/a. |
| 低于平均（%） | 39（52） | 62（57） | n/a. |
| 19 岁时平均收入 | 5386（58） | 4347（63） | — |
| 已被逮捕或指控（%） | 31（58） | 51（63） | 0.021 |
| 逮捕的平均次数 | 1.26（58） | 2.30（63） | 0.001 |

---

[1] MERVIS J. Past successes shape effort to expand early intervention [J]. Science, 2011, 333 (6045): 952-956.

[2] BARNETT W S. Benefit-cost analysis of the perry preschool program and its policy implications. [J]. Educational Evaluation & Policy Analysis, 1985, 7 (4): 333-342.

[3] GRAMLICH E M. Evaluation of education projects: the case of the perry preschool program [J]. Economics of Education Review, 1986, 5 (1): 17-24.

对公众来说，在儿童的学前教育上每投资 1 美元，会获得约 12.9 美元的社会回报。这些经济回报主要源于犯罪率降低带来的司法系统上的开支节省、社会福利的开支节省、接受特殊教育的费用节省、因收入增加带来的更多税收。88% 的经济回报来自犯罪的节省开支。① 该项目影响了北美和欧洲学前教育福利的实践与政策。②

## 四、"卡罗来纳初学者项目"的背景与内容

雷米（Craig Ramey）教授于 1972 年 9 月在北卡罗来纳州的教堂山启动了"卡罗来纳初学者项目"（Abecedarian Project，以下简称"ABC 项目"）。这是美国北卡罗来纳大学的弗兰克·波特·格雷厄姆儿童发展研究所（Frank Porter Graham Child Development Institute Child Development Institute）的一个早期干预项目，对 0 岁儿童进行长达 5 年的高质量强化干预和 3 年的学龄阶段干预，并进行持续追踪研究。《科学》上发表的一篇文章证明了"ABC 项目"在健康方面的开创性影响。项目使用的方法已经被传播应用到澳大利亚、加拿大等地。③

研究人员通过当地的医院、诊所、社会服务部门，以及其他社区机构的记录与建议来确定可能符合资格的家庭。筛选基于 13 个因素组成的高风险指数，包括母亲和父亲的教育水平、家庭收入、父亲的缺席、接受福利援助的情况、父母智商、儿童智力低和学业成就差相关的其他因素。这些因素有不同的赋值，根据所有因素的得分确定总的家庭风险指数，得分超过 11 的家庭有参与项目的资格。这些儿童的母亲平均年龄为 20 岁左右，受教育程度较低。儿童从 6 周大就可以进入项目，平均进入的年龄为 4.4 个月。

出生于 1972—1977 年的 120 个家庭的 122 名儿童分 4 批进入项目，根据儿

---

① BELFIELD，CLIVE R，et al. The High/Scope Perry Preschool Program: cost-benefit analysis using data from the age-40 follow up [J]. The Journal of Human Resources，2006，41（1）: 62-190.
② SCHWEINHART L J. Use of early childhood longitudinal studies by policy makers [J]. International Journal of Child Care & Education Policy，2016，10（1）: 6.
③ FRANK PORTER GRAHAM CHILD DEVELOPMENT INSTITUTE. The Abecedarian Project [EB/OL].

童的性别、母亲智商、兄弟姐妹数量以及高风险指数得分将家庭进行配对，① 随机分配到干预组和对照组。最终参与研究的有 109 个家庭的 111 名儿童，57 名儿童在干预组，54 名儿童在对照组。干预组将获得长达 5 年的高质量早期教育与保育服务。

项目早期运行阶段的资金来自国家儿童健康和人类发展研究所（National Institutes of Child Health and Human Development）的拨款和州人力资源部的资助。后续追踪研究的资金主要来自美国教育部、卫生和人类服务部妇幼保健局（Maternal and Child Health Bureau）、弗兰克·波特·格雷厄姆儿童发展中心及其他基金会的资助。

"ABC 项目"的理论基础源于系统理论的概念框架。从这个角度出发，儿童的发展结果被视为多个层次系统之间相互作用的持续过程。从个体和直接影响身体生存的因素，到心理上的因素，涉及照料者、家庭、学校、社区的社会系统以及社会力量之间的相互作用。在这样一个影响幼儿的生态系统中，儿童早期教育与保育提供了影响儿童积极变化的"工具"。虽然一般系统理论意味着多种因果关系的发展结果，但它提供了一个框架，通过支持儿童的积极变化，来说明改变早期环境是如何对以后的成就产生长远影响的。② 这个概念框架与萨莫诺夫（Sameroff）的交换理论和布朗芬布伦纳（Bronfenbrenner）的生态模型类似，都强调个人的发展受到个人、家庭、学校、社区、国家等多个层面的影响，这些层面共同影响着儿童的发展和对环境刺激的反应。

"ABC 项目"的研究人员在参与者 12 岁、15 岁、21 岁、30 岁和 35 岁时发布了一系列追踪研究报告，评估数据包括被广泛使用的智商测试量表、学业成绩测试量表、对参与者及父母的访谈、学校记录、社会福利部门记录、问卷调查、血液样本检测。从 18 个月时的贝利智力发展指数（Bayley Mental Development Index at 18 months）开始，包括 24、36 和 48 个月时的斯坦福-比纳智力量表测试成绩和麦卡锡儿童能力量表（the McCarthy Scales of Children's

---

① RAMEY C T, YEATES K O, SHORT E J. The plasticity of intellectual development: insights from preventive intervention [J]. Child Development, 1984, 55（5）: 1913-1925.
② FRANCES A CAMPBELL, CRAIG T RAMEY, ELIZABETH PUNGELLO, et al. Early childhood education: young adult outcomes from the abecedarian project [J]. Applied Developmental Science, 2002, 6（1）: 42-57.

Abilities）测试显示，干预组儿童的语言发展能力、感知觉表现能力和数量能力表现更好，但运动能力的发展没有显著差异。① 评估证明，从出生到 5 岁接受"ABC 项目"干预的儿童智商得分比对照组儿童的得分要高，具有更好的认知表现。

研究结果显示，干预组的智商得分显著高于对照组，并且日托教育的积极影响对那些母亲智商得分低的儿童尤其明显。②21 岁时，93.7% 的参与者接受了追踪调查。结果显示，干预组在智力测验成绩和阅读、数学的学业成绩上，继续保持着统计学上的显著优势，而且受教育的年数也更多。最显著的成果便是他们更有可能进入 4 年制的学院或者大学接受教育，更有可能继续在学校就读，或是拥有一份熟练工作。

## 五、国际儿童福利政策研究中的科学评估与元评估

为判断学前教育福利项目的有效性，各国政府与学者开展了大量科学、严谨的评估与元评估。例如，对亲子中心项目实施效果的第一个大规模追踪评估被称为"芝加哥纵向研究"（Chicago longitudinal study），由雷纳兹和坦普主持，始于 1985 年。研究持续了 30 多年，研究对象为 1539 个家庭。其中 989 名干预组家庭选自芝加哥的 20 个亲子中心，另有 550 个家庭被归为对照组。

评估发现参与亲子中心项目对儿童入学成绩有积极影响，小学六年级时，干预组与对照组测验分数上仍有显著差异。研究还发现，参与亲子中心项目的持续时间与儿童到青春期的学业成就、消费水平、家长对儿童的教育参与程度等呈正相关，与留级率、早期辍学率、不良行为表现等呈显著负相关。干预时间超过 4 年的儿童有更高的学业成就，接受特殊教育的比例减少 35%，暴力犯罪逮捕率减少了 25%（见表 6-2-2）。

---

① RAMEY C T, CAMPBELL F A. Preventive education for high-risk children: cognitive consequences of the carolina abecedarian project [J]. American Journal of Mental Deficiency, 1984, 88（5）: 515-523.
② MARTIN S L, RAMEY C T, RAMEY S. The prevention of intellectual impairment in children of impoverished families: findings of a randomized trial of educational day care [J]. American Journal of Public Health, 1990, 80（7）: 844-847.

表 6-2-2 参与亲子中心项目的效果分析

| 领域和测量 | 数量 | 延长干预组 | 对照组 | 差数 | p |
|---|---|---|---|---|---|
| **学业成就** | | | | | |
| 9岁时爱荷华基本技能测验的阅读成绩 | 980 | 98.4 | 93.4 | 5.0 | 0.004 |
| 14岁时爱荷华基本技能测验的阅读成绩 | 884 | 146.7 | 143.7 | 4.0 | 0.012 |
| 14/15岁时消费技能,通过的百分比(%) | 885 | 63.7 | 57.7 | 6.0 | 0.033 |
| 在儿童8—12岁时,家长/教师对家长参与学校的积极评价分数(0—5) | 889 | 2.2 | 1.6 | 0.6 | <0.001 |
| **学校补偿服务** | | | | | |
| 15岁前留级(%) | 971 | 21.9 | 32.3 | −10.4 | 0.001 |
| 18岁前接受特殊教育(%) | 971 | 13.5 | 20.7 | −7.2 | 0.004 |
| 6—18岁时接受特殊教育的年限 | 971 | 0.56 | 1.23 | −0.67 | 0.080 |
| **儿童虐待** | | | | | |
| 6—17岁时经历虐待/忽视的报告(%) | 1070 | 3.6 | 6.9 | −3.3 | 0.024 |
| 上诉少年法庭(%) | 1067 | 19.2 | 20.1 | −0.9 | 0.726 |
| 因暴力犯罪上诉法庭(%) | 1067 | 9.3 | 12.4 | −3.1 | 0.099 |
| 逮捕人数(%) | 1067 | 0.48 | 0.62 | −0.14 | 0.320 |
| **20/21岁时的受教育程度** | | | | | |
| 高中毕业,20岁(%) | 937 | 48.7 | 44.0 | 4.7 | 0.193 |
| 完成的最高年级,20岁 | 933 | 10.44 | 10.31 | 0.13 | 0.235 |
| 高中毕业,21岁(%) | 995 | 59.4 | 57.2 | 2.2 | 0.522 |
| 完成的最高年级,21岁 | 983 | 11.09 | 11.0 | 0.09 | 0.450 |

另一个"亲子中心扩展项目"的评估目前正在进行中,由美国人力资本研究合作所主持。这项评估针对项目进一步扩展后覆盖的美国中西部地区,样本数量更大。评估采用美国入学准备评估"TS-GOLD量表",含6个入学准备子指标。数据分析初步结果已显示了亲子中心扩展后的有效性:干预组儿童在所有的6个分量表中的总分超过对照组27分;69%的干预组儿童在4

个以及 4 个以上的分量表得分达到或超过国家平均水平。相比之下，对照组仅为 52%。

两大评估研究都发现，参与了干预项目的幼儿进入小学时准备更加充分，更有可能获得积极的学术成就，接受特殊教育服务和留级的可能性更小。这大大减少了未来的教育成本。而接受干预的母亲就业率更高，接受职业培训率更高，获得了更高的收入，减少了多项社会开支。

政府、机构和学者都在积极对各类早期干预项目开展元评估。例如，华盛顿州公共政策研究所二次分析了针对低收入家庭儿童的各类早期干预是如何影响学生学业结果，以及其收益与成本的关系。研究主要针对三类项目：州和行政区的 Pre-k 项目，联邦的"开端计划"项目以及模范项目。这些研究既分析了学术成果，也分析了社会和情感发展成果，少数研究还评估了包括犯罪和青少年怀孕等中长期成果。最后的分析结果表明，针对低收入家庭儿童的儿童早期教育能够让他们在未来取得更好的学业成就。

美国教育部门评估了包括亲子中心项目在内的五个大型早期干预项目，关注这些项目如何让儿童取得积极学业成就及效果如何维持。坦普和雷纳兹对"亲子中心项目""佩里实验"与"ABC 项目"三大早期干预项目的影响进行了横向比较，结果如表 6-2-3 所示。

表 6-2-3　三大国际早期干预项目的长期影响分析 ①

| 结　　果 | 佩里实验 | ABC 项目 | 亲子中心项目 |
| --- | --- | --- | --- |
| 原始样本大小（项目组，对照组） | 58，65 | 57，54 | 989，550 |
| 高中毕业时的样本回收（%） | 94 | 95 | 87 |
| 15/18 岁时的特殊教育服务（%） | 15，34 | 25，48 | 14，25 |
| 15 岁前留级（%） | ns | 31，55 | 23，38 |
| 17 岁前的儿童虐待 | n/a | n/a | 7，14 |
| 19 岁前被逮捕 | 31，51 | ns | 17，25 |
| 21/27 岁前完成的最高年级（平均） | 11.9，11.0 | 12.2，11.6 | 11.3，10.9 |

① "佩里实验"中教育成就和就业情况的调查年龄为 27 岁，"ABC 项目"为 21 岁，"亲子中心项目"为 22 岁。

（续表）

| 结　果 | 佩里实验 | ABC 项目 | 亲子中心项目 |
|---|---|---|---|
| 21/27 岁完成高中学业（%） | 71，54 | 70，67 | 66，54 |
| | | （毕业） | |
| 21/27 岁前上大学（%） | 33，28 | 36，14 | 24，18 |
| 21/27 岁的就业率（%） | 71，59 | 70，58 | n/a |
| | | （青少年妈妈） | |
| 27 岁时的月收入（$） | 1219，766 | n/a | n/a |

2011 年，学前教育专家巴纳特在《科学》杂志上发表了《早期干预的有效性》一文，对比了多个美国干预项目的研究数据。这些项目包括结构化的学前班、日托中心、家访、家庭支持服务和父母教育项目。二次分析结果表明，优质的早期发展项目对青少年长期发展和社会政策变革都发挥着至关重要的作用。表 6-2-4 分析了"亲子中心项目""塔尔萨项目""OK 项目"和"新泽西城市学前项目"等对儿童学业成就的积极影响。

表 6-2-4　五个学前教育福利项目在儿童 5 岁时的学业影响标准差

| 发展领域 | 亲子中心项目 | 塔尔萨项目 | OK 项目 | 新泽西城市学前项目 | 开端计划 |
|---|---|---|---|---|---|
| 语言 | 无数据 | 无数据 | 0.28 | 0.32 | 0.09（0.13） |
| 数学 | 0.33 | 0.36 | 0.34 | 0.30 | 0.12（0.18） |
| 阅读 | 无数据 | 0.99 | 0.42 | 0.44 | 0.25（0.34） |

## 第三节　国际学前教育福利发展中的家庭支持取向

对家庭的支持是许多国家在学前教育福利政策中对儿童实施福利补偿的重要组成部分。这些福利政策的制定原则是让每一个家庭共享学前教育福利。对家庭的救济支持可以追溯到英国伊丽莎白一世时期。作为英国都铎王朝的最后一位英格兰及爱尔兰女王，伊丽莎白就曾经走访穷人家庭，为他们提供救济。

## 一、国际学前教育福利中的家庭支持概况

世界各国通过儿童税收减免和家访项目等提供家庭支持。例如儿童税收抵免（child taxcredit）是英国目前所有针对贫困儿童的社会救助政策中，数额最大、最重要的政策。而法国则施行了基于孩子数量的家庭津贴政策（表6-3-1）。家访项目也是各国政府推进学前教育福利政策、支持家庭发展的重要服务策略之一，被认为是学前教育福利服务中最有效的策略之一。

表6-3-1 国际学前教育福利政策一览表（2023）（部分，课题组整理）

| 国家 | 部分年龄教育费用减免 | 部分教育服务减免 | 免费教育津贴 | 津贴制度立法年度 | 津贴财政来源 |
|---|---|---|---|---|---|
| 澳大利亚 | √ | √ |  | 1941 | 政府税收 |
| 比利时 | √ | √ |  | 1930 | 雇主7%+政府税收 |
| 丹麦 |  | √ |  | 1952 | 政府税收 |
| 法国 | √ | √ |  | 1932 | 雇主5.4%+政府税收1.1% |
| 加拿大 |  | √ |  | 1944 | 政府税收 |
| 荷兰 |  | √ |  | 1939 | 政府税收 |
| 卢森堡 | √ | √ |  | 1947 | 政府税收 |
| 瑞典 | √ | √ |  | 1947 | 政府税收 |
| 英国 | √ | √ | √ | 1945 | 政府税收 |
| 意大利 |  | √ | √ | 1937 | 雇主负担保费4.84% |

许多学前教育福利项目的家访项目都有悠久的历史，如"美国健康家庭"（Healthy Families America）、"护士家庭伙伴关系"（Nurse-Family Partnership）、"早期开端计划"（Early Head Start）、"家长即教师"（Parents as Teachers）、"学前儿童家长指导"（Home Instruction for Parents of Preschool Youngsters），以及"父母儿童之家"（the Parent-Child Home Program）。

儿童家访项目缘起最早可以追溯到16世纪初期欧洲的社会服务模式。早在16世纪初期，需要特殊帮助的人往往是在自己家里受到家人朋友或邻居提供的帮

助。当时，为穷人提供帮助的动力主要是各个国家的宗教信仰和古代文明。在公共服务机构还没有出现的时代，这也是唯一的选择。

在美国，家访服务可以追溯到殖民地时期，主要由家庭成员和其他社区人员提供服务。当时，家访服务的对象常常是病人、穷人以及妇幼群体，服务往往由当地社区发起并提供支持，护士、社会工作者和教师是主要的家访人员。然而，随着公共服务机构的兴起，家访服务因为花费太大而被诟病。但是，社会服务部门发现，当公共服务机构出现后，家访服务的需求量变得更大了。

1860年，佛罗伦萨·南丁格尔（Florence Nightingale）在英国伦敦圣托马斯医院创建了护士培训学校。南丁格尔说："别以为你在伦敦的护理方面做出了任何有效的工作，除非你不只是在护理中心帮助这些穷困患者，还为他们提供了家访服务。"20世纪，家访服务也成为了解决被虐待和被忽视儿童问题的主要战略之一。

1899年，玛丽·里士满写了《穷人的友好访问者：家访人员工作手册》，这是第一本详细论述家访人员如何做好家访前准备工作的著作。1910年，里士满又出版了《社会诊断》(social diagnosis)，为家访服务工作者提供了系统的方法，并确定了具体的服务内容。里士满创立的一套"救济原则"对当时及以后的社会救济服务都产生了重大的影响，有些原则沿用至今，如："必要时为有特殊需要的人提供私人的家访服务。""为有特殊需求的人提供家访服务时，必须要考虑到他们所处的环境。"

目前，几乎每一个国家都在学前教育福利项目服务中把家庭作为重要的单元。国内外已有的研究成果都表明了在影响儿童早期习惯养成、认知、身体素质以及社会性等各方面的发展上，家庭的影响要大于社会或各类幼儿教育机构。

大量的研究表明，家庭收入与儿童早期的身体健康、认知能力和学业成就紧密相关。对美国国家纵向研究数据的分析显示，贫穷的儿童有1.3倍的可能性遭遇学习障碍和发育迟缓问题。[①] 另一项研究发现，来自贫困家庭的孩子在标准化考试中得分较低，被留级和辍学的可能性更大。情绪和行为发展也受到贫困因素的影响，尽管程度比认知发展稍低一些。来自婴儿健康与发展项目（Infant Health

---

[①] 刘露,钱雨,鲁熙茜.美国学前儿童家访项目及其启示——以HIPPY、PAT、NFP家访项目为例[J].幼儿教育,2019（Z3）：83-87.

and Development Program）的数据表明，长期生活在贫困中的儿童比没有生活在贫困中的儿童存在更多的行为问题。

家庭收入对儿童发展的影响是通过儿童的家庭环境产生的，包括通过积极的亲子互动，以及提供认知和情感刺激为儿童创设的学习机会。有学者对学前儿童家庭高收入和低收入条件对学习环境造成的影响进行研究，结果表明收入差异对这些儿童的发展测试分数差距的解释效力高达 50%。一项对母亲接受福利救济的儿童研究表明，母亲需要的不仅仅是补救教育（remedial education）或工作培训，她们更需要在有效的育儿实践中进行培训。研究人员得出的结论是，尽管家长对孩子在学校的表现有很高的期望，许多低收入家庭中的母亲却不知道如何帮助孩子做好入学的准备（Zill et al., 1995）。母亲的育儿技能影响着家庭环境和母子互动，并被认为是影响贫困儿童发展结果的一个重要因素。因此，通过营造一个丰富的家庭环境来增加一个孩子学习的机会为儿童早期发展干预提供了一个很有希望的切入点。

20 世纪 60 年代以来，越来越多的公共政策计划开始关注为那些处境极其不利的学前儿童提供家庭支持。2009 年，美国联邦政府卫生与公共服务部搜集并筛选了从 1979 年至 2015 年间有关学前儿童家访项目的实证性研究报告，从八大发展领域进行效果评估，包括提高儿童健康水平、儿童发展和入学准备、家庭经济自给自足能力、联系与转介服务、母亲健康水平、积极的亲子互动、减少儿童虐待情况、减少青少年行为问题、家庭暴力及犯罪问题。欧美学者关于学前教育福利项目中的家庭干预研究内容说明了这些福利项目的价值。以下介绍部分著名的国际家庭服务项目内容。

## 二、"学前儿童家长指导"项目的主要内容

"学前儿童家长指导"（Home Instruction for Parents of Preschool Youngsters，HIPPY）项目在全球 16 个国家中实施，包括阿根廷、澳大利亚、奥地利、加拿大、德国、以色列、意大利、新西兰、南非和美国，丹麦、芬兰、荷兰、土耳其、菲律宾、瑞士也已经启动了 HIPPY 项目的试点研究。

HIPPY 项目于 1969 年由以色列希伯来大学教育学博士伦巴第（Avima D. Lombard）及其同事创立。他们基于"成功始于家庭"（success start at home）的

理念,与犹太妇女教育创新研究委员会(National Council of Jewish Women's Research Institute for Innovation in Education)合作,为解决移民家庭儿童发展滞后问题而研发出的一种家访服务项目。伦巴第博士指出,为移民儿童及其照料者提供入户式家访服务,旨在提高母亲养育子女的技能和自我效能感,最终解决移民儿童学业落后的问题。

起初 HIPPY 项目只是一个以色列示范项目。随后研究者发现,该项目不仅能帮助移民儿童及其家庭获得成功,而且对于任何缺乏教育资源、养育技能或信心的父母,HIPPY 项目都有着显著的效果,可以帮助家长指导子女做好入学准备。此后,HIPPY 项目被广泛推广,逐渐发展成为一项国际家访项目,被全球 13 种不同语言的国家广泛采用。

研究指出,参加了一年 HIPPY 项目的父母参与子女学校生活及家庭学习活动的次数增多了,连续参加两三年该项目的父母表现更好。在控制了家庭、社会、经济地位因素之后,参加过 HIPPY 项目家庭的儿童比没有参加该项目的儿童入园率更高,出勤率也更高、更稳定,并且在三年级时数学水平测试的得分比控制组儿童高出很多。

20 世纪 80 年代,美国第一夫人希拉里·克林顿首次将以色列 HIPPY 项目引入美国,支持贫困家庭父母更多地参与其子女的学习生活,提高贫困儿童的入学准备水平,以减少学前儿童之间未来的成就差距。美国 HIPPY 项目在阿肯色州地区取得了令人满意的成效。目前,美国的 19 个州和哥伦比亚特区已经设立了 116 个美国 HIPPY 项目服务站点,至少为 16000 名儿童及其家庭提供了教育支持服务。

HIPPY 项目是一项为期两年的家庭教育增益项目(educational enrichment program),旨在为家庭文化水平低及经济收入低的 3—5 岁学前儿童及其家长免费提供促进早期发展的干预服务,致力于构建良好的亲子互动关系,使照料者的养育知识得以增长、技能得以提升。项目鼓励家庭更好地利用社会服务资源,与学校和社区建立一个互惠互利的良好关系,最终帮助这些处境不利的学前儿童做好入学准备,增加他们获得学业成功和未来发展的公平机会。

国际化的 HIPPY 项目已经形成了系统化的服务模式,主要由以下四个部分组成:

1. 一套适宜性发展课程

课程包含一套为期 30 周的活动包,为 3—5 岁儿童提供了促进认知发展、早期读写能力、社会性、情绪和身体发育的课程材料。其中包括儿童故事书以及20套非常详细的操作说明，以确保非家访日家长和子女也能够一起获得成功的学习体验。除了上述的基本材料之外，项目工作者还为受访家庭提供了剪刀和蜡笔等补充材料。

### 2. 角色扮演法

即家访人员和家长通过分别扮演"父母"或"儿童"的方式进行家长指导，促进双方的交流。家访人员始终在角色扮演中贯穿HIPPY项目的服务理念，借助换位思考，让家长更加了解儿童的发展特点，从而更好地为儿童提供学习环境的支持。

### 3. 家访人员

项目家访人员与受访家庭来自同一个社区。有一定比例的专家协调员负责监管家访服务的质量。每个儿童及家庭从参与HIPPY项目开始就需要参与健康和发展评估，以便家访人员全面了解他们的健康状况、能力和需求。家访人员会持续观察、收集评估信息，以定制个别化的课程学习计划。在美国，一个拥有一名专家协调员和12—18个兼职家访人员的HIPPY项目服务站点，最多可以为180个孩子及其家庭提供家访服务。

### 4. 定期入户家访和家长小组活动

项目每两周为家长组织一次小组活动，为家长们提供相互学习、分享交流个人经验的机会。活动总时长两小时，分为两部分：前一个小时用来讨论上一阶段的家访实施情况，并通过角色扮演方式，提前探讨下一周的家访活动内容；后半部分的家长小组活动为丰富的主题活动，如育儿、就业、学校、社区、社会服务和个人发展等主题。每次家长小组活动的主题都由家长自由选择。这一主题活动旨在为家长提供育儿知识和技能的培训，帮助他们成为更好的家长和更自信、更独立的社会成员。

在家长小组活动期间，会为有需要的家庭提供临时的儿童照料服务。为这些儿童提供公共游戏空间，同时也为孩子们社会性发展创造了一个良好的机会。家长小组活动也会设计很多补充性的活动，例如亲子时光，这为家长提供了良好的观察时机，对比自己的孩子与同龄孩子的发展差异，从而更有针对性地调整自己的养育策略。

1988年美国HIPPY项目正式在小岩城（Little Rock，AR）成立了国家办公中心，作为联系各个州和地区项目的网络协调枢纽，收集项目大数据以供监管和研究。除此之外，国家办公中心还承担着许多其他重要的责任，例如为各个 HIPPY 项目服务站点提供培训和技术援助，持续改进和开发 HIPPY 课程材料和方案模型，以及对该项目进行推广和宣传等。

HIPPY 项目之所以能够在美国顺利施行并迅速发展，离不开美国政府的大力支持。2010 年 3 月 23 日，美国总统贝拉克·奥巴马签署了《经济适用法》，其中包括修改《社会保障法》第五卷，授权创建了"孕产妇，婴儿和儿童早期家访项目"。该家访项目是美国联邦政府的第一批循证政策举措之一。联邦政府要求被授权的家访项目能够在六大成果领域中发挥作用，包括：（1）改善孕产妇和新生儿健康；（2）预防儿童意外伤害、忽视和虐待儿童；（3）提高儿童入学准备率和学业成就；（4）减少青少年犯罪和家庭暴力；（5）改善家庭经济自给自足能力；（6）提高社区资源利用率。"孕产妇，婴儿和儿童早期家访项目"在美国联邦政府与州和地方政府之间建立了联动协同机制，保障了美国家访项目稳定发展的可能性。由美国联邦政府卫生和公共服务部、卫生资源与服务管理局以及儿童与家庭管理局协同，组织各个州政府、6 个司法辖区、印度部落区域共同承担家访项目的成本。

各国政府在支持 HIPPY 项目中发挥了如下几点作用：第一，依据立法保障，为项目顺利实施提供指导；第二，为每个州或地区的家访项目提供必需的经费支持，并建立服务中心；第三，为家访人员提供培训和技术支持；第四，建立监管服务体系，促进每个社区的 HIPPY 项目实现积极的成果影响；第五，鼓励家访项目研究者提高服务质量和研究水平，并分享研究成果。

国际 HIPPY 项目研究证明，该项目能够有效提高学前儿童的入学准备水平、入学率、课堂行为表现和学业成就水平，以及父母对子女学习生活的参与度。参与 HIPPY 项目能够帮助学前儿童在进入小学阶段时更好地适应学校和课堂环境，减少留级的现象（Baker，Piotrkowski & Brooks-Gunn，1999）。参与 HIPPY 项目的学前儿童在他们三年级、五年级和六年级时的阅读、数学和社会性能力评估中获得了更高的分数。

HIPPY 项目中的家长与孩子进行谈话活动的频率增多，家庭生态系统中的语言环境得到了改善。此外，参与项目的家长更愿意投入时间在其子女的学习生活上，活动的形式变得更加丰富，同时与教师的交流次数也增加了（Black，2010）。

在 HIPPY 项目的家长报告中,有 96% 的家长花更多的时间陪伴孩子阅读,教他们认字、写字、数数,去图书馆,以及管理孩子看电视的时间等。美国 HIPPY 项目在提高家长养育技能和信心方面也产生了显著性影响。大量研究表明,HIPPY 项目中的母亲在与孩子进行互动时,会更敏感地回应孩子的需求,能够更及时地提供教育支持,并且表示承担的压力感更小。

## 三、"家长即教师"家教项目

"家长即教师"项目(Parents as Teachers,以下简称"PAT 项目")的理念源于 20 世纪 70 年代。当时美国密苏里州的早期教育专家发现,5 岁儿童正式进入公办学校就读学前班时,入学准备水平差异很大。有研究表明,父母的高参与度是影响孩子学习能力(阅读和写作能力)发展的关键因素。为缩短学前儿童入学准备差距,早期教育专家建议为家长提供支持,帮助家长了解如何从子女一出生就开始实施促进其发展的活动。因此,1981 年,维特(Mildred Winter)启动了"家长即教师"项目,旨在为所有的儿童家长提供养育指导,促进儿童的认知和社会性发展。目前,该项目在世界各地已经日益成熟,在美国、澳大利亚、加拿大、德国、新加坡、瑞士和英国开展了服务。

国际"PAT 项目"从母亲怀孕初期至幼儿 5 岁准备进入幼儿园为止,面向所有家长,提供最健全的儿童发展信息,提高家长对幼儿发展的认知,改善家长的养育行为。项目旨在帮助家长更好地担任父母角色,有能力为其子女提供良好的成长环境,最终达到为儿童做好入学准备的终极目标。

早在 20 世纪 70 年代,欧美发达国家就已经开始关注家庭干预项目的有效性实证研究,进行了大量的实证性的追踪研究。例如 0—3(ZERO TO THREE)组织通过一系列的专业活动和研究,为家长、家访专业人员提供支持,有效促进了各类家庭干预项目的科学发展。从此,在越来越多的家庭干预项目启动的同时,研究者也开始关注对该项目模型有效的证据。对"PAT 项目"的有效性研究表明,参加项目的幼儿在认知、语言和身体发展方面比没有参加该项目的对照组幼儿发展得更好,在入学准备和幼儿园出勤率方面表现得更出色。

2010 年 3 月 23 日,美国总统奥巴马授权创建"孕产妇,婴儿和儿童早期家访项目"。该"家访项目"授权 5 年中,就为基于实证研究的家庭干预项目实施总共资助了 15 亿美元，旨在改善学前儿童健康、提升其发展水平。此外，这一家庭干预项目在联邦政府与州和地方社区之间建立了合作伙伴关系。美国卫生和人类服务部的卫生资源与服务管理局和儿童与家庭管理局合作管理家访项目，主要负责向全美各地提供赠款与支持。因此，密苏里州的立法机构在 1985 年为"PAT 项目"提供了国家资助，开始在密苏里州的所有学区正式施行"PAT 项目"。

"PAT 项目"旨在为家长提供自怀孕初期到孩子 5 岁入公立幼儿园为止的健全发展的信息，并面向所有家长提供家庭亲职教育。项目致力于促进儿童健康发展并提高儿童学业表现。"PAT 项目"取得满意成效后，密苏里州政府认识到了该项目的诸多优点和成本效益。目前，美国"PAT 项目"授权的分支机构已经扩展至全美 50 个州，100 多个部落、学校和社区，累计已经为 195000 多名儿童及其家庭提供了教育支持服务。

英国于 1991 年引入"PAT 项目"，在英格兰的白金汉郡进行项目试点研究。该项目在英国本土化后发展为"家长即第一位老师家访项目"（Parents as First Teachers，PAFT）。最近，英国国家家教研究院（National Academy for Parenting Research）对该项目进行了有效性评估，结果显示，PAFT 家访项目已经成为英国为处境不利家庭提供入户家访项目极其重要的组成部分。今天，在英格兰、苏格兰和南威尔士地区已有 55 个被授权的 PAFT 家访项目分支机构。

澳大利亚麦考瑞大学的儿童和家庭研究中心也引入了该项目，已成立了 170 个被授权的"PAT 项目"的分支机构，主要分布于新南威尔士州和澳大利亚首都地区的城市，为 4000 多个家庭提供了家庭教育支持服务。

2004 年德国纽伦堡引进了"PAT 项目"，之后改名为"PAT—家长共同学习家教项目"（PAT-Learning With Parents）。德国项目面向所有家庭提供开放服务。据统计，每年都有超过 350 户家庭及其子女接受由 29 个获得德国"PAT—家长共同学习家教项目"实施许可的机构提供的服务。其中大部分家庭都是来自其他国家的移民，家长对项目的满意度很高。

"PAT 项目"希望所有的儿童都能通过学习和成长实现各自的全部潜能。无论种族、宗教信仰、经济因素存在何种差异，所有儿童及其家庭都应该获得同等的成功机会。每一个从出生伊始的婴幼儿，一直到进入幼儿园，儿童及其家庭都能够从"PAT 项目"中获益。尽管"PAT 项目"为所有的幼儿及其家庭提供开放服务，旨在普及家教服务，但许多"PAT项目"的分支机构针对的都是特定目标群体，比如具有多重高需求特征的家庭。因此，"PAT项目"建立了信息支持系统，使得各个分支机构能够优先与具有高需求特征的家庭进行有效的接触。

"PAT项目"的实施方案由四个动态部分构成，分别为：儿童健康筛查、个体入户访问、小组会议、资源网络。这四部分的动态联动构成了一套紧密的服务系统，为实现"PAT项目"的各项目标发挥了协同作用。该项目运作于丰富多样的环境中，例如学校、医院、信仰组织和福利房社区等。"PAT项目"还会为3—5岁幼儿的未成年父母提供附加的课程和材料，以满足该群体的特殊需要。

PAT项目国家中心（The Parents as Teachers National Center）是一个国际性的非营利组织，负责开发课程、培训家访人员、资格认定审核等工作。"PAT项目"的各分支机构想要获得国家中心的质量认证审核，必须完成一个全面性的自我研究（self-study）和审查过程。家教机构要求至少达到75项质量标准（共有100项质量标准），用以证明该分支机构已满足项目的基本要求。此外，被新授权的分支机构必须在开展服务的第四年进行一次质量认证考核，之后每五年都需要进行一次质量认证。

通过质量认证的"PAT项目"分支机构会被PAT项目国家中心授予"蓝丝带"称号，表彰他们为儿童及家庭提供的高质量服务。"蓝丝带"模范机构的称号会在每五年的质量认定后重新被授予。"PAT项目"分支机构必须每年发布项目年度总结报告，汇报项目实施、服务供求度和质量标准的数据信息。为了提高项目服务质量，分支机构会使用年度总结报告、家庭反馈和其他来源数据作为项目持续改进的根据。

"PAT项目"规定每位督导人员负责指导的家访人员数量不能超过12名。然而，大多数"PAT项目"分支机构发现，要想保障良好的项目服务质量，最佳配置比例是1:6（督导人员和家访人员的比例）。项目实施的人员培训在基础培训之后，还有两天为家访人员及其督导者提供模拟的实践训练。基础培训和项目实施实践培训将"PAT项目"的服务课程、项目基本要求、指导方针以及服务标准融合在一起，使分支机构的家访人员能够提供高质量服务。"PAT项目"的培训专家非常强调反思性实践与合作方法的重要性。在培训的过程中，项目提供了大量的案例分析，注重培养家访人员和督导人员更敏锐地去了解服务家庭的自身优势、能力及需求。"PAT项目"的培训体制非常全面地涵盖了专业能力培养、督导、资格认定，以及职业发展机会的信息等。

在"PAT项目"施行初期，家访人员使用经过国家中心认可的家庭评估量表来收集和记录家庭信息。评估过程基于一种相互协作、彼此尊重的方式进行。家访人员为他们服务的每一个家庭制定并记录参与目标。"PAT项目"认为持续的项目改进是非常有必要的，在采取以家庭为中心的评估基础上，家访者利用调查所获得的数据和评估结果来设置家庭参与的下一阶段目标。

十几项实证研究对"PAT项目"的影响进行了评估。研究发现，"PAT项目"能有效促进儿童学业成绩、语言能力、社会发展、学习毅力和其他认知能力的发展。参与"PAT项目"的儿童在36个月大时，在学习动机方面的得分比没有参与该项目对照组儿童的得分要高，且两者表现出显著性差异。国家中心调查研究还发现，极度贫困地区的儿童参与"PAT项目"后，在入学准备水平测试中的成绩明显高于对照组。此外，当极度贫困地区的儿童同时参与"PAT项目"和其他学前教育时，他们在入学准备水平测试中的得分更高，明显高于轻度贫困地区没有参与"PAT项目"及其他学前教育项目的儿童[1]。

参与"PAT项目"的儿童在进入小学阶段后，在阅读、数学和语言领域的标准化测验中得分更高。与没有参与"PAT项目"的对照组儿童相比，参与了"PAT项目"的儿童在三年级时，需要额外的补救性教育和特殊教育支持的比率要低一半。

参与"PAT项目"也丰富了家长的养育知识，促进家长改善养育观念和行为。相比于没有参与"PAT项目"的对照组而言，参与项目的家庭拥有更多的书籍，家长会花更多的时间陪伴孩子开展亲子阅读。参与"PAT项目"有效提高了家长在养育子女方面的自我效能感，参与培训的父母会更积极地参与到孩子的教育之中。而这些正是使处境不利的学前儿童做好入学准备、获得更好的学业表现成果的关键因素。

国际家庭干预项目为中国实践者带来了拓展学前教育福利服务的家教项目和家访人员培训的启示。中国家庭干预项目刚刚起步，专业家访人员的培养可与高

---

[1] PFANNENSTIEL J C, SEITZ V, & ZIGLER E. Promoting school readiness: the role of the Parents as Teachers Program [J]. NHSA Dialog: A Research to Practice Journal for the Early Intervention Field, 2002（6）: 71-86.

校社工专业、学前教育专业合作。相关专业的高校学生最有可能成为家访人员队伍的储备资源。一方面，与高校合作能够为相关专业的大学生提供实践机会，促进该专业大学生在转入真正的福利服务工作时顺利过渡，有助于家访人员队伍的专业性建设。另一方面，考虑到提高家访人员以家庭为中心的实践能力，我国应该加强对高校家庭教育学科的建设，在教育专业的课程中渗透"以家庭为中心"的观念，同时可以在社区医疗系统、政府卫计系统、社区居委会等机构内发展学前教育福利与家访人员，建立专业家庭干预与家教指导人员队伍。

## 第四节　国际学前教育福利发展中的儿童发展取向

每个儿童都有接受优质学前教育的权利。文明社会进一步要求在学前教育福利中充分体现儿童发展的取向，最大化地保护儿童的教育权利，这已成为法治化国家和全球化时代的共同要求。

### 一、普及面向所有儿童的免费教育

为保障学前儿童的教育权，截至2022年年底，全球已经有110个国家实施了学前教育免费政策。其中49个国家实现学前三年及以上免费，36个国家学前一年免费。美国、加拿大、丹麦、芬兰、卢森堡、澳大利亚、南非、朝鲜等36国实施一年免费；爱尔兰、葡萄牙、新西兰、荷兰等国实施两年免费；法国、比利时、巴西、意大利、墨西哥、蒙古等34国实施三年免费；英国、德国、澳大利亚、日本、智利、韩国、卢森堡等11国实施四年以上免费。在这些国家中，义务教育起始年龄多为5岁或6岁，少数国家如墨西哥的义务教育始于3岁（见表6-4-1）。

表6-4-1　部分国家或地区学前教育免费情况与立法情况（2022）

| 国家或地区 | 义务教育入学年龄（岁） | 立法规定学前教育起始年龄（岁） | 学前免费教育规定 | | 法定接受学前教育时间 | |
| --- | --- | --- | --- | --- | --- | --- |
| | | | 免费教育入学对象 | 免费小时/周 | 法定接受学前教育对象 | 学前教育小时数/周 |
| 比利时德语社区 | 6 | 2.5—5 | 无条件 | 23.33 | 普遍的 | 23.33 |
| 比利时法语社区 | 6 | 0—2.5 | 有条件 | | | |
| | | 2.5—5 | 无条件 | 28 | 普遍的 | 28 |

（续表）

| 国家或地区 | 义务教育入学年龄（岁） | 立法规定学前教育起始年龄（岁） | 学前免费教育规定 | | 法定接受学前教育时间 | |
|---|---|---|---|---|---|---|
| | | | 免费教育入学对象 | 免费小时/周 | 法定接受学前教育对象 | 学前教育小时数/周 |
| 澳大利亚 | 5—6 | 0—5 | 无条件 | | | |
| 智利 | 6 | 0—5 | 有条件 | 55/40 | 特定的 | 55/40 |
| | | 0—2 | 有条件 | 55 | 特定的 | 55 |
| | | 4—5 | 无条件 | 22 | 普遍的 | 22 |
| 捷克共和国 | 6 | 5 | 无条件 | >=40 | 普遍的 | 50 |
| 芬兰 | 7 | 0—6 | 有条件 | 50 | 普遍的 | 50 |
| 法国 | 6 | 0—2 | 有条件 | 40 | 无 | |
| | | 3—5 | 无条件 | 24 | 普遍的 | 24 |
| 德国 | 5—6 | 1—5 | 视情况而定 | | 普遍的 | |
| 意大利 | 6 | 3—5 | 无条件 | 40 | 普遍的 | 40 |
| 日本 | 6 | 0—2 | 有条件 | 55 | 无 | |
| | | 3—5 | 有条件 | 20/50 | 无 | |
| 哈萨克斯坦 | 6—7 | 1—6 | 无条件 | 50—60 | 普遍的 | 50—60 |
| 韩国 | 6 | 0—5 | 无条件 | 40 | 无 | |
| | | 3—5 | 无条件 | 15—25 | 无 | |
| 卢森堡 | 4 | 0—3 | 有条件 | 3 | 无 | |
| | | 3—5 | 无条件 | <=26 | 普遍的 | 26 |
| 墨西哥 | 3 | 0—2 | 定向的 | | 无 | |
| | | 3—5 | 无条件 | 15—20 | 普遍的 | 15—20 |
| 荷兰 | 5 | 0—4 | 定向的 | 10 | 无 | |
| 新西兰 | 6 | 3—5 | 无条件 | 20 | 无 | |
| 挪威 | 6 | 1—5 | 无条件 | | 普遍的 | 41 |
| 葡萄牙 | 6 | 0—2 | 无 | | 无 | |
| | | 3—5 | 无条件 | 25 | 普遍的 | 40 |

（续表）

| 国家或地区 | 义务教育入学年龄（岁）| 立法规定学前教育起始年龄（岁）| 学前免费教育规定 | | 法定接受学前教育时间 | |
|---|---|---|---|---|---|---|
| | | | 免费教育入学对象 | 免费小时/周 | 法定接受学前教育对象 | 学前教育小时数/周 |
| 斯洛伐克共和国 | 6 | 3—6 | 无条件 | | 普遍的 | |
| 斯洛文尼亚 | 6 | 11个月—5岁 | 有条件 | 45 | 普遍的 | 45 |
| 瑞典 | 7 | 1—2 | 无 | | 普遍的 | 15—50 |
| | | 3—6 | 无条件 | 15 | 普遍的 | 15—50 |
| 英格兰 | 5 | 0—3 | 无条件 | 15 | 无 | 50 |

英国、日本、智利、韩国、卢森堡、荷兰等国免费教育部分覆盖0—3岁。英国政府宣布2017年起为所有的2岁儿童提供每年600小时的免费教育。日本为低收入家庭的幼儿提供免费教育，2岁以下为每周55小时，3—5岁为每周35小时（见图6-4-1）。

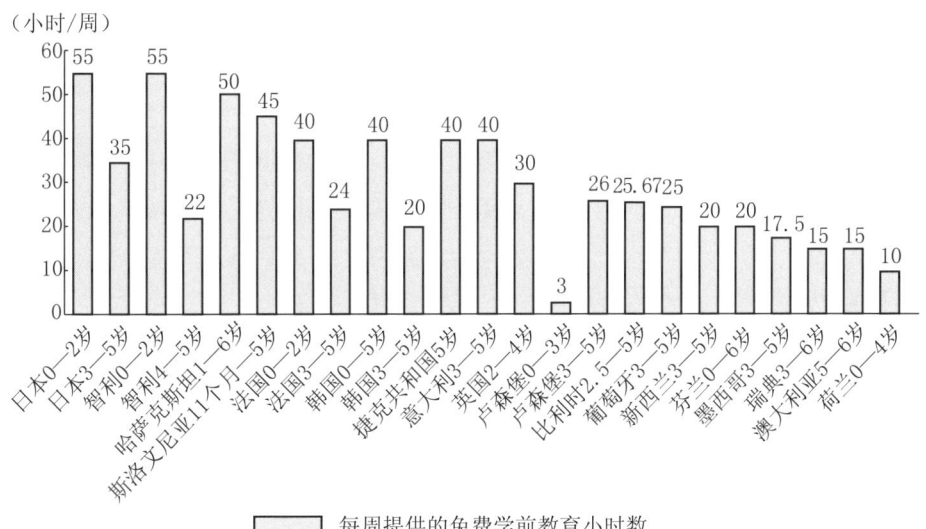

图6-4-1 部分国家或地区学前教育的免费时长（单位：小时/周）①

数据来源：根据OECD数据库整理

---

① 比利时弗拉芒区的学前教育免费时长为23.33，法语区为28，图中采用平均值。

21个已经立法保障学前免费教育的国家中,有11个国家规定学前教育始于0岁;5个国家规定学前教育始于1岁;6个国家义务教育起始年龄为5岁。①

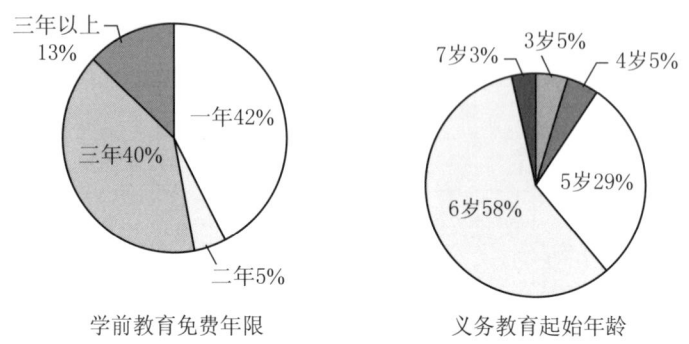

图 6-4-2　部分国家学前教育免费年限与义务教育起始年龄②

数据来源:根据联合国教科文组织与OECD数据库资料整理

为减轻家长的育儿负担,2010年起,中国台湾地区颁布《5岁幼儿免学费教育计划》,公立学费全免,私立每人最高补助新台币3—6万元。2016年受益人数超过18万,5岁幼儿入园率达96.3%。

## 二、保障每一个儿童的身心健康

儿童的弱势地位决定了其容易遭受来自成人和社会的侵害,如何保障婴幼儿的身心健康是每个成人社会必须重点关注的问题。对儿童的忽视与虐待侵害了儿童的人格权、健康权、生命权,需要采取有效的保护措施予以积极应对。许多国家和地区都已经建立了严密的儿童保护报告制度,为儿童提供有效的保护。各国儿童保护的构成要素主要包括强制报告的责任主体、报告的内容、未能报告的责任和保护报告主体的规定等,对于完善我国儿童保护体制有着重要意义。

1874年,一个具有里程碑意义的事件影响了美国和国际上的幼儿保护法。美国社会工作者玛丽埃塔·惠勒(Marietta Wheeler)和防止虐待动物协会的主席亨利·伯格(Henry Berg)报告了一名8岁女孩玛丽(Mary Ellen Wilson)被父母虐

---

① 钱雨,何梦瑶. 美国早期干预研究的启示:支持处境不利儿童[J]. 广西师范大学学报(哲学社会科学版),2020,56(2):124-134.

② 澳大利亚义务教育起始年龄为5岁或6岁,各州不同。

待的生活情况。玛丽埃塔在纽约最高法院中泣泪陈述控告证词，小女孩玛丽悲惨的遭遇引发了公众对虐待和忽视儿童事件的关注与重视，最终促使政府制定了一系列保障儿童基本权益的保护制度。

儿童保护强制报告制度产生于美国20世纪60年代，要求特定的人员在发现儿童虐待或忽视行为时向特定机构报告。未能报告的责任主体将承担相应的民事、行政或刑事责任。近年来，美国、加拿大、澳大利亚、南非等国都根据本地法律运行的实际情况，不断修订和完善儿童保护制度。印度、沙特阿拉伯、爱尔兰和中国近年开始在立法中加入了儿童保护强制报告制度。

### （一）儿童保护强制报告责任主体的范围

在强制报告的责任主体方面，多数国家和地区将由于职业原因可能接触儿童虐待和忽视事件的人员列为责任报告主体，包括医护人员、教育人员和社区工作者等。澳大利亚2008年通过的《儿童和青少年法》（Children and Young People Act）第356条规定："医生、牙医、注册护士、登记护士、学校教师、根据《2004年教育法案》注册或临时注册的为儿童或青少年提供教育服务的家庭教师、警察、学校咨询顾问、儿童照顾机构工作人员、负有协调和监督居家服务的日托机构业主、为儿童家庭提供服务的公职人员、广告业者、政府观察员、为儿童及其家庭提供雇佣服务的人员，由于职业（无论是否取得报酬）原因在工作过程中获知儿童或青少年曾经遭受或者正在遭受虐待信息且有理由相信时，负有强制报告的义务。"

部分国家和地区将所有人均列为责任报告主体。美国有18个州规定任何人只要怀疑存在儿童虐待或忽视情形时，均负有报告的责任。加拿大《儿童与家庭服务法》2008年修正案规定：涉及儿童色情事项的报告的主体可以是"任何人"（any person），而非仅限于职业主体。根据南非2007年《刑法修正案》暨《性侵害及相关事项法案》（the Sexual Offences and Related Matters Act）第54条（1）（a）的规定，所有在南非境内居住并根据《宪法》第3条享有权利的人士，在发现儿童遭受性侵害时，均负有向警察部门报告的义务，否则将承担刑事责任。

### （二）儿童保护强制报告的内容

多数国家立法中的儿童虐待主要包括身体虐待、精神虐待、性虐待和疏忽虐待（看护不当）四种类型，立法中禁止虐待儿童但并不完全禁止体罚儿童。但在完全禁止体罚的国家（如瑞典），"打屁股"也可能构成虐待行为。

多数国家和地区将精神虐待和忽视作为报告的内容，但由于精神虐待难以界定，也有部分国家和地区并未将精神虐待和忽视作为强制报告的内容。如美国华盛顿特区、伊利诺伊州和爱达荷州都没有明确要求报告精神虐待。澳大利亚维多利亚州和澳大利亚首都特区也不要求对精神虐待和忽视进行报告。

在澳大利亚，儿童目睹家庭暴力（Exposure to Domestic Violence）也构成虐待儿童行为，但仅在可能对儿童造成严重的生理或心理伤害时才可作为强制报告的内容。澳大利亚所有地区的法律均要求对过去或正在发生的虐待进行报告，其中首都特区明确要求报告的范围仅限于过去发生的虐待案件。

### （三）履行报告义务的责任与规定

基于儿童虐待的隐蔽性，有效避免虐待行为的第一步是及时发现和举报严重虐待和忽视行为。美国有47个州立法规定，如果强制报告责任主体明知儿童虐待和忽视案件发生而不进行报告，应当承担相应的处罚。加拿大《儿童和家庭服务法》规定，未能履行强制报告义务的责任主体或者授权、允许雇员不履行报告义务的法人组织主管人员将被处以不超过1000加元的罚款。我国台湾地区"儿童及少年福利与权益保障法"第53条规定，主体"在执行职务时知晓儿童及少年保护事件，应立即通报当地主管机关，并于24小时内填具本通报表送当地主管机关"。未尽通报责任者，依法应处新台币6000元以上3万元以下罚金。

为鼓励责任报告者积极履行报告义务，各国儿童保护强制报告制度中都有保护报告主体的专门立法。第一，明确规定必须对报告者身份信息和相关文件信息严格保密。澳大利亚昆士兰州1999年《儿童保护法》（Child Protection Act）第186条规定，收到报告和掌握报告者身份的人员除非在法律明文规定的情形下，不得向他人披露报告者的信息，否则将会受到罚款的处罚。我国台湾地区2011年"儿童及少年福利与权益保障法"第53条规定，必须对报告人的身份资料予以保密；第66条规定，儿童保护工作人员对因职务原因知悉的文书信息必须保密，无正当理由不得公开。

第二，明确规定不得追究"善意"（good faith）报告者的责任。根据台湾地区的法律,"如果医护人员根据其专业知识判断并依照法规通报可疑虐待儿童案件,经专家、社工或警政人员进一步评估调查后,若鉴定此个案并非虐待儿童案件,儿童的父母不得反告医护人员"。南非 2007 年《儿童法》修正案第 110(3)(b)条也规定,不得追究基于"善意和真诚"原则做出报告的责任主体的民事责任。

随着将强制报告制度纳入儿童保护制度之后,儿童虐待报告的数量不降反增,填补了防治虐待儿童法律方面的空白,适应了当前儿童保护的强烈要求。

## 第五节 国际学前教育福利发展变革趋势分析

如今,国际学前教育福利问题引起了教育家、政策研究者以及人口学家的普遍兴趣。国际学前教育福利的变革经验可以总结为:政府行动取向——让每一个社会共享学前教育福利;科学研究取向——让每一个群体共享学前教育福利;家庭支持取向——让每一个家庭共享学前教育福利;儿童发展取向——让每一个儿童共享学前教育福利。

### 一、政府行动取向:让每一个社会共享学前教育福利

"佩里实验"等人力资本研究表明,对儿童期的公共投资回报率更高(Heckman & Krueger,2003)。作为市场经济的必要补充,学前教育福利的获益对象不仅是儿童,也是全社会。为此,许多国家都开展大规模政府行动来提升学前教育福利服务的公平性,让不同种族、不同阶层、不同社会群体的儿童共享教育福利。

各国政府不断增加对学前教育福利的公共财政投入,如美国政府对"开端计划"的财政预算逐年增加,2022 年的投入金额是 1965 年项目成立伊始的 110 倍。各国在学前教育福利服务与政策设计过程中统整了多个层面的研究力量,由教育部主导,引领各类高校研究机构和民间研究机构共同开展福利研究。

如前文所述,美国自 1965 年起启动了全球规模最大的学前教育福利项目"开端计划",为 0—5 岁贫困幼儿提供免费学前教育服务,2022 年的"开端计

划"预算已超过 110 亿美元。印度则启动了全球规模最大的"儿童综合发展服务"(ICDS),其《儿童免费义务教育法案》规定为 3 岁以上的儿童提供免费义务教育。

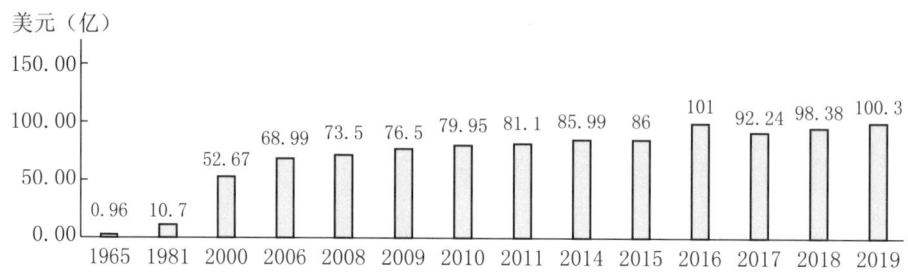

图 6-5-1　美国开端计划 1965—2020 年财政年度投入一览表

数据来源:Head Start 课题组整理。

## 二、科学研究取向:让每一个群体共享学前教育福利

为保障公平,国际学前教育福利政策的制定、实施与评估都伴随着各种科学严谨的实证调查。例如,印度的 ICDS 项目建立了一套完整的评估系统和包含每个儿童营养健康记录的信息管理系统。"开端计划"每年约花费 2000 万美元用于评估,开展了"开端计划效度""家庭和儿童经验调查"等大规模评估。澳大利亚开展了"早期教育有效性研究(E4KIDS)"以评估政府投入各州儿童早期教育的效应,仅设计研究方法就耗费半年时间。

美国社会政策研究中心为确保不同群体(如非洲裔、拉丁裔)儿童都能够得到公正的对待,开展了全国性筛查(Miller,2015),提出了"儿童福利指数"指标(Land,2007)。联合国儿童基金会制定了"巴西儿童发展指数",提出经济发展水平应与学前教育福利状况正相关的"国家绩效差距"。总之,国际政策制定者基于科学研究制定公平的学前教育福利政策,力求让不同种族、不同宗教、不同地区的儿童群体共享幸福。

并非所有的学前教育福利项目都能取得正面效果。个别项目急功近利、拔苗助长、质量低下。如美国佐治亚州的"宝贝不能等"(Babies Can't Wait)项目,项目为期 90 天,家长先在前 45 天接受一轮婴幼儿免费评估,然后再制订 45 天的后续学习计划。这些项目和我国的某些"赢在起跑线"的早教项目类似,一味

督促幼儿掌握某种知识技能，儿童不过是成人手中的牵线木偶。

成功的学前教育福利研究设计都有一个理论模型的指导，有时候这些模型非常明确，有时候各种理论框架又是彼此交叉和隐含的。美国早期干预研究的理论模型在半个世纪中不断发展更新。萨摩洛夫等人（1975）最初提出了相互作用模型，1979年布朗芬布伦纳提出了影响儿童早期发展的生态学理论。随后，贝尔斯基（1984）提出了养育的家庭社会支持模型，伯恩斯等人（1998）提出了社会情境模型。脑科学的研究成果也为早期干预设计提供了理论支持。

雷米等人认为，早期干预的设计直接影响干预的有效性。他们提出早期干预的"生物社会发展情境论"（biosocial developmental contextualism）。基于社会生态学、发展系统理论、发展流行病学和发展神经生物学的整合视角预示，碎片化的、微弱努力的早期干预不太可能取得成功。有效的早期干预必须建立在强化的、高质量和生态型的研究基础上。

2022年我国幼儿园毛入园率达到88.1%，仍然有约12%的幼儿未能接受幼儿园教育。我国当前面临着教育资源相对有限、儿童群体数量庞大的客观制约。在反贫困攻坚时期，加大对贫困地区处境不利儿童的早期干预经费投入是一项可预测、高回报率的投资方式。

科学项目的分析数据影响了政府的政策制定与资源分配，为学前教育福利政策的制定奠定了科学基础。研究人员持续观察、收集项目数据，也为制定个别化干预计划以及干预行动的持续改进提供了依据。巴纳特等人对比了多个儿童干预项目的经济回报率，发现亲子中心学前教育阶段的投入回报率达到了1:10美元。坦普和雷纳兹的研究也显示，相比小学阶段，亲子中心项目在学前阶段回报率更高。为保障项目达到儿童利益最大化的效果，这些政府项目的实施与评估都伴随着各种科学严谨的实证调查。表6-5-1显示了部分学前教育福利项目的经济回报率，分析结果表明，对学前阶段儿童的公共投资回报率高于其他教育阶段。

中国学前教育福利项目也日益受到关注，但当前我国还缺乏大规模的干预评估数据和科学化的项目质量追踪调查。基于当前科学理论的进展，针对我国处境不利儿童群体的早期干预设计应当结合最新的心理学、脑科学与经济学发展成果，使干预更加具有科学性与时代性。

表 6-5-1　部分学前教育福利项目的经济回报率分析（单位：美元）①

| 早期干预项目名称 | 每个参与者的成本 | 估计收益率 | 效益—成本 |
| --- | --- | --- | --- |
| 妇女、婴儿与儿童（WIC, Avruch & Cackley, 1995） | 958 | 2941 | 3.07 |
| 产前/婴儿早期项目（Karoly et al., 1998） | 6975 | 35288 | 5.10 |
| 田纳西州 K-3 小班化师生成功率项目（Krueger, 2003） | 8454 | 23913 | 2.83 |
| 亲子中心项目学前阶段（Reynolds et al., 2002） | 8224 | 83511 | 10.15 |
| 亲子中心项目小学阶段（Reynolds et al., 2002） | 3290 | 5457 | 1.66 |
| 就业工作团（Long et al., 1981） | 15141 | 19958 | 1.32 |

## 三、家庭支持取向：让每一个家庭共享学前教育福利

家庭是接受学前教育福利服务的主要单元和桥梁。正如《世界人权宣言》所指出的，"家庭是天然的和基本的社会单元，应受社会和国家的保护""母亲和儿童有权享受特别照顾和协助"。

1601 年英国首开儿童与家庭福利的滥觞。在 1967 年，英格兰已有至少 2000 名教育福利官员（Education Welfare Officers）为支持家庭教育福利发挥了积极作用，他们"作为家庭、学校、地方当局和学前教育福利机构之间的联络官，给不良儿童的父母建议……监督孩子被忽视的家庭，为需要的孩子安排衣食"。②

当前不少国家推行发展型家庭政策，通过帮助家庭实现关怀儿童（Gable, 2010）。国际学前教育福利中包括了家访项目、家庭津贴等多种学前儿童家庭支持政策。各国政府还推行多种父母减税计划以支持家庭养育子女，如美国的"被抚养人减税计划"（DCTC，1954 年制定，1976 年、1982 年、1988 年三次修订）、"儿童保育与发展基金"（CCDF，1996 制定，由 1988 年与 1990 年设立的家庭抚养子女资助、儿童保育与发展财政补贴等三项资助合并）等都在税收、

---

① 使用消费者价格指数将值转换为 2002 年的美元价值。"妇女、婴儿与儿童"项目是 2 年服务的成本。其他项目是平均参与时间长度的成本。
② THE CENTRAL ADVISORY COUNCIL FOR EDUCATION. The plowden report［EB/OL］.

津贴制度方面支持家庭育儿。政府还鼓励利用多元家庭支持组织来帮助参与学前教育福利服务的家庭（Gopalan et al.，2015）。国际组织通过各种家庭干预项目，如以色列的"HIPPY项目"、美国的"PAT项目"等，通过定期入户家访和小组活动丰富家长的养育知识，提高父母养育子女的能力，帮助学前儿童做好入学准备。瑞典政府贯彻普惠性学前教育福利政策，让每个家庭都可以共享高质量儿童服务。

许多国际家庭干预项目集中关注低收入群体（特别是未婚的青少年妈妈），从新手妈妈怀孕初期就开始由专业护士提供定期的个体入户式访问服务，关注新手妈妈怀孕期间的身心健康水平，丰富家长照料新生儿的知识，提高其技能，旨在改善处境不利家庭母亲及其子女的生活状况，促进儿童健康成长，打破社会的贫困代际问题。

现在，家庭日益被公众视为一种有助于改善孕产妇和儿童身心健康，预防虐待和忽视儿童现象，改善学前儿童入学准备水平，提高学业成就，减少犯罪或家庭暴力，提高家庭经济自给自足能力，以及改善协作和提供转介服务的重要场所。中外学者均指出家庭是接受学前教育福利服务的主要单元和桥梁，应完善儿童家庭福利服务，落实家庭与儿童整合的学前教育福利服务，让不同家庭能够共享福祉。

## 四、学前福利政策的儿童本位取向：让每一个儿童共享福利

自1989年的《儿童权利公约》发布，国际学前教育福利政策开始从救助特殊儿童发展到关注所有儿童，从"学前教育福利"走向"儿童幸福"（From Child Welfare to Child Well-being）。《世界人权宣言》和《儿童权利公约》等重要国际文件确立了"儿童应与成人一样享有权利主体"的权利理念，强调儿童在享有权利方面不应与成人有任何差别，并对儿童权利做了广泛、全面的规定。在国际社会的影响下，各国政府加大了对学前教育福利事业的投入力度，积极推动了福利规模从小到大、福利内容由少到多、服务水平从低到高的转型。

《儿童权利公约》的四大原则包括适用于全球儿童的"不歧视原则""儿童最大利益原则""确保儿童生命权、生存权和发展权完整的原则""尊重儿童意见的原则"。为了保障儿童的合法权利，国际学前教育福利政策从关注弱势儿童群体

的教育补缺过渡到关怀每一个儿童的幸福生活。①

基于儿童本位，国外的学前教育福利政策有五大类型：一是保障教育公平，例如日本的《学前教育福利法》等；二是关注特殊儿童教育，例如美国的《残疾儿童早期教育援助法》、英国的《缺陷儿童教育法案》等；三是关注学前教育整合服务，例如美国的《儿童保育法》、瑞典的《学前教育法》等；四是家庭教育部分，例如新加坡的"家庭教育计划"（SFE）；五是留守与流浪儿童教育，例如美国的"流动儿童教育计划"（MEP）等。

芬兰、日本的学前教育福利政策已从弱势儿童保教转变为促进每一个儿童权利的发展，两国均通过《学前教育福利法》来强调儿童主体的"参与"。在斯堪的纳维亚国家，学前教育福利已惠及了所有儿童。东亚地区的韩国、日本通过《幼儿教育法》《儿童·育儿支援法》来强调每一个儿童主体的"参与"，免费教育的对象包含所有3—5岁幼儿，并逐渐覆盖0—2岁婴幼儿。曾经非常强调市场自由主义的英美等国也从关注弱势儿童逐步转向"全民学前教育"。英国政府明确提出"每个孩子都重要"（Every Child Matters，2003），通过健康、安全、快乐与成就等五大学习核心目标，促进每一个儿童的全面发展与幸福生活。

提供优质普惠型教育福利，如英国儿童、学校和家庭部所说，是"为儿童创造机会以发挥他们最大的潜能"。为了促进儿童利益最大化，2022年，全球已经有一半以上的国家（地区）为学前儿童提供一年以上的免费教育。② 三年学前教育已成为泰国15年义务教育的重要组成部分，泰国政府明确规定了泰国幼儿园数量、经费预算、学前教育原则、学前教育课程安排等。此外，英国、日本、智利、韩国、卢森堡、荷兰等国免费教育逐步覆盖了0—3岁。英国和日本都开始为2岁儿童提供每年600小时左右的免费教育。

总之，随着对学前教育理论和实践研究的不断深入，人们逐渐发现学前教育对人的终身发展有重大影响。国际学前教育福利已经从弱势儿童保护转变为普惠性地促进每一个儿童权利的发展，通过系列法案来强调每一个儿童的教育权利，保障学前教育实施的质量。从美国的"全民学前教育"到英国政府提出"每个孩

---

① S B KAMERMAN，S PHIPPS AND A BENARIEH. From child welfare to child well-being: an international perspective on knowledge in the service of policy making. Springer，2010.
② Global education monitoring report 2021 [EB/OL].

子都重要"法案,都体现了这一追求普惠性学前教育的转变。

  国际社会研究学前教育福利、追求公平公正的经验可以为我国学前教育福利研究者提供参考。从全球视野来看,依赖市场机制分配公共服务资源并不能满足民众对公平的需求,发达国家的学前教育变革也在摸索与探索中逐步演变。西方学前教育福利研究及福利制度植根于特定的政策环境与文化根源,国际比较研究并不能直接解答中国这片热土上遇到的挑战。国际比较研究必须结合本土视角,回顾历史,分析现状,展望未来。只有深入了解中国家庭与儿童的需求,结合我国的地域、人口、文化、经济等背景因素进行分析,才可以系统反思中国学前教育福利普惠性变革的基本路径和思路。

# 第七章

ZHONGGUO XUEQIANJIAOYU FULI
FAZHANDE LISHI

# 中国学前教育福利发展的历史

# 第七章 中国学前教育福利发展的历史

在我国教育事业的发展进程中,学前教育福利几经沉浮。伴随着我国社会福利的改革浪潮,不同的历史阶段对学前教育福利观的认识以及保障内容均有所侧重。如今,中国学前教育福利政策与服务仍在不断发展与完善中。

## 第一节 学前教育福利的萌芽期

我国自古就有"恤幼"传统,对儿童的关爱和保护在中国有着悠久的历史渊源。最早的儿童保护政策可追溯至先秦时期,可见于皇帝的诏令、民刑一体的法律和地方政府的规定之中。例如,南宋政府曾颁布禁止弃婴、溺婴的法令,弃婴者可处以两年徒刑,杀婴者可处三年徒刑。封建时期就出现过育婴堂、慈幼庄等学前教育福利机构。近代以来,我国的学前教育福利从立到破,又重新确立,经历了一波三折的发展。

### 一、学前教育福利孕育时期(1903—1948)

1903年,中国第一个公立学前教育机构——湖北幼稚园诞生。清末"洋务运动"后期,两湖总督张之洞宣扬"中学为体""西学为用",倡办新式教育。湖北巡抚端方于1903年(光绪二十九年八月)在武昌寻常小学堂(后称"模范初等小学堂")内创办了湖北幼稚园,我国第一所学前教育机构正式诞生。湖北幼稚园聘请了3名来自日本的女师范生任教师,日本人户野美知惠为第一任园长。

1904年《东方杂志》上的《湖北幼稚园开办章程》指出:幼稚园是"因家庭教育之不完全而设,专辅小儿自然智能、开导事理、涵养德性,以备小学堂之基础为宗旨",主张"重养不重学",保育教育任务包括发展身体、开发智能、培养行为习惯三个方面。同时规定招收5—6周岁幼儿入园，收托时间为每日3小时。保育科目设有行仪、训话、幼稚园语、日语、手技、唱歌、游戏7项。湖北幼稚园是中国第一所公立幼稚园，后改称为武昌蒙养院，原址现为湖北武昌幼儿师范学校附属幼儿园。

这一时期中国学前教育福利虽然还未正式萌芽，却在西方社会福利思想的影响下，开始孕育出福利的种子。1931年抗战爆发后，民国政府的赈济委员会成为学前教育福利的最高管理机构，指导各地将需要救助的儿童安排到保育院、教养院等，接受保育与教育等福利服务。南通设立了针对特殊儿童的盲哑学堂，"北平香山慈幼院"的创办也呈现了政府—私人协作的学前教育福利机构模式。

## 二、学前教育福利萌芽阶段（1949—1977）

中华人民共和国成立初期，我国确定了由政府办园和社会力量办园并举的"两条腿走路"的学前教育发展方针。在苏联学前教育专家的指导下，1951年中央教育部拟定了《幼儿园暂行规程》和《幼儿园暂行教学纲要》。这一阶段是中华人民共和国成立初期的计划经济时代，学前教育的福利性十分明显，主要体现为"单位福利"和"地方性福利"。单位福利性质的学前教育体系承担着我国学前教育福利的基础责任。各企事业单位为了解放生产力和促进工农业生产，大多自办单位福利性质幼儿园[①]。

从1949年到1975年，全国幼儿园从1300所激增到17万多所，在园幼儿从13万人增加到620万人（见表7-1-1）。计划经济时代中国的学前教育基本是"公办"，各企业、机关学校、集体、政府部门等为员工办的幼儿园占到70%—80%以上。这些以单位福利性质为特色的学前教育机构当时有力地促进了学前教育事业的发展。随着幼儿园的数量大幅增加，基本满足了父母参加工作的需要。但它同时也表现出一种将学前教育定位于单位福利而非公共事业的观点。

---

① 刘占兰.学前教育必须保持教育性和公益性［J］.教育研究，2009，30（5）：31-36.

表 7-1-1 我国学前教育事业发展部分统计表（1949—1975）

| 年份（年） | 入园幼儿数（万人） | 幼儿园数（万所） |
|---|---|---|
| 1949 | 13.0 | 0.13 |
| 1950 | 14.0 | 0.18 |
| 1955 | 56.2 | 0.71 |
| 1960 | 2933.1 | 78.5 |
| 1964 | 158.9 | 1.77 |
| 1975 | 620.0 | 17.17 |

数据来源：教育部统计数据

1954年，中国台湾颁布了《推行家庭教育办法》。台湾地区学前教育福利工作将预防作为重点工作，提供强化预防的医疗保健，建立台湾儿童身心发展常模，构建优质儿童健康与安全照顾服务体系，其规范的政策体系值得我们借鉴。随后，台湾地区经历了"救济为主的育幼院→解决农忙托幼→都会地区托幼服务→学前教育福利立法→儿童保护→儿童安全→学前教育福利专业化→学前教育福利专门行政单位"的学前教育福利发展轨迹，从残补式走向预防式、主导式。

## 三、学前教育福利摇摆阶段（1978—2010）

改革开放后，随着我国经济体制从计划经济向市场经济逐步过渡，学前教育福利政策的发展不仅停滞，甚至出现倒退现象，体现了左右摇摆、起伏不定的特质。中国学前教育的福利性一度遭到严重破坏。在经济转型的浪潮下，不少地方集体园和单位园陷入了"关、停、并、转、卖"的困境，而市场占据了学前教育事业的主流。在市场经济体制下，一大批良莠不齐的民办园应运而生，社会上出现了大量"入园难、入园贵"的问题。

郑功成（2004）谈到中国的教育福利是由计划经济时期形成的福利教育向混合多元教育体系的转变，学前教育福利亦不例外。伴随着经济体制改革，国家开始强调学前教育不再依托单位和集体，而是借助社会化的手段，动员和依靠社会各方面的力量，为更多儿童提供接受学前教育的机会。随着这一"社会化"方针取得了显著的效果，3—6岁幼儿的入园机会不断增加，民办学前教育机构的数量不断增加。但另一方面,"入园难、入园贵"问题开始成为老百姓茶余饭后的热点话题。

这种问题激化、矛盾突出的现状,既是我国原有学前教育体制固有问题在新世纪的集中显现,也与政策研究者对社会现实、人口变化、经济发展与改革的复杂性估计不足有关。这些现状导致学前教育改革过程一度缺乏清晰的思路和严密的研究设计。

以1985年《中共中央关于教育体制改革的决定》为契机,这一时期的学前教育福利政策随着教育福利的整体发展,开始出现较为积极的变化。为恢复和促进学前教育的健康可持续发展,国家出台了一系列政策文件,指出要发展普惠、公益的学前教育。如1999年的《关于幼儿教育改革与发展的指导意见》、2003年的《国务院关于进一步加强农村教育工作的决定》、2006年的《中小学幼儿园安全管理办法》。这一系列政策文件的出台,为恢复和促进学前教育的发展,为发展普惠、公益的学前教育指明了方向。

20世纪80年代末,我国学前教育的法规文件开始明确规定学前教育的社会公共福利性质。1987年,《国务院办公厅转发国家教委等部门关于明确幼儿教育事业领导管理职责分工的请示的通知》中明确提出:"幼儿教育是社会主义教育事业的重要组成部分,是我国学校教育的预备阶段,同时又是一项社会公共福利事业。"1997年,教育部发布的《全国幼儿教育事业"九五"发展目标实施意见》中特别提出:"幼儿教育既是教育事业,又具有福利性和公益性的特点。"至此,我国学前教育福利性重新得到了彰显,并上升到国家政策的高度。

近30年来,台湾地区遵从国际《儿童权利公约》,逐步构建了系统、规范的学前教育福利政策体系。为保护每一个儿童,台湾地区儿童保护制度设立了三级预防系统:初级预防以教育宣传和个案通报为主;次级预防提供个案、小组、社区等服务,藉以防范儿童伤害;三级预防则是针对受虐儿童和施虐者,旨在降低被害人身心伤害的程度。

台湾地区颁布了《幼儿教育及照顾法》,强调幼儿园保教服务应遵照幼儿本位精神,秉持尊重家长之原则,提出促进幼儿教保服务工作发展是"政府、社会、家庭、幼儿园及教保服务人员共同之责任"。1991年台湾地区又出台了《加强推行家庭教育强化亲职教育功能计划》,2003年颁布了具有跨越性意义的《家庭教育法》《家庭教育法实施细则》等系列政策,对家庭教育以及亲职教育做出了细致的法律规定①。台湾地区家庭教育已经跨入了法制化、规范化、科学化的发展道路，家庭教育（也称亲职教育）已成为主流教育理念。

中国澳门免费教育的重要福利政策《为普及免费教育订定对非营利性私立教育机构给予之辅助》（1995）和《免费教育津贴制度》（2006）都明确规定澳门特区政府必须按时向实施免费学前教育的机构支付足额津贴；向各免费学前教育机构和人员提供必要的技术及教育教学辅助。为保障免费教育质量，政府将向不符合专业资格的幼儿教师提供职前培训，为幼儿教师在职培训创造条件，以及向学前教育机构管理人员、行政人员及技术人员等提供必要的培训。

澳门地区还出台了《澳门教育制度》（1991）和《非高等教育制度纲要法》（2006），该两项法案对包括学前教育在内的澳门教育进行了明确规定，指出："所有人不论其国籍、血统、种族、性别、年龄、语言、宗教、政治或思想信仰、文化程度、经济状况或社会条件，均依法享有受教育的权利。"这一规定从法律层面保障了所有公民的平等受教育权利，体现了学前教育的公益性。该法明确规定了政府在包括学前教育在内的基础教育阶段应该"提供条件，使受教育者在入学和学习成功方面有均等机会"。

1996年，在正式推行的教育部颁布的《幼儿园工作规程》和2003年十部委《关于幼儿教育改革与发展的指导意见》中也都明确指出，任何组织和个人开办幼儿园不得以营利为目的。这些政策的颁布使我国学前教育福利在随后的数年间出现了一定幅度的进步。然而，这一时期，学前教育福利资源配置存在明显的不均衡、不公平问题，导致政策虽然颁布，但实际情况愈发复杂，学前教育福利陷入僵局。

首先，政府在不同教育阶段的财政投入分配不均衡。许多学者指出，当下政府对学前教育财政投入失衡，②作为教育资金投入的责任主体，国家在各教育阶段间的资源分配结构欠合理，尤其是学前教育阶段投入相对较少，影响了学前教育福利性的发展。③尽管目前我国的学前三年毛入园率迅速增长，但在覆盖范围以及普惠性学前教育资源提供方面仍有进步的空间。我国学前教育体制、财政投

---

① 张玲玲.论我国亲职教育的立法完善［J］.哈尔滨学院学报，2015，36（2）：137-140.
② 祝默.我国学前教育社会福利化探索［D］.沈阳师范大学，2015.
③ 耿庆霞.论我国教育福利制度存在的问题及对策［J］.世纪桥，2016（1）：68-69.

入、师资配置还未完善,这在一定程度上阻碍了我国普惠性学前教育改革的进程,不利于学前教育福利的普及。① 学前教育福利的普及性仍有待提升。

其次,城乡、地域之间的学前教育发展失衡严重,教育福利公平性亟待提升。因缺乏统一教育福利制度,不同省份之间教育福利发展差异明显。在偏远的经济发展落后区和少数民族地区,存在着不同程度的教育不公平。在部分弱势群体和经济欠发达地区,连儿童入园都是个奢望,远谈不上维护教育福利发展的公平性。② 城乡间学前教育福利资源配置不均衡问题最为凸显,这不仅体现在城乡间资金福利分配的差异上,还体现在辅助福利分配的差异上,包括幼儿教师、保育员等人员配置中数量与质量的差异,办园条件、基础设施的差异。当时,许多学者提出,我国教育福利政策应适当向中西部倾斜,并优先解决学前教育区域均衡问题。③

这一时期,中国家长在学前教育中投入过多、经济负担较为沉重。随着政府对学前教育的财政投入减少,广大城市、乡镇家庭只能花高额费用将孩子送往幼儿园。而对于公办学前教育机构而言,有限的经费难以支撑高质量的学前教育。此外,不同托幼机构的质量存在巨大差距。由于学前教育政策法规不健全,公办与私立幼儿园之间存在着师资、质量等巨大差异,园际、地域差距日益突出。

## 第二节 学前教育福利的发展期

2010年可谓是中国儿童福利的元年。这一年,建立健全中国儿童福利制度成为国家级战略议题,政府制定并出台了一系列儿童福利政策。这一年同样可看作是中国学前教育福利发展的元年。这一年,两个重要的学前教育文件颁布——《国家中长期教育改革与发展规划纲要》和《国务院关于当前发展学前教育的若干意见》(以下简称"国十条")。随后,我国学前教育福利体系正式进入普惠性发展阶段,学前教育福利开始了科学发展的新征程。

---

① 方美红.儿童福利视角下我国普惠性学前教育政策分析及现实构建[J].江苏教育研究,2019(Z1):80-84.
② 曾超.我国现阶段教育福利效率与公平[J].审计与理财,2010(7):41-42.
③ 万国威.社会福利视角下我国少儿教育的区域均衡:现实状况与未来走向[J].教育科学,2012,28(2):17-23.

# 第七章 中国学前教育福利发展的历史

## 一、学前教育福利政策的发展

2010年11月，国务院印发的"国十条"把学前教育摆在国计民生的重要位置，用"三个是"和"三个关系"深刻阐释了学前教育的性质定位和重要意义。"国十条"指出："学前教育是终身学习的开端，是国民教育体系的重要组成部分，是重要的社会公益事业。""办好学前教育，关系亿万儿童的健康成长，关系千家万户的切身利益，关系国家和民族的未来。"

"国十条"明确了学前教育公益普惠，努力构建覆盖城乡、布局合理的学前教育公共服务体系的基本方向，要求各级政府"将大力发展学前教育作为贯彻落实教育规划纲要的突破口，作为推动教育事业科学发展的重要任务，作为建设社会主义和谐社会的重大民生工程，纳入政府工作重要议事日程，切实抓紧抓好"。各地认真贯彻落实党中央国务院的重大决策，编制实施了"学前教育三年行动计划"。国家对学前教育给予了高度重视，组织大量专家、学者对当前的学前教育现实问题开展调研。同时，我国启动中西部农村学前教育推进项目，重点支持农村乡镇中心幼儿园建设。项目实施三年期间，中央财政投入55.6亿元，在中西部农村地区建设3149所幼儿园，为63万适龄儿童提供入园机会。

2011年国务院颁布《中国儿童发展纲要（2011—2020年）》，增加了"儿童福利"章节。2月25日，教育部基础教育二司成立了"学前教育三年行动计划"推进工作领导小组，以指导和督查各地"学前教育三年行动计划"实施情况。8月31日，国务院常务会议决定增加财政投入以支持发展学前教育。9月5日，"全国学前教育三年行动计划现场推进会"召开。

就在同一天，中央财政支持学前教育七个重大项目启动。这一政策决定对我国当时的学前教育发展产生了重大影响。中央财政重点支持了以下四大类七个学前教育重点项目。

第一类：支持中西部农村扩大学前教育资源（简称"校舍改建类项目"）。包括：（1）利用农村闲置校舍改建幼儿园。（2）农村小学增设附属幼儿园。（3）开展学前教育巡回支教试点。

第二类：鼓励社会参与、多渠道多形式举办幼儿园（简称"综合奖补类项目"）。包括：（1）积极扶持民办幼儿园发展。（2）鼓励城市多渠道多形式办园和妥善解决进城务工人员随迁子女入园。

第三类：实施学前教育教师国家级培训计划（简称"幼师培训类项目"）。从2011年起，将中西部地区农村学前教育教师培训纳入"中小学教师国家级培训计划"，由中央财政安排专项资金予以支持，引导地方科学制定学前教育教师培训规划，创新培训模式，完善培训体系，全面提高学前教育教师队伍整体素质和专业化水平。

第四类：建立学前教育资助制度（简称"幼儿资助类项目"）。按照"地方先行、中央补助"的原则，从2011年秋季学期起，由地方结合实际，先行建立学前教育资助制度，对家庭经济困难儿童、孤儿和残疾儿童入园给予资助。中央财政视地方工作情况给予奖补。

随后，各地纷纷制定地方性法规，响应国家精神。如《江苏省学前教育条例》第三条规定："学前教育是国民教育体系的组成部分，是重要的社会公益事业。发展学前教育，应当坚持公益性和普惠性，实行政府主导、社会参与、公办民办并举的办学体制。"2012年《国家人权行动计划（2012—2015年）》指出，要"推进儿童福利、学前教育、家庭教育等立法进程""逐步扩大儿童福利惠及面"。中国社会的不断发展，要求学前教育福利立法以全体儿童为主体。

在政府的引领下，中国台湾、澳门及香港等地区的学前教育福利政策与法规体系也日益完善。在最新的台湾地区2023年度有关方针指出，要"持续增加公共化幼儿园供应量，扩展平价就学机会，降低幼儿就学费用及发放育儿津贴"。此外，要进一步完善教师培育与增能，提供适性多元教育资源，成就每个孩子。

表 7-2-1　中国台湾学前教育福利"政策"发展概况

| 时间（年） | "政策"名称 | 类　型 |
| --- | --- | --- |
| 1905 | 《私立幼稚园规程》 | 学前教育 |
| 1921 | 《公立幼稚园规程》 | 学前教育 |
| 1973 | 《学前教育福利法》 | 学前教育福利 |
| 1980 | 《社会救助法》 | 儿童保护 |
| 1984 | 《幼稚教育法施行细则》 | 学前教育 |
| 1984 | 《优生保健法》 | 卫生保健 |
| 1994 | 《全民健康保险法》 | 卫生保健 |
| 2000 | 《特殊境遇妇女家庭扶助条例》 | 儿童保护 |
| 2005 | 《儿童及少年福利机构设置标准》 | 托育机构设置 |
| 2009 | 《构建友善托育环境——保姆托育管理与托育费用补助实施计划》 | 托育机构管理 |
| 2014 | 《儿童卫教指导服务补助方案》 | 儿童卫生保健 |
| 2016 | 《儿童及少年安全实施方案》 | 儿童保护 |
| 2022 | 《家庭教育专业及社会工作相关专业人员资格适用及培训办法》（修订） | 家庭教育 |
| 2022 | 《"国民"及学前教育署补助办理新住民子女教育要点》（修订） | 学前教育 |

2022年11月23日，上海市率先颁布了《上海市学前教育与托育服务条例》，于2023年1月1日正式实施。《条例》从尊重儿童的生命周期发展规律和人民群众的实际需求出发，明确上海学前教育与托育服务实行一体规划、一体实施、一体保障。《条例》确定了学前教育与托育服务的原则、定位和政府部门职责，指出学前教育与托育服务以政府为主导，以提供普惠性服务为主体，将各级政府、各部门对学前教育与托育服务的投入保障、监管等责任落实。

不过，由于托育服务与幼儿园教育的分离，我国现有学前教育福利政策体系依然面临着松散化、分隔化、碎片化等问题。

## 二、学前教育福利研究的兴起

古今中外的儿童教育历来受到家庭和社会的重视。2010年之后,中国学前教育福利研究也日益增多。对这一问题的关注首先起源于国际比较研究的启示。通过英文文献检索,以"福利研究"和"有效性"(effectiveness)为关键词进行搜索,2023年出现了数以万计的文献资料,表明国际上对学前教育福利的实证性研究十分丰富。然而,在对我国学前教育福利研究的文献进行搜索时,呈现的相关研究十分稀少。已有研究中,大部分都是对国外研究进行的综述。

例如,有学者通过对比瑞典、美国、日本三个国家的教育福利制度,指出我国学前教育福利现行体系尚处于以"救助为主"的"民政福利"。从学前教育福利视角分析我国学前教育公共支出,会发现公共支出的"去家庭化"效果、"去商品化"效果以及"去阶层化"效果均不理想。根据吉尔伯特社会福利政策理论,我国学前教育福利的变迁与发展基本依据以下路径:一是分配基础上由补缺型向普惠型发展;二是供给形态上从有限到具体且多样化发展;三是输送策略上从一元供给到多元供给转变;四是筹资方式上由政府筹资向混合财源转变。

本人对美英等国学前教育福利政策的发展历史与运行效果进行了分析,从公平性的角度对国际教育福利政策的发展进行研究。许多学者认为,从学前教育福利视角出发,福利性质显著的学前教育是学前教育福利事业必不可少的一部分。我国目前正处于适度普惠型儿童社会福利制度形成的初级阶段,是由补缺型儿童社会福利制度变迁而来的。适度普惠型儿童社会福利制度的建设将会经历逐步提升的阶段,在这个过程中,儿童社会福利范围会逐步扩大,福利项目逐渐增多,福利水平逐步提高。

海登海姆(Heidenheimer,1975)在代表作《比较公共政策:欧洲与美国社会选择之政治》中指出:"跨国性政策研究仍处于萌芽阶段。"在国际比较的基础上,中国学者也开始了本土问题的调研与分析。有学者认为我国学前教育福利输送政策法规与主体责任缺位。我国目前的学前教育福利政策所规定的内容主要是一些补救性的措施,学前教育福利事业还停留在基础的、零散的、仅以解决个别问题为目标的层面上,缺乏系统性。学前教育发展中出现的一些状况和问题的解决也多数为应急性措施。① 有人通过调查国内的 14 个省市学前教育经费的投入状况，发现学前教育福利财政投入不充足，我国的教育总经费和幼儿教育生均公用经费都严重不足。

目前国内的学前教育财政投入体制不健全、学前教育投入法规落实不到位、对学前教育投入的法律监管力度不足，因此学前教育的财政投入非常需要社会福利的支持。② 与其他教育阶段相比，我国对学前教育福利的投入比例最低，保障程度最低。对幼儿教育福利的公共投入不足主要体现在对幼儿园建设的福利性投资不足和学龄前儿童的家庭教育津贴不到位两方面。③ 国家财政性教育经费在学前教育经费总投入中占据主体地位，但社会投入，特别是社会捐赠经费支出比例日益萎缩，这表明我国在引导社会力量捐资助学、吸纳社会资金、发动社会团体和公民个人开办幼儿机构方面仍有待进一步拓展和加强。④

近年来，中国政府虽然在《国家中长期教育改革和发展规划纲要（2010—2020 年）》《中共中央关于全面深化改革若干重大问题的决定》、教育部下发的《关于深入推进教育管办评分离 促进政府职能改变的若干意见》中明确表述了对第三方教育评价机制的重视程度。但是由于中国第三方教育评价专业机构的发展处于弱势，能有效发挥作用的第三方评价者缺失，上述政策的有效落实还需要一定积累。虽然我国目前已有少数学前教育福利项目试点研究在贫困连片地区开展，但是针对该项目的服务内容、实施特点与效果分析的专业报告极少。已有的阶段性成果报告中的成果也比较笼统，缺少对项目设计方案和试验方法的详细介绍，大大降低了报告有效性的说服力。

---

① 王玲艳.儿童福利思想对我国学前教育事业发展的启示［J］.教育导刊（下半月），2011（3）：16-19.
② 祝默.我国学前教育社会福利化探索［D］.沈阳师范大学，2015.
③ 李霞.我国儿童学前教育福利保障问题研究［J］.长沙民政职业技术学院学报，2017，24（4）：10-12.
④ 陈艺歌.我国学前教育福利研究［D］.河北师范大学，2021.

第八章

# 中国学前教育福利研究的挑战

# 第八章　中国学前教育福利研究的挑战

学前教育福利研究领域既应是"问题取向的"（problem-oriented），也必须是"行动取向的"（action-oriented）。那格尔在介绍跨文化的政策比较时指出，政策选择有两种思维：一种是权衡利弊的折中性（tradeoff）思维，用利益衡量的视角来掂量政策选择的优劣，用相互排斥的观念分析政策选择；另一种是"最佳方案"（super optimum solution）思维，只选择各方均受益的、最适宜的政策。只有"最佳解"的公共政策才能经得起历史的检验。国际社会共享儿童福祉，从补缺型福利逐渐过渡为追求儿童美好生活的普惠型福利，为我国政府和学者提供了当代学前教育福利转型的经验与启示。今天，中国学前教育福利研究面临着人口结构、经济文化等多重挑战。我们如何在这些问题与挑战中寻找最佳答案与解决方案呢？

## 第一节　人口危机的挑战

人口是经济社会发展的基础性、长期性因素，也是重要的战略性和全局性要素。当前"促进人口长期均衡发展是全党全国工作大局的重要政策目标之一"。为保障人口结构均衡发展、促进生产力可持续发展，需要积极应对人口的危机。不过，中国和世界许多国家一样，正面临着日益严峻的人口形势。

### 一、人口危机日益严峻

中国已经进入"低出生率、低死亡率、低自然增长率"的后人口转变时期。联合国《全球人口增长与可持续发展报告（2021）》指出，人口结构的均衡与全球的可持续发展休戚相关。① 我国当前面临着高度少子化和老龄化的双重危

---

① Global population growth and sustainable development 2021［EB/OL］.

机。2021年中国人口出生率仅为7.52‰，出生人口1062万人，比2016年下降了43.6%①。为了推动社会经济健康可持续发展，保持适度的人口规模和合理的人口结构，近年来我国的生育政策先后三次进行了调整，分别在2013年、2015年和2021年实施了"单独二孩""全面两孩"和"全面三孩"政策。

这些生育政策的颁布产生了一定效果，但远未达到政策制定者的预期。第七次全国人口普查数据显示，0—14岁少儿人口比2010年多了3000多万人，占比上升1.35%；二孩占比由2013年的30%左右上升到2021年的43%左右。这说明生育政策确实促进了生育率提升。但从整体变化来看，每次生育政策带来的生育红利均呈规律性递减趋势，在政策实施的第二年小幅上扬，然后继续稳步下滑。②

根据2021年的人口数据分析，中国总和生育率约为1.15，即将进入人口负增长阶段和深度老龄化社会。2021年7月20日，中共中央、国务院发布《关于优化生育政策，促进人口长期均衡发展的决定》，指出"人口发展是关系中华民族发展的大事情"，要充分认识优化生育政策、促进人口长期均衡发展的重大意义，并提出要降低生育、养育、教育成本。一个月后，全国人大常委会通过了关于修改《人口与计划生育法》的决定，新法明确规定一对夫妻可以生育三个子女，"国家采取财政、税收、保险、教育、住房、就业等支持措施，减轻家庭生育、养育、教育负担"（第二十七条）。

## 二、影响生育的因素分析

中国的育龄夫妻普遍缺乏生育意愿。许多研究发现，阻碍生育意愿的三大主因是经济负担重、婴幼儿无人照料，以及女性难以平衡家庭与工作。75.1%的家庭认为"经济负担重"，51.3%的家庭认为"没人带孩子"。③许多城市家庭再生育一个孩子的成本需要数十万元。有研究者分析了2014年以来核心期刊发表的

---

① https://data.stats.gov.cn/easyquery.htm?cn=C01.
② 吕昭河，谢玉球.包容性生育政策的理论与实践——后人口转变时期生育政策的时代内涵和导向研究［J］.思想战线，2021，47（3）：163-172.
③ 新华社.国家卫生健康委有关负责人就实施三孩生育政策答新华社记者问［EB/OL］.

43篇关于生育意愿调查的论文，有二孩生育意愿的家长比例不到50%。① 因为再生育家庭基数相对较小、育儿成本过高、生育意愿低迷等因素，我国未来出生人口数量依然堪忧。②

有学者指出，生育问题涉及"三育"压力——生育成本、养育成本和教育成本。在现代工业社会，后两者明显高于生育成本。③ 学前教育阶段既涵盖养育成本，又是教育成本支出的起点阶段。中国家庭在学前教育阶段投入过多、负担过重，"生得起、养不起"，严重抑制了育龄父母的生育意愿。

为鼓励家庭养育三孩，国家陆续出台了多个教育与税收政策，并鼓励各地积极制定三孩配套福利政策。例如，从时间支持的措施看，许多地方政府修改完善了产假、育儿假、陪产假等育儿假期制度。不过，育儿假期的时长虽然通过制度得到保障，但假期制度的成本主要由用人单位"买单"。这意味着延长育儿假可能带来新问题，导致育龄妇女在就业机会、职业晋升和薪酬待遇方面遭遇新挑战，甚至让职业性别歧视在显性与隐性层面进一步恶化。

此外，政府鼓励为三孩家庭提供税收、住房等优惠支持政策，许多地方出台针对二、三孩的住房补贴措施和现金鼓励。但国际经验证明，限制生育可能短期内就有明显成果，鼓励生育却是一个复杂的长期过程。在各类生育友好政策中，儿童教育福利的作用日益受到社会关注，尤其是针对0—6岁儿童的学前教育福利。

## 三、学前教育福利对人口结构的积极作用

育儿负担沉重是当前许多国家少子化的重要诱因。国际社会高度重视学前教育福利研究。对少子化压力显著的国家而言，免费托育成为政府重要的人口政策之一。1990年，《从质量开始》的"兰伯尔德报告"拉开了英国追求优质免费学

---

① 王志章，刘天元. 生育"二孩"基本成本测算及社会分摊机制研究[J]. 人口学刊，2017，39（4）：17-29.
② 陈友华，孙永健."三孩"生育新政：缘起、预期效果与政策建议[J]. 人口与社会，2021，37（3）：1-12.
③ 张翼."三孩生育"政策与未来生育率变化趋势[J]. 社会科学文摘，2021（10）：7-9.

前教育的序幕。随后，伴随着学前教育福利的提升，英国21世纪以来出生率持续上升，达到半个世纪内的峰值。近年受疫情经济影响，英国政府对教育福利采取紧缩政策，生育率又开始缓慢下降，2021年总和生育率为1.7。

日本也面临人口老龄化、少子化双重压力，生育率仅为1.43，新生儿连续两年不到百万。为了应对日益低迷的出生率，日本从2019年开始实施0—5岁学前教育免费制度，为全体3岁幼儿以及2岁以下贫困幼儿提供免费教育，2岁幼儿的每周免费时间达55个小时。此外，0—2岁和3—4岁儿童分别可获得最高4.2万日元和3.7万日元的保育津贴。俄罗斯也颁布了一系列鼓励生育的措施，大力普及学前教育、降低学前机构服务费用，并更新了生育多孩的"母亲基金"计划。在这些教育福利政策影响下，2021年俄罗斯总和生育率保持1.8。有着全世界最低生育率的韩国也积极提升学前教育福利，将学前一年免费延长为三年。韩国保健家庭福利部将学前教育福利与人口政策部门合并，这使得学前教育福利正式成为人口政策事务的一部分。

中国社会日益重视儿童教育福利问题。在人口结构的挑战下，是否可以普及学前免费与义务教育已经引起社会关注，能否兼顾公平与优质则是实施免费政策的最大难点。

近年来，我国台湾地区也面临高龄化、少子化的严峻挑战。为此台湾地区推行幼托整合、普及一年免费学前教育，构建了规范的学前教育福利政策体系。2016年台湾地区总生育率仅为1.17，连续十年濒临世界最低水平。2017年2月，台湾地区老化指数破百（100.18），11月已达104.4，远高于全球平均水平。为减轻家长的育儿负担，2010年台湾地区有关部门颁布《5岁幼儿免学费教育计划》，公立学费全免，私立每人最高补助新台币3—6万元。2016年受益人数超过18万，5岁幼儿入园率达96.3%。

我国"十九大"提出"幼有所育"，力求让所有儿童共享普惠性的学前教育福祉。2022年全国3—6岁幼儿毛入园率比十年前增加了一倍，其发展速度在亚洲仅次于韩国。过去五年，我国入园率的增长速度在"金砖五国"中排名第一，但入园率水平仍位于金砖国家第四位，仅优于印度。在我国人口形势日益严峻的情况下，对教育公平的呼吁与对儿童教育质量的渴求已经成为当前的重要议题。对学前教育福利的研究有利于从儿童早期发展阶段提供政策支持，减轻家庭养育负担，助力三孩政策的实施。

## 第二节　托育服务的挑战

托育服务的蓬勃有序发展将为社会经济、人口转型带来一系列积极影响，优质普惠的托育服务将带来女性就业、儿童发展、家庭劳动力解放以及全社会经济增长和生产率提升的可观"收益"。中国托育服务需要"质与量"的双重提升，为人口结构优化与社会经济发展做出积极贡献。

### 一、我国托育服务发展的背景

进入21世纪以来，随着市场的快速发展，托育市场化倾向严重的问题日渐凸显。我国目前的入托率远低于国际平均水平，90%以上的中国婴幼儿未接受系统的托育服务。2022年9月2日，国家发展改革委等13部门印发《养老托育服务业纾困扶持若干政策措施》的通知，明确了房租减免、税费减免、社会保险支持等26条措施。根据规划，到"十四五"末，我国每千人口拥有3岁以下婴幼儿托位数要达到4.5个。根据总人口141260万人（2021年人口统计数据）测算，我国共需婴幼儿托位数6356700个。

近年来，我国在积极扩大普惠托育服务供给。2020—2022年，国家发改委、国家卫健委持续开展普惠托育服务专项行动，下达中央预算内投资20亿元，带动地方政府和社会投资超过50亿元，累计新增托位20万个，推动增加普惠性托育服务有效供给。截至2021年年底，我国每千人口拥有3岁以下婴幼儿托位数约为2.03，现有托位近290万个。

然而，多项调查表明，三分之一以上的中国家庭需要优质托育服务，目前的托位数和托育质量远不能满足群众需要。国际数据显示，不少国家入托率已超过50%，荷兰、希腊等国入托率也超过30%（见表8-2-1）。

为了满足家长需求，各国托育服务形式日益多样化。法国政府自2004年开始实施"托儿所计划"，开办0—3岁托儿所的企业可以获得免税优惠政策。通过构建基本的0—3岁照护公共服务体系，可以保障婴幼儿接受公平、普惠、安全、优质的早期教育。2025年之前我国还需新增350万个托位。如果以2030年达到国际平均0—3岁入托率（30%）为目标，意味着我国每千人口拥有3岁以下婴幼儿托位数须达到8个，新增近850万个托位（见图8-2-1）。

表 8-2-1　部分国家 0—3 岁入托率（2022）

| 序号 | 国　家 | 入托率（%） | 序号 | 国　家 | 入托率（%） |
|---|---|---|---|---|---|
| 1 | 荷兰 | 74.2 | 7 | 比利时 | 51.7 |
| 2 | 丹麦 | 69.1 | 8 | 斯洛文尼亚 | 47.5 |
| 3 | 卢森堡 | 62.0 | 9 | 芬兰 | 42.1 |
| 4 | 法国 | 57.1 | 10 | 克罗地亚 | 33.3 |
| 5 | 瑞典 | 55.8 | 11 | 希腊 | 32.3 |
| 6 | 西班牙 | 55.3 | 12 | 拉脱维亚 | 31.0 |

数据来源：欧洲统计局（eurostat），2022

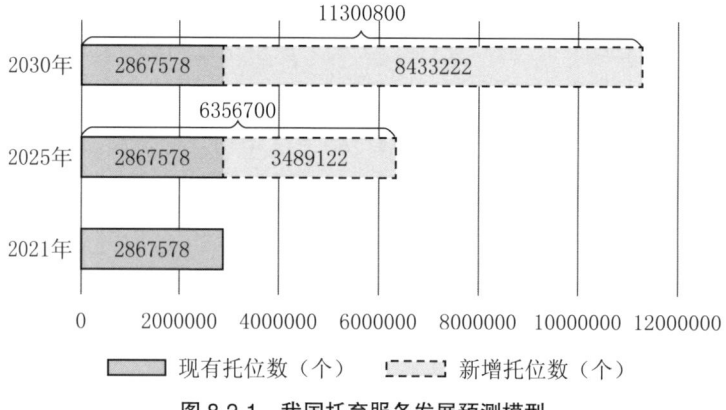

图 8-2-1　我国托育服务发展预测模型

随着家庭对育儿照顾的需求增加，出现了全球性的"照顾危机"（Lewis & Giullari，2005）。婴幼儿托位数的增加不仅是机构与人员数量的增长，更是国家发展理念的体现。托育事业的健康发展具有重要的经济、社会意义。

## 二、托育服务发展的积极意义

### （一）托育服务对促进就业与幼儿园教师转岗稳岗均具有积极作用

国际研究表明，普及托育服务对缓解家庭照顾危机、提升女性就业率与生育率有积极影响（Bake，2005）。中国研究发现，入托能够大幅提升母亲就业率，尤其是流动女性就业率提高了约6倍[①]。国家卫健委的《托育机构设置标准（试行）》和《托育机构管理规范（试行）》指出，托育机构应"配置综合管理、保育照护、卫生保健、安全保卫等工作人员"。根据不同托位数规划，对我国托育行业带来的就业岗位进行四个模型的预测（见图8-2-2），最高可为社会提供83万个就业岗位和70万个转岗岗位。具体如下[②]。

（1）低预测模型：增设婴幼儿托位数约137万个，可提供直接就业岗位近14万个（含保育人员岗位114158个，保健/保安岗位20553个），并为幼儿园专任教师和保育员提供托班岗位11万个。

（2）中预测模型：增设婴幼儿托位数约350万个，提供约20万个岗位（含保育人员岗位174456个，保健/保安岗位31402个），为幼儿园教师和保育员提供托班岗位40万个。

（3）较高预测模型：增设婴幼儿托位数约350万个（同中预测数量），提供就业岗位约35万个（含保育人员岗位290760个，保健/保安岗位52337个），为幼儿园提供托班岗位29万个。

（4）高预测模型：增设婴幼儿托位数约843万个，提供就业岗位约83万个（含保育人员岗位702769个，保健/保安岗位126498个），为幼儿园提供托班岗位70万个。

托育服务的发展不仅为社会直接增加数十万个就业岗位，且对现有的幼儿园专任教师队伍稳定具有积极作用。我国现有学前教育专任教师319.1万人，在园幼儿4805万人，已经达到1:15的师幼比例。随着出生人口的逐年下降，幼儿园教师队伍将达到饱和并逐渐过剩。随着越来越多的幼儿园开设托班，教师数量过剩问题可以通过园内转岗有效解决。以上海浦东新区为例，2022年托幼一体园在幼儿园总量中占比已达60%。

---

[①] 李勇辉，沈波澜，李小琴.儿童照料方式对已婚流动女性就业的影响[J].人口与经济，2020（5）：44-59.

[②] 测算说明：国家卫健委规定，托育机构必须"配置综合管理、保育照护、卫生保健、安全保卫等工作人员"。各地卫健委规定托育机构配备保育人员与婴幼儿数的比例基本为：乳儿班1:3，托小班1:5，托大班1:7，混合班1:6。收托100人以上的，应至少配备1名专职和1名兼职保健人员。独立托育机构至少配1名保安人员。

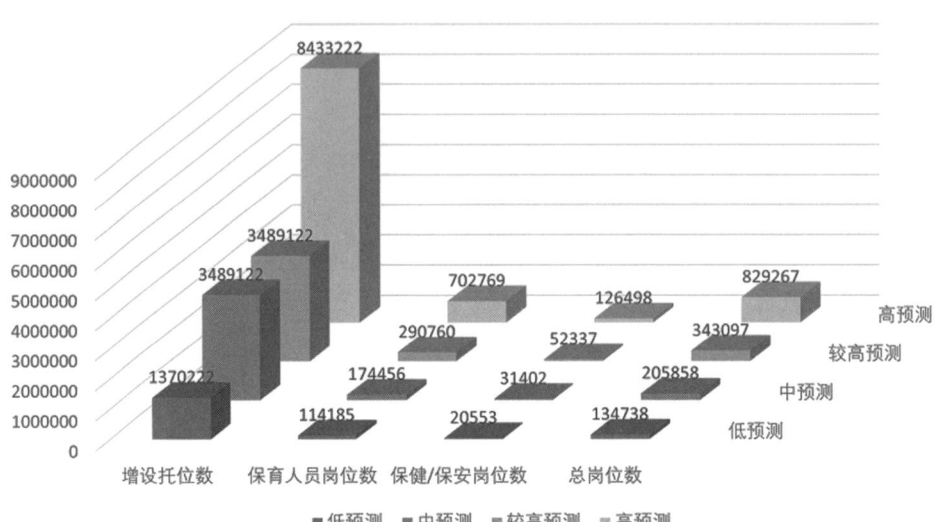

图 8-2-2　我国托育服务发展带来的岗位数量预测模型

## （二）托育服务对家庭的劳动参与和就业形式产生深远影响

新家庭经济学者贝克尔认为，女性的家庭责任对其参与劳动力市场具有负面影响。多项研究证明托育机构的距离和价格显著影响母亲就业率：距离越远、价格越高，则越可能产生消极影响（Borck，2014；Heather，1992）。我国 2021 年出生人口 1062 万，以家庭照护 1 名婴幼儿需要 1—1.5 名成人计算，托育服务每年可释放数千万家庭照护劳动力，并且间接影响 3 亿育龄女性的就业灵活性，对于促进劳动力市场性别平等具有积极意义。

## 三、上海市托幼一体化建设案例

上海市一直努力建设托幼一体化体系。1980 年，为加强对全市托幼工作的领导和协调，上海市成立了市托幼工作领导小组，由分管教育的副市长牵头、市教育局等 9 个部门的负责人参加，在全国率先开辟了托幼一体化的格局。上海一直高度重视学前教育，历年来投入学前教育的总经费在全国名列前茅，稳中有升。1985 年年底，为应对上海人口高峰引发的"入园难"问题，上海市托幼工作办公室作为市托幼联席会议下属办公机构，挂靠在市教育卫生办公室，具体解决"入托难""入园难"所需的经费审批、教师编制、园舍建设、师资培养等工作。时任市长江泽民曾多次在市长办公会上就"入园难"问题组织专题研究。

1985年，市集体事业办专门成立了上海市地区托幼协会，由市集体事业办主任周炳坤担任会长。同年4月，市教育局向市政府呈递《关于坚持"两条腿走路"的方针，解决本市幼儿"入园难"问题的请示》，提出集体事业单位和企事业单位已办的幼儿园要挖掘潜力，扩大学额，增收适龄幼儿。5月，市妇联、市集体事业办公室向市政府呈递《关于解决市区"入托难"和民办托儿所经费困难的请示》，提出继续想方设法增加收托人数，进一步发动街道里弄开办简易托儿所的设想。1986年，在上海市第八届人民代表大会第五次会议上，市政府工作报告把保证适龄幼儿全部入园列为市政府1986年、1987年要完成的与人民生活密切相关的15件实事之一。

1999年，市政府办公厅转发市教委等九部门《关于推进上海市0—6岁学前教育管理体制改革的若干意见》，提出了0—6岁一体化学前教育管理的新体系，为上海0—6岁婴幼儿教育的全面发展提供了政策保证。2018年，上海在全国率先制定出台托育服务指导意见和行动方案，多渠道扩大托育服务供给，推动托育服务体系建设。2022年颁布的《上海市学前教育与托育服务条例》以"政府引导、家庭为主、多方参与"的托育服务工作体系为目标，以满足"多层次、多元化、有质量"的托育服务需求为导向，为托幼一体化建设提供了实践案例。

以上海市浦东新区为例，根据《上海市学前教育与托育服务条例》《关于促进和加强本市3岁以下幼儿托育服务工作的指导意见》《上海市托育服务三年行动计划》等文件，浦东新区先后出台了系列政策，从规划制度上完善托育服务发展体系。新区发改委也出台了《关于进一步推动"15分钟服务圈"提质增效三年行动计划》。

来自上海市浦东新区托育服务指导中心的数据（2022）显示，全区托育服务机构共266家，提供托额约1.25万个，每千人口拥有3岁以下婴幼儿托位数达2.2个。其中170所公办、民办幼儿园（含187个园部）开设托班256个，提供托额5120个；社会力量办托育机构96家（含104个点），提供托额7390个，托幼一体园所在公、民办幼儿园总量中占比约60%，超过《上海市托育服务三年行动计划》中占比50%的要求。

新区税务局对托幼机构免征增值税事宜实行自行申报减免制度，2021年共免征增值税5310.6万元。区财政局2021年保障托育机构"企业职业职工培训补贴"37.2万元，对经教育局考核优秀的科学育儿指导点资金扶持275万元。2022年，区财政局和区国资委对运营困难的民办托幼机构免除疫情防控期间房屋租金约4366万元。全区托育服务机构中（包括公、民办幼儿园和社会机构），提供普惠性托育服务的机构共148家（含165个办学点），提供普惠性托额5314个。①

上海学前教育一体化管理体制的改革全面启动主要围绕加强政府宏观管理、制定和实施托幼事业发展规划、优化配置托幼资源、开展学前一体化教育等方面展开。在上海经验的启示下，有条件的地区应当由政府部门统筹幼儿园与托育服务机构资源，推进托幼一体管理，鼓励、支持幼儿园开设高质量的托班。

## 四、对我国当前托育政策制定的启示

当前，我国托育行业的健康发展至少面临三重难题：一是缺乏托育环境与课程质量监管；二是托育收费水平参差不齐；三是托育人员资质缺乏制度规范。②美国最大的托育福利项目"早期开端计划"实施之前，有关低收入家庭缺乏高质量婴幼儿托育服务的问题就已经得到了公众的关注，政府需要制定政策来积极面对这一问题。③上海和国际托育福利的经验给我国托育政策如何进一步变革带来如下启示。

### （一）合理增加普惠性托育财政投入

托育财政投入比例较高的国家，女性就业率与生育率均较高，如瑞典、芬兰和丹麦。发达国家为托育服务提供的财政投入占GDP的2%—8%。2022年9月2日，国家发展改革委等13部门印发《养老托育服务业纾困扶持若干政策措施》的通知，明确了对托育行业的房租减免、税费减免等措施。地方各级政府必须研制托育机构规划、土地、住房等综合性的支持政策，完善普惠性托育机构奖补政

---

① 数据由浦东托育服务指导中心提供。
② 钱雨.国际托育政策发展：市场化还是政府责任［N］.中国教育报，2019-07-21（354）.
③ LOVE J M et al. The role of Early Head Start Programs in addressing the child care needs of low-income families with infants and toddlers: influences on child care use and quality［M］. Administration for Children and Families and the Head Start Bureau，2004.

策，出台托育机构运营补贴、建设补助等具体举措，将普惠性托育开支纳入地方财政预算。

包括托育服务在内的学前教育应实行政府主导、社会参与、公办民办并举的办学体制。中央与地方各级政府应积极发展公办托育服务，通过一定的资金投入来大力支持、推广与监管高质量的普惠性早期教养服务，降低家庭育儿成本。在当下改革的大背景下，我国托幼机构的设立体制和运行机制发生了很大变化，强化各相关部门的分工协作尤为重要。

应该尽快用法律的形式将有关政府部门的职责范围明确界定。包括托育服务在内的学前教育应实行国务院领导，省（自治区/直辖市）、市人民政府统筹，县级人民政府为主的管理体制。国务院负责制定学前教育管理制度、学前教育质量标准，组织实施国家学前教育发展规划，推动和指导地方推进普及学前教育，构建覆盖城乡的学前教育公共服务体系。省（自治区/直辖市）、市人民政府负责统筹加强学前教育工作，推动出台地方性学前教育法规，制定相关规章和本地学前教育发展规划，健全投入机制，明确分担责任，完善相关政策措施并组织实施。县级政府负责制定县级学前教育发展规划，负责托幼机构布局、教师配备补充、工资待遇及评估等，保障地区学前教育规范发展。

### （二）普及普惠性托育机构，打造"15分钟"托育圈

国际公共托育服务普及率越高，就业率越高。托育机构普及率较低的国家（如德国）女性就业率明显偏低（OECD，2022）。各地应结合区域实际，挖掘学前教育存量资源，打造居民家庭或单位15分钟车程内的优质普惠托育服务圈。例如，可以支持公办幼儿园增设托班，在新建、改扩建幼儿园里开设托班；鼓励民办幼儿园开设普惠性托班，探索社区托育试点工作；以社区为依托，开办社区托育点；设置托育津贴等方式，激励企事业单位为职工提供便利的托育服务；鼓励民营机构和社会团体提供不同成本的托育服务，以满足不同收入水平家庭的托育需求等。

### （三）托育服务与产假无缝衔接，明确看护权责

各国的托育服务一般与本国的产假制度无缝衔接，多数西方托育机构为3个月至3岁儿童提供服务，增强了母亲的就业灵活性（OECD，2021）。东亚地区已经面临"超低生育率"，将育儿负担从家庭转向社会，被认为是提高生育率的有

效对策。但我国目前急缺 1 岁以下婴儿照护服务，婴儿照护人员培训与准入标准有待进一步规范与提高。

中国学前教育福利权责边界在托育福利领域尚不够明确。就家庭方面而言，一方面，对于有能力履行儿童监护责任却未尽到相应责任或侵害儿童合法权益的监护人，当地学前教育与儿童福利管理部门应当根据具体情况对其进行教育、训诫，责令其改正；拒不改正，造成儿童损害的，应当承担相应的民事责任；构成犯罪的，承担相应的刑事责任。另一方面，应当进一步完善儿童监护人制度。

就国家方面而言，国家机关及其工作人员不依法履行保护儿童合法权益职责，或者在提供学前教育福利过程中存在违法行为时，应当追究其相应的法律责任。就社会方面而言，社会组织或者其他个人在照护婴幼儿时，有侵害儿童权益行为的，应当由学前教育管理部门对其进行教育、训诫，责令其改正；对于拒不改正或者再犯的，应当追究其相应的法律责任；情节严重构成犯罪的，应当直接追究其刑事责任。①

### （四）保障托育服务质量，办人民满意的托育

学前教育福利体系要坚持政府、社会与家庭合作模式，建立托幼一体化的管理体制。家庭承担婴幼儿教养的首要责任，但支持与指导家庭教育也是地方政府的重要职责。世界各国政府通过鼓励入户式家访、家教培训等多种家教服务形式，积极为家长提供科学指导，为父母提供育儿支持。通过创造良好的家庭教育环境，政府与家庭、学前教育机构、社区等密切合作，促进婴幼儿在家庭中身心健康发展。托育机构应当符合安全标准，具备适宜的场地、设施和获得早期教育专业资质的工作人员。地方政府应建立健全托育机构和从业人员的评估监测制度，加强质量监管。

高质量的托育服务对生育女性的劳动供给有正向支持。但当前不少托育机构存在"有托位、无人报"的空置现象，归根结底还是老百姓对托育服务的质量不放心。为提供人民放心、满意的托育服务，必须加强托育服务质量监管，对机构质量进行透明公示，让群众安心。还可通过机构自评、专家督导等方式，评选出一批优质托育机构，发挥辐射作用。

---

① 吴鹏飞. 中国儿童福利立法研究 [M]. 北京：知识产权出版社，2020：198.

## 第三节 政策变革的挑战

社会政策是国家对公民所承担的一种责任,实质是政府作为行动者如何使社会失灵(malfunction)得到有效的矫正,如何用集体行动来对社会问题和公众福利进行干预(Hill,1996)。当前,我国普惠性学前教育福利政策的变革仍存在较大挑战。如何解决学前教育中存在的区域性失衡?是否应该实施学前免费教育?政府在学前教育福利中的职责与财政投入如何定位?这些都为学前教育福利政策的发展带来了空间。

### 一、儿童早期发展的区域失衡

学前教育阶段是儿童认知、社会性、情绪发展的关键时期,对处境不利儿童的早期干预是促进孩子适应社会以及未来成功的基石。处境不利儿童是受到社会、地域、家庭、机构、个人身心状况、种族、宗教、文化价值观等不利因素的影响,置身于各类有风险、不利的照料环境(如贫困、家庭暴力、父母精神疾病等)中的弱势儿童群体。高质量的早期干预可以提高低收入家庭儿童的教育水平,改善其健康状况,缩小家庭之间不平等的差距,减少社会经济差异对儿童与父母发展成就的影响。处于种种弱势境地的家庭难以提供合适的资源去满足子女基本的发展需求。

《国家贫困地区儿童发展规划(2014—2020年)》指出,我国集中连片特殊困难地区的4000万儿童在健康和教育方面的发展明显低于全国平均水平。大量研究表明,很多代价重大的社会性问题,如儿童发展滞后、虐待或忽视儿童、学生学业失败、贫穷与犯罪等问题,其根源都是来自关键的早期发展阶段隐藏的问题。

当前,东西部、城乡学前教育福利服务供需极不平衡。妇联、卫计委等部门在部分贫困连片地区进行了家访项目的试点研究,如2012年在联合国儿童基金会的支持下,全国妇联陆续在湖北、湖南、河北、贵州、山西和新疆六省流动人口集中的城郊农村和边远山区开展了儿童早期发展社区家庭支持项目。2014年相关部门与美国斯坦福大学教授罗斯高在陕西商洛市开展了农村教育行动计划。2015年7月,中国发展研究基金会在甘肃省启动了"慧育中国"家访项目。同年，与英国救助儿童会合作，在河北和云南开展了 0—3 岁婴幼儿早期发展试点项目。这些家访项目的统计显示，目前我国仅有不到 1 万名农村贫困儿童享受到了早期干预项目的服务。然而在中国，约有 770 万的 5 岁以下儿童患有生长迟缓，位列世界第四。目前针对处境不利学前儿童开展的干预项目完全不能满足国内的需求，使得学前教育福利服务供需关系严重失衡。

在中国一、二线城市，外来务工家庭的学前儿童也遭遇早期发展困境。研究者在调研中了解到，外来务工人员对学前教育福利有极强的需求，十分渴望得到政府的支持与养育子女方面的指导。但事实是，流动家庭鲜少有机会得到适宜的学前教育福利服务。中国政府已将儿童早期发展纳入《健康中国 2030 规划纲要》，上升为国家战略。但总体上看，中国儿童早期发展仍面临着资源投入有限、覆盖面不均衡、贫困地区儿童学前教育机会不足等问题。

## 二、学前教育福利立法研究不完善

学前教育福利变革需要政策法规的支持。各国政府历来十分重视通过立法解决学前教育面临的各种问题，以立法研究推动立法变革，以立法变革推动学前教育的发展。20 世纪末，英美等国陆续颁布多个有关学前教育的法律规范，将资金投入、政府责任强化等影响学前教育发展的诸多重要问题上升到法律的高度。当前，国际学前教育福利立法包括立法决策研究、立法内容研究与立法评估研究。

### （一）立法决策研究

立法决策研究包括立法价值研究与立法准备研究。许多大规模的教育现状调查、心理学研究与早期干预研究为立法的价值取向奠定了科学基础。福基（Forgione，1977）对美国弗吉尼亚、加州和佐治亚州等地的学前教育立法决策过程进行了研究，分析了学前教育立法的决策、输入与法规输出过程。

卡米利（Camilli，2010）等对过去 50 年来的美国早期干预项目进行了梳理，发现全美有超过 123 个早期干预项目正在或曾经开展。赫克曼（Heckman）认为，接受早期干预的儿童年龄越小，其收益越大。上述研究为国际社会制定学前福利政策奠定了基础。

立法准备（legislation preparation）则是指提出法案之前进行的、为正式立法提供条件和奠定基础的立法活动。这一过程包括了确立立法目标与指导思想，进行立法预测、编制立法规划、形成立法创议等。英美等国产生了丰富的立法准备研究成果与行之有效的成文制度。

### （二）立法内容研究

法案内容研究的主体既包括政府与学者，也包括众多国际组织发起的跨国比较。如派尔（Poole，1988）对英国《1944年教育法》中关于教师队伍建设规定与特点、教师组织和加入专业协会、保证工作健康与安全、享受产假等基本权利的规定进行了系统研究；德文尼（Devenney，2006）等人对学前教育法律中政府职责规定与特点进行了研究，分析了英国《2006年儿童保育法》中关于中央和地方政府对政府教育、福利、卫生、安全各部门分工合作的法律规定。OECD和联合国对国际的学前教育政策开展了多项比较研究。如 OECD 的《坚实开端（Starting Strong）》系列报告。UNESCO（2004）的一项调研报告对泰国、菲律宾和越南等东南亚国家的学前教育保育和教育法律规定的主要内容及其特点进行了分析，涉及财政收入、机构设置、质量保障与家庭参与等主要方面。

立法内容研究涉及法案的科学性研究以及立法的机会成本研究。法学经济学家开展了大量立法机会成本研究。波斯纳（1986）认为，不同法案实现人们既定目标的程度有所不同，因此"不同选择之间的效益差别和得失就构成了法律的机会成本（opportunity cost）"，也叫选择成本。

### （三）立法评价研究

立法评价的意义在于改进、完善立法工作，提高立法质量，促进法律功能有效发挥。政府和民间组织及学者均对学前教育法律的实施效果、成本收益分析、资源配置与督导等问题开展研究。以评价主体为标准，分为国家机关的评价、社会公众的评价和学理评价。如巴纳特（2004）对 OECD 国家的学前教育政策法规进行了全面的回顾和评估。

美国儿童局发布的《儿童虐待》年度调查报告显示，随着《举报法范例》（1963）、《儿童保护法》（1984）等法案出台，50年来，儿童虐待问题取得了突破性成就。美国《教育研究的发展、传播与促进法》（1994）明确了联邦政府在发展教育科研中的职责："美国大多数公立学校没有使学生达到国家教育标准。联邦政府应该对教育研究的发展、传播和借鉴给予广泛支持，支持和确保相关科研机构和人员在上述活动中对所面临的挑战做出最佳应对。"

### （四）我国现有的学前教育福利政策框架体系

当前，我国学前教育福利政策框架包括五大部分内容。①

一是联合国机构、国际组织和国际 NGO 的公约、宣言、法律条文、政策声明等，这是最宏观、最具国际视野的学前教育福利政策法规，例如 1924 年《日内瓦儿童权利宣言》，1959 年 11 月 20 日联合国大会通过的《儿童权利宣言》等。

二是全国人民代表大会及其常委会通过的有关法律，构成了中国学前教育法律的基本框架，由宪法、一般性法律、学前教育福利相关的法律组成。《宪法》是国家的根本大法，决定国家对待儿童的基本态度与基本原则。如《宪法》规定"国家培养青年、少年、儿童在品德、智力、体质等方面全面发展"，"婚姻、家庭、母亲和儿童受国家的保护"，"禁止破坏婚姻自由，禁止虐待老人、妇女和儿童"等。《宪法》之下的一般性法律主要是指民法、刑事诉讼法、国籍法和人口与计划生育法等法律法规。第三类法规是那些与儿童保护和福利密切相关的法律，如《中华人民共和国食品卫生法》规定"专供婴幼儿的主、辅食品，必须符合国务院卫生行政部门制定的营养、卫生标准"，从法律保障角度确保儿童食品的营养、卫生。

这部分内容有以下不足：首先，缺乏《中华人民共和国学前教育福利法》《中国学前教育法》等特定法律，学前教育福利政策框架与教育福利体系轮廓尚未完全搭建起来，学前福利建设与研究任重道远。其次，学前儿童福利法律框架主要集中在司法保护、义务教育与职业教育、婚姻家庭与财产继承、预防未成年人犯罪等领域，有关学前儿童教育福利的法律几乎没有。

三是国务院和国务院各职能部门制定、颁布、实施的各类行政法规、条例、规定、纲要、办法和其他政策规定。这些法规集中体现中央政府对学前教育福利的基本态度，是国务院行政法规的重要组成部分。"五年计划纲要"和"十年发展纲要"一类的政府发展规划方案是中国学前教育福利政策框架的重要组成部分，是国务院各政府职能部门实施具体法律法规和国家政策的工作方案，反映了

---

① 刘继同.当代中国的儿童福利政策框架与儿童福利服务体系（上）[J].青少年犯罪问题，2008（5）：13-21.

中国政府学前教育福利行政管理与学前教育福利政策实施的基本特征。例如为促进3岁以下婴幼儿照护服务的发展，发展托育服务事业，2019年5月，国务院办公厅发布了《关于促进3岁以下婴幼儿照护服务发展的指导意见》。

四是中共中央关于学前教育、儿童保护、教育福利的决定、决议、计划、纲要和政策规定，由国务院各职能部门制订、颁布实施（如表8-3-1所示）。这些政策规定最直接、最典型、最清晰地反映中国儿童发展与保护议题的变化轨迹，体现儿童生存发展的真实状况。如1996年全国妇联与国家教委联合制订《全国家庭教育工作"九五"计划》《家长教育行为规范》等家庭教育指导文件，推动全国家庭教育工作。①

五是地方人大与地方政府职能部门制定、颁布、实施的各类地方学前教育福利法规、制度与政策规定。如2022年颁布的《上海市学前教育与托育服务条例》。

表8-3-1 中国学前教育福利相关政策规定（部分）

| 职能部门 | 颁布时间 | 部门规章与政策规定的名称 | 适用领域 |
| --- | --- | --- | --- |
| 卫生部 | 1986.4 | 妇幼卫生工作条例 | 妇幼保健 |
| 卫生部 | 1986.11 | 食品营养强化剂卫生管理办法 | 食品营养 |
| 教育部 | 1989.9 | 幼儿园管理条例 | 学前教育 |
| 卫生部 | 1994.12 | 托儿所、幼儿园卫生保健管理办法 | 托幼卫生 |
| 卫生部 | 1995.6 | 母婴保健监督员管理办法 | 母婴保健 |
| 卫生部 | 1995.6 | 母婴保健医学技术鉴定管理办法 | 母婴保健 |
| 公安部 | 1995.10 | 公安机关办理未成年人违法犯罪案件的规定 | 少年司法 |
| 卫生部 | 1996.7 | 生活饮用水卫生监督管理办法 | 饮用水安全 |
| 卫生部 | 1996.8 | 学生集体用餐卫生监督办法 | 食品安全 |
| 民政部 | 2001.2 | 残疾人社会福利机构基本规范 | 残疾儿童 |
| 民政部 | 2001.2 | 儿童社会福利机构基本规范 | 学前教育福利 |
| 民政部 | 2006.7 | 流浪未成年人救助保护机构基本规范 | 流浪儿童 |

① 中华人民共和国外交部.中国关于《儿童权利公约》执行情况的第二次报告[Z], 2003.

（续表）

| 职能部门 | 颁布时间 | 部门规章与政策规定的名称 | 适用领域 |
| --- | --- | --- | --- |
| 教育部 | 2016.2 | 幼儿园工作规程 | 幼儿园教育 |
| 教育部 | 2017.5 | 幼儿园办园行为督导评估办法 | 幼儿园教育 |
| 教育部 | 2022.2 | 幼儿园保育教育质量评估指南 | 幼儿园质量 |

中国社会结构与社会环境正处在快速的变迁过程中，如何及时回应学前儿童的基本需要，有效解决他们教育发展面临的主要问题，是衡量学前教育福利政策框架质量的基本角度。西方高福利国家对学前教育福利的重视，关键性推动力在于政府建立了完善的法律保障体系，为学前教育福利服务实施提供了指导。例如，美国从20世纪20年代初期就成立了儿童福利联盟，致力于改善与儿童及其家庭福祉相关的公共政策体系，通过《社会保障法》《预防儿童虐待法》《残疾儿童教育法》等一系列的政策法规，建构了完善的学前教育福利政策体系，为儿童保护与支持提供了强有力的保障。

针对我国目前存在的留守儿童、流动儿童、残疾儿童和受虐待儿童的问题，我国相关的儿童保护措施和法律不断完善，制订了《未成年人保护法》和《反家庭暴力法》等。但现有法律文本很难从根本上解决现实中学前教育福利事业面临的各种困境。虽然中西方文化背景不同，制度有别，对于"儿童发展"与"学前教育"的内容及目标的理解也不尽相同，但国际学前教育福利政策的完善体系及成功经验对我国具有重大意义。

总之，我国初步构成了"中国特色"学前教育政策框架，但目前缺乏《中华人民共和国学前教育法》等紧贴"学前教育"的专门法律，以学前教育和学前儿童为主体的政策框架体系尚未完全搭建起来，法制化建设任重道远。我国政府应设置儿童保护主管部门与快速保护反馈机制，不断完善学前教育福利政策法规，尽快出台学前教育福利的相关专门法。当前的政策制定应向教育福利领域倾斜，为学前教育福利发展提供坚实的政策保障与物质保障。

## 三、中国学前师资质量提升的迫切需求

教师是教育的灵魂。公众认识到，社会需要高质量的学前服务，这首先取决

于受过良好教育的学前教师队伍。学前师资队伍的培训和保障也具有公益性，政府应当在这项任务中扮演重要的角色。中国目前的学前教育师资队伍的建设面临众多难题：幼儿园教师薪金较低、福利不足；民办幼儿园教师缺乏社会保障与培训督导；部分托幼机构置国家相关规定于不顾，廉价雇用一些未取得教师资格证的人员，使得一些不具备专业素质，甚至不合格的"教师"走上幼教岗位，虐童事件一再给我们敲响警钟。

当前，学前教育需要有专门能力的教师，具备专业的职业素养，能够用适宜儿童的方式开展游戏化教学。各国政府也在积极提升学前教师的待遇与福利，以减少教师的流动率，提升师资水平。美国为了更好地鼓励幼儿教育工作者，政府鼓励教师通过学习获得学位和资格证，帮助各州解决师资不足、薪资不佳和离职率高等问题。美国政府注重根据教师绩效对教师进行补偿性拨款，激发教师积极性，降低贫困地区教师流失率。

韩国的《教育公务员法》指出，教育公务员的报酬应该予以优待。《教育公务员法》规定幼儿教师能享受到各种奖金、课时费等，在医疗和子女就学等方面也有很多优惠。《教育公务员法》赋予了教育公务员同等的在研修机关接受再教育及研修的机会，教育公务员为完成其职责，应不断努力研究与加强修养。法国的《关于教育指导法的附加报告草案》规定，教师可享受一年的带薪假期，并可在国民教育体系内、公职范围内或私人部门内实现工作的自由变动。

在中国香港地区，《幼稚园教师的最低学历要求》（2000）、《幼稚园校长和教师的学历及培训要求》（2002）、《新入职幼稚园教师资历要求》（2003）和《申请教师进修学费资助》（2008）等政策均明确规定了幼儿园园长和教师的准入标准与资质要求，并且对政府在促进幼儿教师队伍质量提高方面的职责做出具体规定。如《幼稚园校长和教师的学历及培训要求》明确提出，"所有新入职的幼稚园教师均须在入职以前具备'合格幼稚园教师'资格"，将该项资格作为幼儿教师入职的必要条件。

当前，也应立法保障中国内地的学前教师拥有和小学教师，甚至公务员同等的待遇。中国政府应进一步完善托育与幼儿园教师入职资格、权利与义务、评聘考核方式、工资待遇与编制，以及学前教师职前职后培训等方面的立法。

第九章

XIANDAI XUEQIANJIAOYU
FULIGUANDE JIANGOU

# 现代学前教育福利观的建构

尊重儿童权利、普及儿童幸福生活，让每一个社会、家庭和儿童共享教育福利是国际学前教育福利发展的总体趋势。站在"两个一百年"的历史交汇点，中国现代学前教育福利观也必须实现从"利"到"福"、从托幼分离到托幼均衡发展、从适度普惠到优质普惠的三重转型。

## 第一节 现代学前教育福利观的转型

国际学前教育福利已不再局限于传统的物质福利，机会、服务、权力等非物质福利也被纳入福利概念中，包括资金形式福利、机会形式福利和服务形式福利。我国要确立现代学前教育福利观，就必须实现以下三个转型。

### 一、从"利"到"福"的学前教育福利观转型

#### （一）福利的意蕴：追求美好生活

许多学者将儿童教育福利视为我国社会福利的重要内容和学前教育福利的重要组成部分。[1][2] 然而，我国政府一直沿用狭义福利观，学前福利的主要内容一度被简化为物质福利、贫困学前教育福利和残疾学前教育福利。社会各界对学前教育福利的重视不足，或许与传统文化中"福利"一词的起源有关。

现代汉语中的"福"和"利"意思相近，属于同义复合词。但在古汉语中，"福"与"利"的情感色彩有别——君子求福、小人逐利。传统文化中的"福"

---

[1] 刘继同.当代中国的儿童福利政策框架与儿童福利服务体系（上）[J].青少年犯罪问题，2008（5）：13-21.
[2] 陆士桢，常晶晶.简论儿童福利和儿童福利政策[J].中国青年政治学院学报，2003（1）：1-6.

始终包含美好向善的积极意义，是"安而乐之"的幸福、福报。《诗经》云："恺悌君子，求福不回。"而"利"却隐含追名逐利的负面含义。

古汉语中的"福利"一词最早出现在《后汉书》里，汉仲长统《昌言·理乱》全文对乱世之下的种种弊端悉数列举："夫乱世长而化世短。乱世则小人贵宠，君子困贱。当君子困贱之时，踢高天，踏厚地，犹恐有镇压之祸也。逮至清世，则复入于矫枉过正之检。老者耄矣，不能及宽饶之俗；少者方壮，将复困於衰乱之时。是使奸人擅无穷之福利，而善士挂不赦之罪辜。苟目能辩色，耳能辩声，口能辩味，体能辩寒温者，将皆以修洁为讳恶，设智巧以避之焉，况肯有安而乐之者邪？斯下世人主一切之愆也。"文中评论乱世之中奸人逐利而行："是使奸人擅无穷之福利，而善士挂不赦之罪辜。"福利一词在其中虽是对福报与利益的统称，却隐含重"利"轻"福"的意味。唐韩愈在《与孟尚书书》中也提及："何有去圣人之道，舍先王之法，而从夷狄之教，以求福利也？"

在重利轻福的影响下，很长一段时间里，部分福利政策制定者把学前教育福利问题简化为"利"，把福利政策等同于提高弱势群体物质生活水平的手段。这种狭义福利观忽视了人民对"福"的心向往之，忽略了塑造人类美好生活与幸福感受的重要价值。在英语中，"福利"（welfare）也有双重含义。在《牛津现代高级英汉双解词典》中，welfare 有两种解释，一是指平安、安宁、福利、福祉、幸福，类似汉语中的"福"；二是指社会安全与社会保障。福利是由"well"（美好的）与"fare"组合而成的。"fare"的含义包括日子、旅程、饮食……因此，福利的本意包含了幸福的人生、美好的旅途、合理的饮食，是一种追求幸福生活且心满意足的美好人生状态。

吉登斯认为福利带有精神层面的内涵，它在本质上不是一个经济学概念，而是一个心理学概念，关乎到人的幸福感（well-being）[1]。马歇尔认为，好的福利不仅代表物质的充足，还包括个体良好的心理感受与感觉（doing well and felling well）。[2] 因此，"福利"拥有静态和动态的双重含义。在静态层面上，福利是一

---

[1] 安东尼·吉登斯. 第三条道路：社会民主主义的复兴［M］. 郑戈，译. 北京：北京大学出版社，2000: 121.

[2] REES, M ANTHONY. Social policy in the twentieth century［M］. Hutchinson, 1985.

种美好幸福的生活状态；在动态层面上，福利是指为追求美好幸福生活而提供的各种条件、措施和制度。

随着人们对福利观理解的进一步加深，人们逐渐认识到"追求幸福生活"的福利不仅包括经济福利。[①] 作为一个多元化的概念，福利是福和利、主观与客观、物质福利与非物质福利的统一体。由此，儿童教育福利逐渐进入人们的视野。

### （二）学前教育福利中的柔性理论

菲曼（Martha Fineman）提出了"vulnerability theory"的概念，被许多福利研究者译为"脆弱性理论"。这一理论指出，特定群体（如老人、妇女）的脆弱具有普遍性、持续性、复杂性和特殊性。国家应在教育、福利等公共领域承担起更多责任，通过福利政策降低个体的受损程度，弥补个体的脆弱性。[②]"脆弱性"这一术语更强调福利对象的软弱和被动。在学前教育福利领域，不妨将这一理论翻译为"柔性理论"，更符合对当代儿童的全新理解与认识。[③]

柔性理论将儿童看作面临挑战但又不断成长、积极独立的主体。儿童的柔性包括三个方面。

一是儿童具有柔软性。面对挫折和困难时，儿童具备天然的弹性和自身的恢复力。

二是儿童具备柔嫩性。由于儿童生理与心理尚处于发育阶段，年幼的儿童更加需要成人的悉心教导。

三是儿童拥有柔弱性。需要成人提供安全健康的环境，任何极端风险或创伤性事件将对儿童产生永久性伤害。

正因为儿童群体柔软、柔嫩且柔弱，《儿童权利公约》将"儿童利益最大化"作为文明社会必须遵循的重要标准。在人类历史的长河里，儿童往往直到出现"问题"才引起成人的关注，他们的基本权利几乎被遗忘了。无论是欧美福利模式还是东亚福利模式，都将保障公民有尊严的生活作为其福利目标，这种"有尊

---

[①] 王三秀. 教育反贫困：中国教育福利转型研究［M］. 北京：人民出版社，2014：10.

[②] FINEMAN M A. The vulnerable subject and the responsive state［J］. Emory Law Journal，2010，60：10-130.

[③] 钱雨，全面三孩政策下的学前教育福利转型［J］. 学前教育研究，2023（5）：20-28.

严的生活"意味着儿童物质和精神需求的双重满足。

到底应该把学前儿童看作脆弱无知的小儿来灌输知识，还是作为独立的权利主体给予尊重？是关注部分儿童的需求，还是把儿童看作柔性群体而提供优质全面的保护？如何满足学前儿童的教育权益、基于儿童权利最大化原则制定教育福利政策，值得中国教育福利研究者深思。

## 二、从托幼分离到托幼均衡发展的学前教育福利观转型

和西方国家相比，东亚各国福利支出占本国GDP的比重一直偏低。经济不断发展，社会福利支出却没有大幅度提高，这样的反差引起了国际社会政策研究者的好奇与关注。1985年，米奇利断言东亚国家奉行"不情愿的福利主义"（Reluctant welfarism），将"东亚四小龙"定义为"不情愿的福利国家（地区）"。[1]霍利德（Holliday，2000）则主张从经济发展与社会政策的关系角度解释"不情愿的福利国家（地区）"。他认为，东亚地区的福利确实包含不情不愿的成分，不过，凡有利于促进经济发展、促进生产力提高的公共福利与服务，政府就会情愿大力投入。因此，他把东亚国家（地区）的福利归结为生产主义福利体制（Productivist welfare regime）：福利政策的制定以促进经济发展、提高生产力水平为目标。[2]

《中共中央国务院关于学前教育深化改革规范发展的若干意见》（2018）指出，学前教育"关系亿万儿童健康成长，关系社会和谐稳定，关系党和国家事业未来"的重要意义。《意见》中强调，"目前学前教育仍是整个教育体系的短板，发展不平衡不充分问题十分突出"。尤其是托育与幼儿园发展不均衡，成为学前教育可持续发展的主要障碍。

2019年国务院发布了《关于促进3岁以下婴幼儿照护服务发展的指导意见》，2022年3月的《政府工作报告》提出："完善三孩生育政策配套措施，将3岁以下婴幼儿照护费用纳入个人所得税专项附加扣除，多渠道发展普惠托育服务，减

---

[1] J MIDGLEY. Industrialization and welfare: the case of the four little tiger [J]. Social Policy and Administration，1986，3: 225-238.

[2] I HOLLIDAY. Productivist welfare capitalism: social policy in East Asia [J]. Political Studies，2000: 706-723.

轻家庭生育、养育、教育负担。"遗憾的是，我国托育服务发展中依然存在诸多问题。在市场经济时期，学前教育服务一度商品化和私人化，0—3 岁婴幼儿的照看责任几乎全部由家庭承担。

0—3 岁被誉为人生最关键的 1000 天。大脑神经元连接发展的最佳时期是在 6—12 个月，儿童的大脑在 3 岁已经达到成熟期的 80%，6 岁时达到 90%。[①] 我国学前教育财政投入正在逐渐提高，2022 年中国学前教育投入占教育总投入的 8.4%，但仅限于 3—6 岁幼儿园阶段。这一数字离发达国家 10%—12% 的财政占比依然有着明显差距。

学前教育福利的对象应当是 0—6 岁的全体儿童。学前教育福利包含托育服务与幼儿园教育、家庭教育等一切为适龄儿童提供的教育资源、托幼服务和教育条件。政府要把托育服务纳入民生服务范畴，提高对学前教育福利的整体财政投入。只有托育服务和幼儿园教育协调均衡发展，才能解决现代家庭养育子女的部分焦虑，推动生育潜能的有效释放。

## 三、从适度普惠到优质普惠的学前教育福利观转型

学前教育兼具"教育性"和"福利性"，与千家万户的生活密切相关，是我国政府和学者需要关注的重大民生问题。习近平总书记强调，"全面深化改革必须着眼创造更加公平正义的社会环境，不断克服各种有违公平正义的现象，使改革发展成果更多更公平惠及全体人民"（习近平 2013 年 11 月 12 日在十八届三中全会第二次全体会议上讲话。全文发表于 2014 年 1 月 1 日《人民日报》），指出"人民对美好生活的向往，就是我们的奋斗目标"（2012 年 11 月 15 日，十八届中共中央政治局常委同中外记者见面会上，习近平总书记指出）。学前教育福利变革必须坚持以人民为中心的研究导向，让全体人民共享福祉。

中国儿童教育福利的制度框架包括义务教育福利与学前教育福利，但后者在立法和制度层面远不如前者完善。2006 年修订的《中华人民共和国义务教育法》

---

[①] R K LENROOT AND J N GIEDD. Brain development in children and adolescents: insights from anatomical magnetic resonance imaging [J]. Neuroscience & biobehavioral reviews, 2006, 30 (6): 718-729.

明确确立了义务教育实行免收学费杂费的原则,使义务教育成为我国规模最大的儿童教育福利。来自经济学家智囊团的《良好开端》报告曾从社会背景、入园率、收费水平、教育质量等四项指标入手,对全球45个国家和地区的学前教育发展水平进行了排名。在这项研究中,学前教育高福利国家遥遥领先,中国则位于倒数第四。①

作为世界儿童人口数量第二位的国家,中国面临着教育资源相对有限、学前儿童群体数量庞大的客观制约。学前儿童教育权利的不均等和政策法规体系的不完善是目前的主要问题。从学者提出"放开三孩"的建议后,已在民间引发巨大反响。家长纷纷"炸锅",声称自己"养不起"。中国家庭养育每一个子女都必须投入大量的金钱、时间和精力成本,这些沉重负担是出生率下降的重要原因之一。

第七次人口普查的数据显示,我国人口增长速度进一步减缓(年平均增长率为0.53%),老年人口比重首次超过少儿比重(18.7%;17.95%),家庭户规模进一步缩小(2.62人/户)。当前,我国在幼儿园阶段虽然已基本形成了适度普惠型福利,但离国际普遍推行的优质免费教育福利还有距离。农村儿童、特殊儿童、流动儿童与留守儿童在教育、文化等方面依然处于不利位置。

伴随全球化体系的扩张,新自由主义(neoliberalism)的概念渗透在许多国家的教育政策中。乌尔里希·贝克认为后工业社会会持续存在诸多不确定性,提出了风险社会(risk society)的概念。②我国之前的学前教育管理制度一度鼓励市场竞争与效能,导致学前教育成本居高不下。为减少风险社会的不确定性,普通家庭倾向于减少生育、降低压力。当前,我国学前教育福利观面临着人口、文化、经济、国际化等多重挑战。

如图9-1-1所示,鉴于国际学前教育福利经验和本土问题的挑战,我国当前应积极转变传统福利观,以应对后人口转变、全球化、后疫情期以及经济发展的挑战。每个儿童都应该获得法律保障的全纳、公平、有质量的学前教育机会。

我国政府一直坚持重大改革于法有据、依法实施,将解决人口问题的创新理

---

① E I UNIT AND G BRITAIN. Starting well: benchmarking early education across the world [J]. The Economist Intelligence Unit Limited, 2012: 33.

② U BECK, S LASH AND B WYNNE. Risk society: towards a new modernity [J]. Sage, 1992.

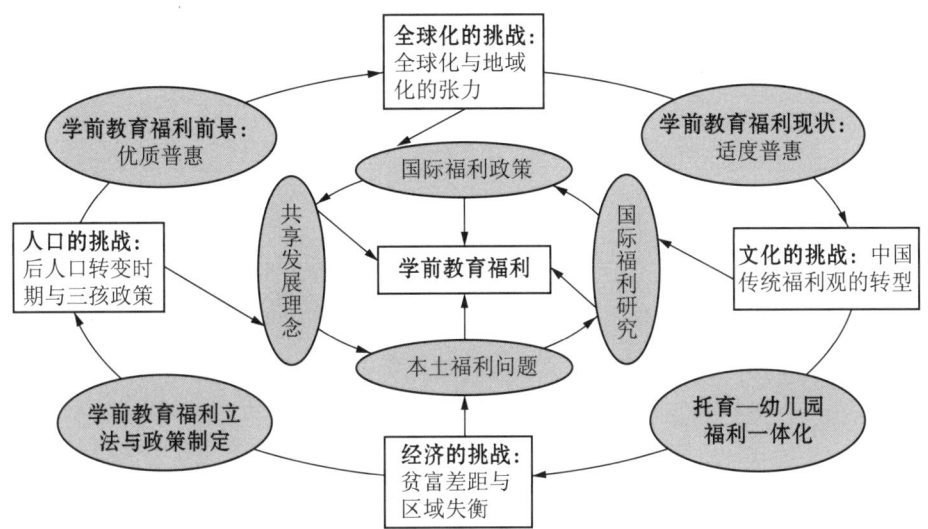

图 9-1-1　国际视野下中国学前教育福利观的转型图

念、改革成果与实践经验转化为法律。社会需要是社会福利制度构建的动力基础和基本依据。家庭育儿压力的激增、人口结构的失衡、社会环境的变迁、后疫情时代的压力……正是推动优质普惠学前教育福利变革的重要驱动力。

从国际趋势分析，学前教育是公民终身教育的起点，也是重要的社会公益事业。为培养适应未来需求的人才，需要进一步完善中国学前教育福利政策与法规体系，推动学前教育普惠性发展，为儿童的终身学习奠定良好基础。"民惟邦本，本固邦宁。"政府应当在学前教育福利服务中采取主动，通过立法保障优质学前教育福利服务体系，保障0—6岁儿童有机会享受优质普惠的学前教育，切实解决群众后顾之忧，促进家庭和谐幸福。

总之，为进一步落实三孩政策，满足广大人民群众的需求，我国学前教育福利观也必须从传统福利观转向追求每一个儿童的美好生活的"新"福利观，推动优质普惠的学前教育福利发展。

## 第二节　现代学前教育福利观的基本原则

现代学前教育福利观必须实现从物的福利转向人的支持，从单一权利向综合福利的转换。在构建现代学前教育福利观的同时，必须遵循三个基本原则。

## 一、儿童利益最大化原则

联合国《儿童权利公约》第3条第1款突出反映了"儿童利益最大化"这一原则,它明确规定:"关于儿童的一切行动,不论是由公私社会福利机构、法院、行政当局或立法机构执行,均应以儿童的最大利益为一种首要考虑。"中国学前教育福利观也应以儿童利益最大化为首要原则,秉承儿童发展至上的价值理念。

多项实证研究证明学前教育对儿童一生的学习与发展有重大影响。在"儿童利益最大化"原则的影响下,国际学前教育福利研究从适度普惠开始走向"儿童最大利益"的优质普惠,从给儿童提供均等受教育机会到为儿童提供优质教育服务,不断完善,走向成熟。

中国学前教育福利研究未来也应以全体儿童的健康发展与幸福生活为核心目标,任何一个儿童都不能因出身、性别、地域或自身经济情况而错失优质学前教育的启蒙。为使所有儿童站在同一起跑线上,要确保所有儿童能有平等的入学机会,为以后的成功奠定基础。

以儿童利益最大化为依据的教育福利顺应了社会和谐发展的要求。儿童能否获得健康、全面的发展,是衡量学前教育福利成败得失的终极标准。中国学前教育福利研究的终极目标是关注每个儿童的最大利益,基于儿童福利的"柔性理论",守护每一个柔软、柔嫩、柔弱的孩童,让全体儿童和家庭共享发展成果。

## 二、共享发展原则

学前教育福利起源于对社会公平与儿童福祉的追求。学前教育是终身教育的起点,教育公平始于学前教育阶段。国际社会对优质普惠的追求与我国的共享发展理念完全一致。让每一个社会、家庭和儿童共享教育福利是国际学前教育福利发展的总体趋势,也与我国的共享发展理念不谋而合。

党的十八届五中全会率先提出了"创新、协调、绿色、开放、共享"的发展理念。其中，共享发展理念体现了社会主义本质要求，也是国家发展理念的升华。共享以推进社会公平正义为前提，以推进区域、城乡基本公共服务均等化为保障，旨在纠正较长时间以来的分配失衡①。以共享理念为基础的学前教育福利研究是国家发展理念的具体体现，是对社会公平公正的思考，也是对人民生活质量普遍提高的追求。共享发展理念下的学前教育福利研究承认差距，但要把差距控制在合理范围内，努力推进托幼、城乡学前教育福利服务均等化，使全体家庭和儿童共享发展成果。为此，我国学前教育福利政策者要不懈努力。

学前教育不仅促进幼儿认知、社会和情感技能的发展，也能提高他们以后的学业成就，为终身学习和职业发展创造条件。优质学前教育有助于缩小学生之间的不平等，减少社会经济差异在教育中的影响。基于研究成果，各国政府不仅将儿童视为家庭成员，更看作国家的共同财富，积极投入资金，奠定良好早期开端基础。

当前我国城乡、地域学前教育福利还存在显著的分配不均衡问题，政府需要进一步调节政策发展的均衡性，对城乡间教育福利资源配置进行优化，打造政府和市场、社会共同参与学前教育福利输送的新模式。②为让全体儿童与家庭共享教育福祉，让人民共享美好生活，学前教育福利制度必须遵守公平原则。

在共享理念视角下，学前教育的公益性与普惠性尤为重要。一直以来，人类对社会公平都有着永恒的追求，公益性与普惠性是实现社会公平的前提。教育福利必须处理好公平和效率的关系，让每一个儿童共享公平、优质的教育。学前教育福利制度应从"民政福利"向"制度型福利"转变，结合政策性投入和财政性投入。政府可以逐渐将学前教育向社会福利靠拢，向下延伸义务教育部分内容，对处境不利儿童施行早期补偿教育，增加公办园和公办托育机构数量。需要落实各级政府责任、建立测评体系、缩减城乡差异，强化社会福利下财政投入的法律约束与监控力度。③

## 三、可持续发展原则

---

① 公方彬.习近平新政治观的思想内涵和理论基础[J].人民论坛·学术前沿，2015（20）：70-83.
② 陈艺歌.我国学前教育福利研究[D].河北师范大学，2021.
③ 祝默.我国学前教育社会福利化探索[D].沈阳师范大学，2015.

西方学者曾就经济增长的代价等问题展开过一场旷日持久的大讨论。当时麦多斯（D. Meadows）等人从人口爆炸、资本投入、环境污染以及资源耗竭等因素出发，建立起所谓"增长有限论"模型，得出了由于经济增长的有限和不可持续性可能导致的悲观结果。1980年发表的《世界保护战略》报告中率先提出了"可持续发展"的构想。1987年挪威首相布伦特兰夫人在她任主席的联合国世界环境与发展委员会的报告《我们共同的未来》中，把可持续发展定义为"既满足当代人的需要，又不对后代人满足其需要的能力构成危害的发展"，这一定义得到广泛的接受，并在1992年联合国环境与发展大会上取得共识。

中国学前教育福利的发展也必须用持续发展的长远眼光，而非急功近利、损害教育领域的长远发展。为保障中国学前教育的可持续发展，必须立法保障学前教育福利资金投入，确保学前教育事业良性发展。

照护婴幼儿健康成长是全社会的共同责任，中央和地方各级政府应承担主导责任。教育经济学研究支持了政府对学前教育持续性财政支持的积极价值。鉴于国际经验，我国政府首先应保障学前教育资金持续且稳中带升的投入；其次地方各级财政需要切实保障学前教育专项经费；最后要分别针对城市和农村等不同地区，采取有差异的投入形式。用法律形式明确学前教育投入的模式，可以消除政策实施的主观性。学前教育公共支出应树立广覆盖、保基础的目标，实现充足稳定的支出总量、合理公平的支出结构、灵活多元的支出方式、系统协调的支出体系。①

此外，政府还应充分发挥宏观调控职能，通过学前教育资源的整合来确保学前教育事业健康可持续发展。世界各国通过多项具有里程碑意义的学前法律，保证学前儿童的服务与资金，保障全体儿童的基本权利。各国政府接连加强对学前教育的监管、规划、协调所取得的成果，证明了政府宏观调控在学前教育可持续发展方面的重要作用。

总之，在儿童利益最大化原则、共享发展原则和可持续发展原则的指引下，中国学前教育福利事业将获得健康、公平、有序的发展。把儿童教育福祉看作重要的社会公益事业，既是各级政府和部门、单位的政治任务，也是我国的重大民生工程，关系到每一个家庭的梦想与希望。

---

① 江夏. 儿童福利视角下我国学前教育公共支出研究［D］. 南京师范大学，2011.

结 语

ERTONG YU WEILAI

# 儿童与未来

## 结　语　儿童与未来

21 世纪应当是儿童的世纪。然而，时至今日，全球依然面临着学前教育福利资源相对有限的客观处境和学前教育福利科学研究不足的学科制约。如何从物的福利转向人的支持，从适度普惠转换为优质普惠？如何通过学前教育福利的普及，让每一个儿童都能享受幸福生活？

有人认为儿童的幸福首先是私人的、家庭的问题，其次才是公共的、社会的问题。看起来，小小的孩童似乎只能在成人视角的怜悯与施恩下获得些许垂青，仿佛小乞丐在乞求垂怜。然而，泰戈尔在散文诗《孩童之道》里这般写道：

　　孩子有成堆的黄金与珠子，但他来到这个世界上，却像一个乞丐。

　　他所以这样假装了来，并不是没有缘故……

　　孩子在纤小的新月的世界里，是一切束缚都没有的。

　　他所以放弃了他的自由，并不是没有缘故……

　　孩子永不知道如何哭泣，他所住的是完全的乐土。

　　他所以要流泪，并不是没有缘故……

儿童小小的身体里有"成堆的黄金与珠子"，却被成人社会忽视，以为儿童不过是一无所有的小小乞丐。儿童，其实是全世界的财富。儿童本该自由生活、幸福成长，在游戏、微笑与鲜花中度过童年。"只要孩子愿意，他此刻便可飞上天去。他所以不离开我们，并不是没有缘故。"文明社会对童年的关爱和守护，是儿童对我们不离不弃的理由。

我国政府日益重视学前教育事业，通过中央财政支持普惠性学前教育福利发展，为"促进每一个儿童的幸福生活"作出了表率。中国学前教育不仅要传承中华文化历史与传统对于当代儿童发展的重要意义，也要致力于对世界文化的理解与把握，成为引导儿童尊重与理解其他文化、促进人类文化平等与和谐、推动世界稳定与发展的重要手段。儿童应当成为和平以及国际理解的促进者，每一个儿童未来应具有宽容、鉴赏、公平、尊重以及思考的自由的品质。

真正的教育公平意味着每个儿童都有权利和机会享受高质量的学前教育服务。教育因其与政治、经济、文化的密切关系，面临着新的全球化境遇带来的挑战。学前教育不仅要引导儿童如何在当前的社会更好地生活，还要支持儿童在未来的社会生活得更好。

许多关注教育政策研究的学者都曾引用智利女诗人加夫列拉·米斯特拉尔（Gabriela Mistral，1889—1957）的诗歌。她那富有强烈感情的抒情诗一度是拉丁美洲理想的象征，并成为拉丁美洲历史上第一位获得诺贝尔文学奖的作家与教育者。米斯特拉尔在她被引用最多的诗歌——《他的名字是今天》中郑重其事地说道：

> 我们所需要的很多东西都可以等待，但孩子所需要的东西不能等待。
> 他的骨骼正在发育，他的血液正在生成，他的心灵正在形成。
> 我们不能对他说明天，他的名字是"今天"。

今天，学前教育福利事业的健康发展对我国基础教育质量的提高、国民素质的提升乃至综合国力的提高意义深远。时不我待分！从科学研究的角度来加强对学前教育福利事业的管理，促进优质普惠的学前教育事业发展，是中国社会和谐发展的迫切需求。

未来的学前教育福利研究需要跨领域的合作。儿童教育福利问题已经引起了教育家、社会学家、政策研究者等社会各界的普遍兴趣。发展学前教育福利不仅是教育部门的任务，还涉及财政、社会福利、卫生等多个部门的合作，既是社会焦点，也是学术问题。我国必须建立学前教育福利的综合管理机制，建立教育部与卫生健康委员会、民政部、妇联、发改委等部门之间合作的机制。未来我国的学前教育福利重点是强化政府和家庭的主体责任，着力构筑"政府—社会—学校—家庭"四方共同参与、协同育人的学前教育福利机制，将学前教育福利政策目标定位为提升所有儿童及家庭的福祉。

总之，构建福利社会是我国未来发展的方向，促进儿童幸福生活是学前教育福利研究的终极追求。从福利观的视角来研究学前教育，既是为了让每一个儿童都拥有更加美好的童年，也是为了让人类社会拥有更加璀璨的未来。

中国学前教育福利变革的一小步，将成为人类文明史上的一大步。

# 参考文献

**中文文献**

1. 考夫曼. 社会福利国家面临的挑战[M]. 王学东,译. 北京:商务印书馆,2004.
2. 玛利亚·蒙台梭利. 发现孩子:了解和爱孩子的新方法[M]. 胡纯玉,译. 北京:中国发展出版社,2006.
3. 安东尼·吉登斯. 第三条道路:社会民主主义的复兴[M]. 郑戈,译. 北京:北京大学出版社,2000.
4. 曹立前. 社会救助与社会福利[M]. 中国海洋大学出版社,2006.
5. 曾超. 我国现阶段教育福利效率与公平[J]. 审计与理财,2010(7):41–42.
6. 陈晓律,等. 当代英国——需要新支点的夕阳帝国[M]. 贵阳:贵州人民出版社,2000.
7. 陈彦霏. 英国儿童福利制度对我国儿童福利制度的启示[J]. 管理观察,2019(11):87–88.
8. 陈艺歌. 我国学前教育福利研究[D]. 河北师范大学,2021.
9. 陈友华,孙永健. "三孩"生育新政:缘起、预期效果与政策建议[J]. 人口与社会,2021,37(3):1–12.
10. 邓舒. 德国学前教育法规政策概述和启示[J]. 课程教育研究,2019(46):3–4.
11. 杜亮,王伟剑. 家庭、国家与儿童发展:美国、德国和日本儿童政策的比较研究[J]. 河北师范大学学报(教育科学版),2015(1):56–61.
12. 范洁琼. 国际早期儿童家庭亲职教育项目的经验与启示[J]. 学前教育研究,2016(11):3–16.
13. 方美红. 儿童福利视角下我国普惠性学前教育政策分析及现实构建[J]. 江苏教育研究,2019(Z1):80–84.
14. 耿庆霞. 论我国教育福利制度存在的问题及对策[J]. 世纪桥,2016

（1）：68–69.

15. 公方彬.习近平新政治观的思想内涵和理论基础［J］.人民论坛·学术前沿，2015（20）：70–83.

16. 郭静晃.儿童福利［M］.扬智文化股份有限公司，2009.

17. 郭小晶.新南非学前教育政策研究［D］.浙江师范大学，2016.

18. 韩春花，康丽，赵豪剑.教育公平视域下韩国学前教育公共化发展路径及面临的困难［J］.陕西学前师范学院学报，2020，36（8）：8–15+46.

19. 韩克庆.转型期中国社会福利研究［M］.北京：中国人民大学出版社，2011.

20. 何锋.20世纪以来美国联邦政府"反儿童贫困"政策的演变及启示——促进儿童健康的角度［J］.教育理论与实践.2015（13）：25–29.

21. 何伟强.英国教育福利政策研究［M］.北京：中国社会科学出版社，2016.

22. 弗雷德·赫钦格，格蕾丝·赫钦格.美国教育的演进［M］.汤新楣，译.美国驻华大使馆文化处，1984.

23. 胡恒波.荷兰学前教育制度的基本特点及其启示［J］.幼儿教育，2013（9）：52–56.

24. 江赛蓉.英国教育福利制度的变迁及其启示［J］.外国教育研究，2012，39（7）：79–86.

25. 江夏.儿童福利视角下我国学前教育公共支出研究［D］.南京师范大学，2011.

26. 蒋冰清，杨柳，李瑞娟.日本学前教育师资队伍的培养及其对我国的启示［J］.湖南人文科技学院学报，2020，37（4）：104–107.

27. 金晓丹.韩国公费学前教育政策改革与启示［J］.集美大学学报（教育科学版），2021，22（4）：54–58.

28. 李霞.我国儿童学前教育福利保障问题研究［J］.长沙民政职业技术学院学报，2017，24（4）：10–12.

29. 李勇辉，沈波澜，李小琴.儿童照料方式对已婚流动女性就业的影响［J］.人口与经济，2020（5）：44–59.

30. 梁启超.译印政治小说序［J］.清议报，1898（1）.

31. 刘继同.当代中国的儿童福利政策框架与儿童福利服务体系（上）[J].青少年犯罪问题，2008（5）：13–21.

32. 刘继同.改革开放30年来中国儿童福利研究历史回顾与研究模式战略转型[J].青少年犯罪问题，2012（1）：31–38.

33. 刘露，钱雨，鲁熙茜.美国学前儿童家访项目及其启示——以HIPPY、PAT、NFP家访项目为例[J].幼儿教育，2019（Z3）：83–87.

34. 刘榕榕，梁九清，王建平.政策视角下日本幼儿教育无偿化的分析与启示[J].幼儿100（教师版），2020（6）：64–69.

35. 刘小红.丹麦学前教育机构的特色及启示[J].早期教育（教育科研），2020（5）：2–6.

36. 刘晓静.中国儿童福利研究1949–1978[M].北京：中国社会科学出版社，2019.

37. 刘焱.学前教育兼具"教育性"和"社会公共福利性"[N].人民政协报.2009-5-20.

38. 刘占兰.学前教育必须保持教育性和公益性[J].教育研究，2009，30（5）：31–36.

39. 陆士桢，常晶晶.简论儿童福利和儿童福利政策[J].中国青年政治学院学报，2003（1）：1–6.

40. 吕昭河，谢玉球.包容性生育政策的理论与实践——后人口转变时期生育政策的时代内涵和导向研究[J].思想战线，2021，47（3）：163–172.

41. 马忠虎."第三条道路"对当前英国教育改革的影响[J].比较教育研究，2001（7）：50–54.

42. 闵凡祥.福利：国家与社会——从英国社会福利观的演变看撒切尔政府社会福利制度改革[D].南京大学，2005.

43. 尼尔·吉尔伯特，等.社会福利政策导论[M].黄晨熹，周烨，刘红，译.上海：华东理工大学出版社，2003.

44. 聂晨.破解不均衡不充分：福利主义视角下英国学前教育政策的发展及其启示[J].学前教育研究，2020（3）：3–15.

45. 聂晨.自由市场还是政府主导？后危机时代英法两国学前教育政策转型的比较及启示[J].广东社会科学，2020（5）：200–211.

46. 潘孟秋. 德国学前教育立法简况[J]. 基础教育参考，2013（13）：65–68+71.

47. 彭华民，冯元. 中国特殊教育福利：从补缺到组合普惠的制度创新[J]. 社会科学辑刊，2016（6）：180–186.

48. 钱雨，何梦瑶. 美国早期干预研究的启示：支持处境不利儿童[J]. 广西师范大学学报（哲学社会科学版），2020，56（2）：124–134.

49. 钱雨. 澳大利亚学前教育质量评估研究的发展与启示[J]. 外国教育研究，2012，39（9）：3–8.

50. 钱雨. 儿童文化论[M]. 青岛：山东教育出版社，2014.

51. 钱雨. 国际托育政策发展：市场化还是政府责任[N]. 中国教育报，2019-07-21（354）.

52. 钱雨. 教育福利视角下英国学前教育立法经验分析[J]. 教育发展研究，2022，42（6）：16–23.

53. 钱雨. 美国学前教育立法的发展、经验与启示[J]. 湖南师范大学教育科学学报，2020，19（3）：16–23.

54. 钱雨. 学前教育政策与法规[M]. 上海：华东师范大学出版社，2022.

55. 钱雨. 全面三孩政策下的学前教育福利转型[J]. 学前教育研究，2023（5），20–28.

56. 秦永超. 福祉、福利与社会福利的概念内涵及关系辨析[J]. 河南社会科学，2015（9）：112–116+124.

57. 裘晓兰. 日本儿童福利政策的发展变迁[J]. 当代青年研究，2011（7）：30–34+40.

58. 沙莉. 发展中人口大国学前教育质量政策研究：基于印度、巴西的比较及启示[J]. 外国中小学教育，2016（5）：5–14.

59. 邵思齐，张卓. 农村留守儿童的教育福利政策探讨[J]. 劳动保障世界，2017（3）：21+23.

60. 史静寰，周采. 学前比较教育[M]. 大连：辽宁师范大学出版社，2002.

61. 宋丽芹. 挪威高质量普及学前教育的制度保障及启示[J]. 外国中小学教育，2019（4）：10–18.

62. 孙晓轲. 芬兰学前教育政策价值取向调整、推进举措及成效[J]. 外国教育研究，2020，47（10）：104–116.

63. 孙雪荧，李玲. 日本学前教育免费制度：背景、架构与问题［J］. 外国教育研究，2021，48（7）：101–111.

64. 万国威. 社会福利视角下我国少儿教育的区域均衡：现实状况与未来走向［J］. 教育科学，2012，28（2）：17–23.

65. 汪霞，陈恒平. 丹麦的基础教育及其改革［J］. 学科教育，1998（7）45–48.

66. 王玲艳. 儿童福利思想对我国学前教育事业发展的启示［J］. 教育导刊（下半月），2011（3）：16–19.

67. 王宁. 现代美国儿童教育福利政策研究［D］. 东北师范大学，2016.

68. 王三秀. 教育反贫困：中国教育福利转型研究［M］. 北京：人民出版社，2014.

69. 王三秀. 贫困治理转型与农村文化教育救助功能重塑［J］. 探索，2014（3）：134–140.

70. 王志章，刘天元. 生育"二孩"基本成本测算及社会分摊机制研究［J］. 人口学刊，2017，39（4）：17–29.

71. 吴鹏飞. 中国儿童福利立法研究［M］. 北京：知识产权出版社，2020.

72. 武欣. 瑞典普惠性学前教育的历史进程与路径选择［J］. 外国中小学教育，2018（6）：8–15.

73. 肖静. 丹麦普惠性早期教育政策变迁研究［D］. 扬州大学，2021.

74. 许倩倩. 加拿大营利性学前教育发展与管理模式变革研究［J］. 比较教育研究，2018，40（5）：98–105.

75. 严仲连. 使千百万处境不利儿童受益的印度ICDS项目［J］. 幼儿教育（教育科学版），2006（11）：42–44.

76. 杨无意. 德国儿童福利的发展及其对中国的启示［J］. 社会保障评论，2021，5（3）：110–121.

77. 杨彦捷，李林曦. 鼓励入园与自然过渡：瑞士学前两年义务教育的实践特点与启示［J］. 早期教育，2022（21）：19–24.

78. 杨瑛. 教育学视域下的中国孤儿教育救助［J］. 当代青年研究，2011（1）：72–75.

79. 姚建平，梁智. 从救助到福利——中国残疾儿童福利发展的路径分析[J]. 山东社会科学，2010（1）：49–52.

80. 银平均. 论人力资本视角的新生代农民工教育福利[J]. 社会工作（学术版），2011（9）：10–17.

81. 俞贺楠，刘黎明. 贫困儿童义务教育福利现状、问题及对策研究[J]. 理论界，2012（12）：145–147.

82. 张丹. 新西兰学前教育保教一体化改革研究[D]. 西南大学，2019.

83. 张玲玲. 论我国亲职教育的立法完善[J]. 哈尔滨学院学报，2015，36（2）：137–140.

84. 张翼. "三孩生育"政策与未来生育率变化趋势[J]. 社会科学文摘，2021（10）：7–9.

85. 赵耸婷，许明. 英国学前教育政策改革研究——基于《早期基础阶段法定框架》修订的分析[J]. 比较教育学报，2021（3）：51–64.

86. 郑功成. 中国社会保障30年[M]. 北京：人民出版社，2008.

87. 中华人民共和国外交部. 中国关于《儿童权利公约》执行情况的第二次报告[Z]，2003.

88. 周娜. 欠发达地区残疾儿童教育福利制度研究——以H县为例[D]. 湖南师范大学，2012.

89. 周志伟. 巴西如何解决社会公正问题[J]. 科学决策，2005（12）：30–31+34.

90. 祝默. 我国学前教育社会福利化探索[D]. 沈阳师范大学，2015.

**英文文献**

1. ADMINISTRATION FOR CHILDREN AND FAMILIES. Research to practice: program models in Early Head Start[EB/OL].[2006]. https://eclkc.ohs.acf.hhs.gov/data-ongoing-monitoring/article/research-reports-early-head-start.

2. ALFRED KADUSHIN, JUDITH A, MARTIN. Child welfare services[M]. New York: Macmillan Publishing, 1988: 25–38.

3. AMERICAN PUBLIC MEDIA. Early lessons[EB/OL].

4. BARKER R L. The social work dictionary[M]. Washington, D. C.: NASW

Press，1999.

5. BARNETT W S. Benefit-cost analysis of the perry preschool program and its policy implications［J］. Educational Evaluation & Policy Analysis，1985，7（4）：333–342.

6. BELFIELD，CLIVE R，et al. The High/Scope Perry Preschool Program：cost-benefit analysis using data from the age-40 followup［J］. The Journal of Human Resources，2006，41（1）：62–190.

7. BELLEMARE G，BARROS M，BRIAND L，BROWNE P L，MEINHARD A G，& FONTAN J M. Interagency，network and co-governance in the child care sector［R］. Quebec：Institute for Nonprofit Studies，Mount Royal College，2014：99.

8. BERLINSKI S，SCHADY N. More bang for the buck：investing in early childhood development［M］. The early years. Palgrave Macmillan，New York，2015：149–178.

9. Brasil carinhoso - apoio às creches［EB/OL］. http://www.fnde.gov.br/programas/brasil-carinhoso.2012. 2017-02-19.

10. CAMPBELL-BARR V，MIKAEL NYGARD. Losing sight of the child？human capital theory and its role for early childhood education and care policies in Finland and England since the mid-1990s［J］. Contemporary Issues in Early Childhood，2014，15（4）：346–359.

11. CAMPOS M M，CHOI S H. Integration of care and education：the challenge in Brazil［J］. 2006（32）.

12. Child care affordability analysis 2021［EB/OL］.

13. CHISHOLM L. Changing class：education and social change in post-apartheid south africa［M］. HSRC Press，2004.

14. DEPARTMENT OF BASIC EDUCATION. Action plan to 2014：towards the realization of schooling 2025（full version）. Pretoria：Department of Basic Education，80–81.

15. DEPARTMENT OF BASIC EDUCATION. Annual performance plan 2018/2019［EB/OL］. https://www.education.gov.za/Portals/0/Documents/Reports/Annual%20Performance%20Plan%20201819.pdf?ver=2018-03-14-121624-263. 2018.

16. DEPARTMENT OF BASIC EDUCATION. National early learning and development standards for children birth to fouryears [EB/OL].

17. DEPARTMENT OF CHILDREN AND YOUTH AFFAIRS. Affordable childcare scheme [EB/OL]. https://www.dcya.gov.ie/docs/EN/Affordable-Childcare-Scheme/212/4402.htm.

18. DEPARTMENT OF CHILDREN AND YOUTH AFFAIRS. Child welfare and protection policy [EB/OL]. https://www.dcya.gov.ie/docs/Child_Welfare_and_Protection__What_We_Do/272.htm.

19. E I UNIT AND G BRITAIN. Starting well: benchmarking early education across the world [J]. The Economist Intelligence Unit Limited. 2012: 33.

20. EARLES, KIMBERLY. Swedish family policy-continuity and change in the nordic welfare state model [J]. Social Policy & Administration, 2011, 45 (2): 180–193.

21. Education policy outlook Brazil [EB/OL]. http://www.oecd.org/edu/Brazil-country-profile.pdf.2015-11. 2017-02-18.

22. EUROPEAN COMMISSION. Early childhood education and care [EB/OL].

23. EUROPEAN COMMISSION. Organisation of programmes for children under 2-3 years [EB/OL].

24. EUROPEAN EDUCATION AND CULTURE EXECUTIVE AGENCY, EURYDICE. Key data on early childhood education and care in Europe: 2019 edition, Publications Office [EB/OL].

25. Finance and quality rating and improvement systems. 2017 [EB/OL].

26. FRANCES A CAMPBELL, CRAIG T RAMEY, ELIZABETH PUNGELLO et al. Early childhood education: young adult outcomes from the abecedarian project [J]. Applied Developmental Science, 2002, 6 (1): 42–57.

27. FRANK PORTER GRAHAM CHILD DEVELOPMENT INSTITUTE. The abecedarian project [EB/OL].

28. Global education monitoring report 2021 [EB/OL].

29. Global population growth and sustainable development 2021 [EB/OL].

30. GOVERNMENT OF INDIA, MINISTRY OF WOMEN AND CHILD

DEVELOPMENT. Past annual reports [EB/OL].

31. GRAMLICH E M. Evaluation of education projects: the case of the perry preschool program [J]. Economics of Education Review, 1986, 5 (1): 17–24.

32. Head Start Act [EB/OL]. [2007-12]. https://eclkc.ohs.acf.hhs.gov/sites/default/files/pdf/hs-act-pl-110-134.pdf.

33. HECKMAN J J, MOON S H, PINTO R, SAVELYEV P A, & YAVITZ A Q. Analyzing social experiments as implemented: a reexamination of evidence from the High/Scope Perry Preschool Program [J]. Quantitative Economics, 2010b, 1 (1), 1–46.

34. HELLIWELL J, LAYARD R, & SACHS J. World happiness report 2018 [J]. New York: Sustainable Development Solutions Network, 2018.

35. I HOLLIDAY. Productivist welfare capitalism: social policy in East Asia [J]. Political Studies, 2000: 706–723.

36. J MIDGLEY. Industrialization and welfare: The case of the four little tiger [J]. Social Policy and Administration, 1986, 3: 225–238.

37. JAMES J HECKMAN. Skill formation and the economics of investing in disadvantaged children [J]. Science, 2006, 312 (5782): 1900–1902.

38. JUDY A TEMPLEA, ARTHUR J REYNOLDS. Benefits and costs of investments in preschool education: evidence from the Child-Parent Centers and related programs [J]. Economics of Education Review, 2007, (26): 126–144.

39. KAMERMAN S B, & KAHN A (Eds.). Family policy: government and families in fourteen countries [M]. New York: Columbia University Press, 1978.

40. KAY N, & PENNUCCI A. Early childhood education for low-income students: a review of the evidence and benefit cost analysis [R]. Olympia: Washington State Institute for Public Policy, 2014.

41. KENNETH O MORGAN. Labour in power 1945–1951 [M]. Oxford: Clarendon Press, 1984.

42. KUMPULAINEN K. A principled, personalized, trusting and child-centrist ECEC system in Finland [M]. New York: Teachers College Press, 2018: 16, 24, 31.

43. LAZAR I, RAMEY C T. Lasting effects of early education: a report from the consortium for longitudinal studies [J]. Monographs of the Society for Research in Child Development, 1982, 47 (2/3): 1–151.

44. LINDSEY. The welfare of childre. 2nd editon [M]. Oxford University Press, 2004.

45. KAROLY L A, KILBURN M R, CANNON J S. Early childhood interventions: proven results, future promise [R]. Santa Monica: RAND Corporation, 2005.

46. MARTIN S L, RAMEY C T, RAMEY S. The prevention of intellectual impairment in children of impoverished families: findings of a randomized trial of educational day care [J]. American Journal of Public Health, 1990, 80 (7): 844–847.

47. MERVIS J. Past successes shape effort to expand early intervention [J]. Science, 2011, 333 (6045): 952–956.

48. MIDGLEY, JAMES. Social welfare in global context [M]. London: Sage, 1997.

49. MINISTRY OF HEALTH, WELFARE AND SPORT [EB/OL]. https://www.government.nl/ministries/ministry-of-health-welfare-and-sport/documents/publications/2020/08/24/solid-start-the-action-programme.

50. MINISTRY OF SOCIAL AFFAIRS. Act on child allowances [EB/OL].

51. MINISTRY OF WOMEN AND CHILD DEVELOPMENT, GOVERNMENT OF INDIA. Annual report 2014–2015 [EB/OL].

52. NORWEGIAN MINISTRY OF EDUCATION AND RESEARCH. OECD - thematic review of early childhood education and care policy in Norway [R] OECD, 2016: 61–79.

53. NYBERG A. Parental leave, public childcare and the dual earner/ dual carer-model in Sweden [J]. Swedish National Institute for Working Life Discussion Paper, 2004.

54. OECD. Starting strong IV: monitoring quality in early childhood education and care country note: France [EB/OL].

55. OLDS D L. Improving the life chances of vulnerable children and families

with prenatal and infancy support of parents: the nurse-family partnership [J]. Psychosocial Intervention / Intervencion Psicosocial, 2012, 21 (2): 129–143.

56. PAUL SPICKER. Social polioy: theory and practice (third edition) [M]. Policy Press, 2014.

57. PFANNENSTIEL J C, SEITZ V, & ZIGLER E. Promoting school readiness: the role of the Parents as Teachers Program [J]. NHSA Dialog: A Research to Practice Journal for the Early Intervention Field, 2002 (6): 71–86.

58. POPULATION EUROPE RESOURCE FINDER & ARCHIVE. Family policies: France (2014) [EB/OL].

59. R K LENROOT AND J N GIEDD. Brain development in children and adolescents: insights from anatomical magnetic resonance imaging [J]. Neuroscience & Biobehavioral Reviews. 2006, 30 (6): 718–729.

60. RAMEY C T, CAMPBELL F A. Preventive education for high-risk children: cognitive consequences of the Carolina Abecedarian Project [J]. American Journal of Mental Deficiency, 1984, 88 (5): 515–523.

61. RAMEY C T, RAMEY S L. Early intervention and early experience [J]. American Psychologist, 1998, 53 (2): 109–120.

62. RAMEY C T, YEATES K O, SHORT E J. The plasticity of intellectual development: insights from preventive intervention [J]. Child Development, 1984, 55 (5): 1913–1925.

63. REES, M ANTHONY. Social policy in the twentieth century [M]. Hutchinson, 1985.

64. ROSBY, DANIELLE A, LISA A GENNETIAN, AND ALETHA C HUSTON. Child care assistance policies can affect the use of center-based care for children in low-income families [J]. Applied Developmental Science, 2005, 9 (2): 86–106.

65. RUSSIAN FEDERAL. On education in the Russian Federation [EB/OL].

66. RUSSIAN FEDERATION. Policy priorities of the government of the Russian Federation to 2018 [EB/OL]. http://government.ru/en/info/761/.2013-01-31. 2017-02-16.

67. SCHWEINHART L J, WEIKART D P, PRESS H. Young children grow up: the effects of the Perry Preschool Program on youths through age 15 [R]. Ypsilanti: High/Scope Educational Research Foundation, 1980.

68. SCHWEINHART L J. Use of early childhood longitudinal studies by policy makers [J].International Journal of Child Care & Education Policy, 2016, 10（1）: 6.

69. Supplemental funds available to increase program hours in Head Start and Early Head Start[EB/OL].[2018-10]. https://eclkc.ohs.acf.hhs.gov/sites/default/files/pi/downloads/acf-pi-hs-18-05.pdf.

70. SWEDISH MINISTRY OF EDUCATION, FÖRSKOLAN I POLITIKEN. Om intentioner och beslut bakomden svenska förskolans framväxt, report by Barbara M. Korpi, Stockholm, 2006; Naumann, I., 'Towards the Marketisation of Early Childhood Education and Care? Recent Developments in Sweden and the United Kingdom', Journal of Nordic Social Research, No. 2, 2011.

71. The CENTRAL ADVISORY COUNCIL FOR EDUCATION. The plowden report [EB/OL]. http://www.educationengland.org.uk/documents/plowden/plowden1967-1.html, 2022-04-12.

72. The right of children to free and compulsory education act, RTE [EB/OL]. http://mhrd.gov.in/sites/upload_files/mhrd/files/document-reports/RTEAct.pdf.2009-08-27.2017-02-20.

73. U BECK, S LASH AND B WYNNE. Risk society: towards a new modernity [J]. Sage. 1992.

74. U. S. has world's highest rate of children living in single-parent households. [EB/OL].[2019-12].

75. WEIKART D P, C K KAMII, N L RADIN. Perry Preschool Project Progress report[J]. Academically Handicapped, 1964: 61.

76. ZHANG C, ZHAO C, LIU X, et al. Inequality in early childhood neurodevelopment in six poor rural count ies of China: a decomposition analysis[J]. International Journal for Equity in Health, 2017, 16（1）: 212.

77. Государственная программа Российской Федерации "Развитие образования" На 2013–2020 годы [EB/OL].

78. Об уровне доступности дошкольного образования [EB/OL]. http://government.ru/orders/selection/406/21681/.

79. Указ Президента Российской Федерации от 07.05.2012 г. № 599 [EB/OL].

80. BUDGET OFFICE-BUDGET COORDINATION DIVISION. 2022 Budget proposal [EB/OL].

81. Fineman M A. The vulnerable subject and the responsive state [J]. Emory Law Journal, 2010, 60: 10–130.

82. HECKMAN JAMES J, MOON SEONG HYEOK, PINTO RODRIGO, SAVELYEV PETER A, YAVITZ ADAM. The rate of return to the High/Scope Perry Preschool Program. [J]. Journal of Public Economics, 2010, 94 (1-2): 114–128.

83. LOVE, J. M... [et al.], The role of early Head Start Programs in addressing the child care needs of low-income families with infants and toddlers: influences on child care use and quality [M]. Administration for Children and Families and the Head Start Bureau, 2004.

84. LYNDA LAUGHLIN AND JESSICA DAVIS. Who's in Head Start? Estimating Head Start Enrollment with the ACS, CPS and SIPP, U.S. Census Bureau Working Paper, 2011, pp.2011–2015.

85. Sheppard-towner maternity and infancy protection act [EB/OL]. [2019-04-07].https://history.house.gov/Historical-Highlights/1901–1950/The-Sheppard-Towner-Maternity-and-Infancy-Act/.

86. UNESCO. Plano nacional de educação [J]. Brasília: Senado Federal, 2001 (b).